Über dieses Buch »Dein ist mein halbes Herz, und wie du bist, so will ich sein.« Diese Abwandlung eines Liedes aus dem »Land des Lächelns« scheint das heimliche Motto von Frauenfreundschaften zu sein. Halbherzig ist sie oft tatsächlich, die Liebe der Frauen zu ihrer »besten Freundin«. Diese ist einerseits die intime Vertraute, die emotionale Zuflucht – und oft genug der Kitt, der Ehen zusammenhält. Was für den Ehemann die Geliebte, ist für die Frau die beste Freundin. Nur daß – zwischen heterosexuellen Frauen – die Erotik keine Rolle spielen darf. Sonst könnte die Beziehung nicht so Scham-los offen sein: Alles, wirklich alles ist Gesprächsthema. Nur nicht die erotischen oder aggressiven Gefühle füreinander. Und wird es in dieser Hinsicht doch einmal brenzlig, verraten viele Frauen ihre Freundin, meiden sie oder legen sie einfach ab und sich eine andere zu, ohne daß es zur wirklichen Auseinandersetzung zwischen beiden käme. Selbst in Zeiten, in denen die Freundschaft sehr intensiv ist, spielen Frauen die Bedeutung der Freundin in ihrem Leben herunter. Diese »andere« Beziehung erhält im Bewußtsein der Frauen nie den Stellenwert der »eigentlichen« Beziehung.

Bei lesbischen Frauen ist vieles anders: Sie trennen nicht zwischen emotionaler und erotischer Beziehung zur anderen Frau. Nehmen sie deshalb die andere Frau ernster – und sich selbst auch? Gelingt es in ihren Beziehungen, die gesellschaftliche Frauenabwertung nicht zu wiederholen?

Die Autorinnen gehen der Bedeutung von Frauenfreundschaften im Verlaufe des weiblichen Lebens und dem widersprüchlichen Verhältnis unter Frauen nach. Ausgehend von den Ergebnissen aus über 60 Tiefeninterviews mit je zur Hälfte heterosexuellen und lesbischen Frauen zwischen 20 und 40 Jahren entwickeln sie eine Theorie der Frauenfreundschaft – aufbauend auf den Arbeiten feministischer Psychoanalytikerinnen. Denn, so eine ihrer Thesen: Beschreibe mir deine Mutter, und ich sage dir, wie du mit deiner Freundin umgehst.

Die Autorinnen Michaela Huber, Jahrgang 1952, Diplom-Psychologin und freie Journalistin, lebt in Kassel. Sie beschäftigt sich, ausgelöst durch ihr Engagement in der Frauenbewegung, seit vielen Jahren schwerpunktmäßig mit Frauenfragen. Sie ist u. a. Mitherausgeberin des Buches »Blick nach vorn im Zorn. Über die Zukunft der Frauenarbeit« (Beltz, 1985).

Inge Rehling, Jahrgang 1949, arbeitet als Soziotherapeutin in der Psychotherapeutischen Beratungsstelle für Studenten in Heidelberg.

Michaela Huber / Inge Rehling

Dein ist mein halbes Herz

Was Freundinnen
einander bedeuten

Fischer Taschenbuch Verlag

Die Frau in der Gesellschaft
Lektorat: Ingeborg Mues

Originalausgabe
Veröffentlicht im Fischer Taschenbuch Verlag GmbH,
Frankfurt am Main, April 1989

© 1989 Fischer Taschenbuch Verlag GmbH, Frankfurt am Main
Umschlaggestaltung: Susanne Berner
Gesamtherstellung: Clausen & Bosse, Leck
Printed in Germany
ISBN 3-596-24727-6

Inhalt

Einleitung 9

Teil 1
Die erste beste Freundin: die Mutter 16
»Beschreib mir deine Mutter…« 17
Vor dem Wort war das Gefühlschaos 18
Mutter – Sprache – Vater 25
Die sprachlose Wut der sprachgewaltigen Frauen . . . 32
Die Macht der Schuldgefühle, oder:
Wie übernehme ich keine Verantwortung 34
Lust und Lustverleugnung 38
»Was hätte aus mir werden können?!« 41
Auf dem Altar der Mutterschaft 42
Ein Geheimnis zwischen Mutter und Tochter:
Klagen über den »bösen Vater« 47
Exkurs: Als die Mütter jung waren 52
Hausfrauen-Autoritarismus und Mutterhaß 59
Pubertätsschock 63
Streit – aber keine Auseinander-Setzung 70
Macht-Phantasien 75
Jähzorn und Übergriffe 78
Vater? Negativ 86

Teil 2
Die Pubertäts-Freundin: die zweite große Liebe   90
Wirklich eine, die mich kennt? 91
»Das Ewigweibliche zieht sie an« 96
Im Land des Möglichen 103
Die Homophobie später lesbischer Mädchen 106
Vorbilder und Idealisierung von Frauen 112

Exkurs: Frauen, Freundinnen und die Fiktion
der romantischen Liebe 118
»Wenn die Liebe losgeht...« 128
...wird die Freundin verraten 130
Die Botschaft 136
»›Ein Ganzes werden!‹ war ihrer beider Bedürfnis.«
Die Freundschaft zwischen Karoline von Günderode
und Bettina von Brentano 138

Teil 3
Freundin und / oder Geliebte?
Frauenfreundschaften im Erwachsenenleben   144
1. Die Freundin als Begleiterin   144
   Die Auserwählte   145
   Was für den Mann die Geliebte, ist für die
   Frau die beste Freundin   148
   Das Gleiche – das Andere   150
   Sie soll den je gewählten Weg mit einschlagen... . 154
   ...und wehe, wenn nicht   155
   Ein neuer Lebensabschnitt – eine neue Freundin . . 156
   Verständnis um jeden Preis?   157
   Tristesse...   157
   Wie eine Schwester...   158
   ...oder Angst vor Homoerotik?   160
   Handeln und Selbständigkeit   163
2. Frauenfreundschaften spiegeln das gesellschaftliche
   Klima für Frauen   167
   Touristinnen im eigenen Land   167
   Die Spitze des Eisbergs: die oberen
   Etagen der Macht   174
   Die lesbische Frau als Provokation   176
3. Bei lesbischen Frauen ist alles anders   184
   Unterschiede in der Kindheit?   184
   Coming out – die offensive Selbsterkenntnis   188
4. Sexualität und / in Frauenfreundschaften   195
   Exkurs: »Ich schaue meine Freundin an und
   sehe meine Mutter«   204
   Die unheimliche Nähe   206

5. Weibliche Aggressionen 209
   Diffuse Wut 210
   Exkurs: Image und Imago 214
   Sind lesbische Frauen »anders« aggressiv? 218
   Heterosexuelle Frauen: Fäuste für den
   Partner, Samthandschuhe für die Freundin? 223
   Lesbische Frauen: Wenn Partnerin und Freundin
   nicht identisch sind 231
   Zusammenfassung 232
6. Die Freundin als Spiegel 236

Anmerkungen 243

Literatur 254

Einleitung

Zwei Mädchen oder Frauen schließen sich zusammen. Wer sie beobachtet, sieht sofort: Sie mögen sich sehr. Vielleicht könnte man sogar sagen: Sie lieben sich – obwohl sie selbst es oft so nicht ausdrücken würden. Sie teilen ein gutes Stück ihres Lebens miteinander, indem sie sich gegenseitig alles mitteilen, was ihnen wichtig ist. Niemand drängt sie dazu, sich so oft zu treffen, zu telefonieren, sich Briefe zu schreiben. Es ist ihnen einfach ein Bedürfnis; und zwar eines, für dessen Befriedigung sie sich trotz aller Verpflichtungen ihres Alltags – Familie, Schule, Arbeit, Liebesbeziehungen – Raum schaffen. Die eine nennt die andere ihre »beste Freundin«.

Was bedeuten die beiden einander? Wie nutzen sie den Frei-Raum, den sie sich schaffen? Was spielt sich ab in Küchen, Cafés und Kneipen, wenn Freundinnen ihrer Hauptbeschäftigung nachgehen: Reden, reden, reden…?

Frauenfreundschaften sind überlebenswichtig. Dieser Schluß läßt sich zum Beispiel ziehen, wenn man erfährt, daß besonders viele der Frauen, die in psychosozialen Notsituationen zusammenbrechen, und viele schwer depressive Frauen zum Beispiel *keine* Freundin haben[1]. Heißt das, die Freundin ist eine Art private Therapeutin, kraß ausgedrückt: ein seelischer Mülleimer? Oder bedeutet die Freundschaft mehr: Ist sie in einer patriarchalischen Gesellschaft eine lebenswichtige »Solidarität der Schwäche«, wie die amerikanische Philosophin Janice Raymond argwöhnt[2], und / oder die wichtigste Beziehung im Leben einer Frau?

Fragen wie diese haben uns zu diesem Buch und der ihm zugrundeliegenden empirischen Studie angeregt. Wir wissen aus unseren persönlichen Zusammenhängen, wie wichtig eine Freundin, gerade die »beste«, in Krisensituationen ist. Gelegentlich hatten wir aber auch ein zwiespältiges Verhältnis zu ihr: enorme Zuneigung einerseits, Schuldgefühle wg. Vernachlässigung andererseits. Wenn wir Glück haben, hörten wir von ihr den Ausruf: »Tut mir schrecklich leid, ich hätte mich schon längst mal wieder melden sollen«, und das leicht empörte: »Lebst du eigentlich noch?« etwa gleich oft. Denn es gibt immer Zeiten, in denen wir unsere Freundin nicht so oft sehen und hören, wie entweder sie oder wir es gern hätten. Dann aber gibt es wieder Phasen, in denen wir schier unzertrennlich sind: Gerade vom gemeinsamen Einkaufen oder Spazierengehen zurück, hängen wir uns schon wieder ans Telefon, weil da gerade ein Brief von jemandem gekommen ist, von dem wir ihr unbedingt erzählen müssen… Freundinnen begleiten unser Leben. Wir würden ihnen unser letztes Hemd geben und sie uns das ihre sicher auch. Und doch sind wir auch schon von einer besten Freundin plötzlich verlassen worden: wenn sie eine neue Liebesbeziehung einging oder nachdem sie sich eine Weile für uns unverständlich veränderte und sich einen neuen Freundeskreis aufbaute… Oder wir selbst haben einfach nichts mehr von uns hören, die Freundschaft »irgendwie« einschlafen lassen oder sie nach einem im Grunde nichtigen Krach abgebrochen. Eigentlich unverständlich, daß uns unsere Frauenfreundschaften, von denen jede von uns tief im Herzen weiß, wie wichtig sie sind, im Gegensatz zu allen anderen Beziehungen in unserem Leben nicht als »sooo« wichtig erscheinen. Wie kommt das eigentlich? Haben wir selbst die Frauenverachtung unserer Kultur so verinnerlicht, daß wir die Bedeutung unserer Frauenfreundschaften herunterspielen? Sind Freundinnen für uns so selbstverständlich »da«, wie wir es früher von unserer Mutter erwarteten?

Die wissenschaftliche Literatur gibt dazu kaum Aufschlüsse: Zwar wurde alles, aber wirklich alles an unseren Beziehungen zu Mutter, Vater, Kindern, Geschwistern, Partnern, Geliebten etc. erforscht. Doch Freundinnen tauchen in der sozialwissenschaftlichen Fachliteratur extrem selten auf, und wenn, dann meist in der Form der lesbischen Partnerin. Heißt das: Freundinnen werden erst dann ernstgenommen, wenn Sexualität im Spiel ist und eine Frau sie einem Mann als Liebespartner vorzieht? Es ist jedenfalls wirklich verblüffend: Wissenschaftliche Literatur zu nicht-sexuellen Frauenfreundschaften gibt es allenfalls in Form von Einzelbefunden, etwa zu Kinderfreundschaften[3]; und hinter Begriffen wie »stützende Personen« oder »Vertraute« oder »Nachbarn«, die in der neueren Sozialforschung zu »Sozialen Netzwerken«[4] auftauchen, darf durchaus auch die Freundin vermutet werden. Und das war's dann?

Wir wollten es etwas genauer wissen. Uns interessierte:

– Wie entwickeln Frauen ihre Fähigkeit und ihre typischen Merkmale, sich auf andere Frauen zu beziehen?
– Was lernen sie von ihrer ersten »besten Freundin«, der Mutter, über den Umgang unter Frauen, und was übertragen sie davon auf ihre späteren Frauenfreundschaften?
– In welchen Lebensphasen haben Frauen welche Freundinnen?
– Welche Rolle spielt es, ob eine Frauenfreundschaft Sexualität einschließt oder nicht?
– Ist bei lesbischen Frauen die Geliebte automatisch die »beste Freundin« und umgekehrt, und wenn ja, wie wirkt sich das auf ihre Beziehung aus?

Außerdem wollten wir natürlich die eingangs gestellten Fragen so gut wie möglich beantworten. Neben einer Sichtung der einschlägigen Literatur haben wir eine eigene Studie durchgeführt: Wir haben mehrstündige Tiefeninterviews mit 60 Frauen zwischen 20 und 40 Jahren durchgeführt, davon waren je 30 heterosexuelle und 30 Frauen, die sich als lesbisch bezeichneten (bzw. bisexuell, aber in einer Frauenbeziehung lebten). Repräsentativ sind unsere Ergebnisse natürlich nicht. Denn wir waren darauf angewiesen zu warten, wer sich freiwillig auf unsere Aushänge und auf Empfehlung anderer Frauen hin meldete. Unsere Stichprobe läßt sich grob so charakterisieren: Alle haben eine Berufsausbildung; bis auf eine einzige »Nur-Hausfrau-Mutter« sind alle entweder berufstätig oder in der Ausbildung oder schlagen sich mit Gelegenheitsjobs durch. Rund vier Fünftel sind in helfenden, dienenden, lehrenden, sozialen Berufen tätig (oder befinden sich in der Ausbildung zu einem solchen Beruf), also in »typisch weiblichen« Tätigkeiten.

Wir sind allen Frauen zu großem Dank verpflichtet, die uns geduldig mehrere Stunden Rede und Antwort standen (unser Fragebogen umfaßte über 50 Fragen!). Die Bereitschaft zum Interview und auch die Gespräche selbst (meist ging ihnen ein Vorgespräch voraus) haben gezeigt, daß die Frauen sehr offen und sehr bereit waren, über sich zu sprechen. Wir waren überrascht, wie detailliert und direkt die meisten Frauen uns auch sehr intime Erlebnisse aus ihrer Kindheit, Jugend und ihrem jetzigen Leben berichtet haben, obwohl wir ihnen immer die Möglichkeit offenließen, bestimmte Fragen nicht oder nur so weit zu beantworten, wie sie es für sich verantworten konnten. Zwar kannten wir die meisten Frauen vor dem Gespräch nicht oder höchstens flüchtig, doch es entstand in den mehrstündigen Gesprächen ein Klima, wie es wohl sonst nur unter Freundinnen üblich ist: Mit den meisten Frauen haben wir uns entweder spontan geduzt oder spätestens im Laufe des Nachgespräches, das nicht selten fast so lange dauerte wie das Interview vorher und dem wir ebenfalls zahlreiche Anregungen und Hinweise verdanken. Erschüttert waren wir über einen »Nebenaspekt«: daß nämlich fast ein Drittel der befragten Frauen von sexuellen Übergriffen in Kindheit und Jugend durch Vater, Onkel, Bruder etc. berichtet hat. Wir hatten solche Fragen wie »Was hast du als Kind mit deinem Vater gemacht?« oder »Wie verhielt sich dein Vater, als du in der Pubertät warst?« aufgenommen, weil wir für derartige Antworten die Möglichkeit bereitstellen wollten. Inzwischen sind wir überzeugt: In sehr vielen Untersuchungen käme ähnliches heraus, würde man nur den Blick darauf lenken. Zudem wirken sich die Handlungen der Väter und die häufige Nicht-Reaktion der Mütter mit Sicherheit erheblich auf das Verhältnis der heranwachsenden Mädchen zu Männern und zu Frauen aus.

Wir haben detaillierte biographische Fragen gestellt, weil wir untersuchen wollten, welche Beziehungen die Frauen generell in ihrem Leben eingegangen sind: zu ihrer Mutter, ihrem Vater, zu Geschwistern, zur Kindheits- und Pubertätsfreundin, zu Geliebten, PartnerInnen und Freundinnen im Erwachsenenleben. Wir gingen davon aus – und fanden es auf eindrucksvolle Weise bestätigt –, daß insbesondere die Beziehung zur *Mutter* die späteren Frauenbeziehungen und -freundschaften in ganz erheblichem Maße beeinflußt. Deshalb ist der erste Teil des Buches der »ersten Frauenfreundschaft im Leben« gewidmet. Der nächste größere Abschnitt ergab sich als Reaktion auf unsere Gespräche. Wir stellten nämlich fest, daß die enge Beziehung zwischen Tochter und Mutter in mancher Hinsicht abgelöst wird durch die Beziehung zur *Pubertätsfreundin*; in dieser Beziehung scheint es einen entscheidenden Punkt zu geben, an dem die meisten dieser Freundschaften zerbrechen: wenn nämlich eine von beiden einen »festen Freund« bekommt. Auch diese zweite wesentliche Freundschaft des Mädchens wirkt sich nachhaltig auf ihre weiteren Freundschaften zu Frauen aus.

Der dritte Teil schließlich befaßt sich mit der Freundschaft *erwachsener* Frauen. Uns interessieren hier die unterschiedlichen Freundschaften heterosexueller und lesbischer Frauen vor dem Hintergrund der bisherigen Lebenserfahrungen.

Der Zufall hat es so bestimmt, daß sich in unserer Stichprobe der Frauen zwischen 20 und 40 Jahren aufgrund der Häufigkeitsverteilung zwei Altersschwerpunkte ergeben haben: Frauen Mitte bis Ende 20 und Frauen im Alter zwischen 35 und 40. Das bedeutet: Mitte der 60er bzw. Mitte der 70er Jahre waren diese Frauen in der Pubertät bzw. machten ihre ersten sexuellen Erfahrungen. Wir haben hier eine Erwachsenengeneration vor uns (beinahe könnte man schon von zwei Generationen sprechen), die *radikal anders werden mußte als ihre Mütter* – die ja im Krieg bzw. den 50er Jahren jung waren. Die meisten Mütter unserer Befragten hatten *keine* qualifizierte Berufsausbildung, die meisten waren während der gesamten Kindheit der Tochter zu Hause. Rollenvorbilder konnten sie kaum sein – und die Töchter akzeptierten sie auch nicht als solche: Bis auf zwei Ausnahmen wollten sie alle ausdrücklich *nicht so werden wie die Mutter*. Keine Generation zuvor hat so mit der traditionellen Frauenrolle gebrochen. Und für fast alle war *die gleichaltrige Freundin von existentieller Wichtigkeit*: Das Mädchen bzw. die Frau in derselben Lebenssituation wird zum Vorbild, zum Anker, zur Rettung in der Orientierungslosigkeit. Denn Frauen haben sich gesellschaftlich und individuell in den letzten gut zwanzig Jahren weit von traditionellen Rollenvorschriften entfernt, haben Neuland – die (Männer-)Welt »da draußen« – betreten und sich auf weiten Gebieten Bereiche erobert, die ihnen zuvor verschlossen waren. Der Preis war hoch. Kaum eine könnte ahnen, was auf sie zukam: Lebensentscheidungen und -orientierungen mußten durch die eigene Biographie beantwortet werden, viele wurden in ihrem Selbstverständnis und in ihren Rollenerwartungen dauernd verunsichert. Für die Generation der heute 15- bis 20jährigen wird einiges von dem, was in diesem Buch steht, schon nicht mehr zutreffen. So hoffen wir zumindest. Sie konnten sich schon sehr viel mehr auf neue Rollenvorbilder stützen, ihre Mütter haben sehr oft eine qualifizierte Berufsausbildung und verfügen generell über vielfältige Erfahrungen im außerhäuslichen Bereich. Auch im Bewußtsein der Frauen hat sich viel geändert – der Frauenbewegung sei Dank. Frauen begreifen sich zunehmend als eine »Gruppe für sich«, als Unterdrückte, die nicht nur gleiche Rechte und Chancen, sondern Raum für sich (allein) fordern. Und es hat den Anschein, als müßten sich die heutigen Töchter nicht mehr so radikal von ihren Müttern abgrenzen, wie es noch in der Frauengeneration zuvor der Fall ist[5]. Ob dadurch die Bedeutung der gleichaltrigen Freundin eher ab- oder ob sie noch zugenommen hat, können wir natürlich nicht sagen, da uns hierzu das empirische Material fehlt. Wir wünschen uns, daß es Nachfolgeuntersuchungen zu unserer »Pilot-Studie« gibt, die es auch ermöglichen, unsere Theorie über Frauenfreundschaften zu ergänzen, zu erweitern und zu überarbeiten. Wir haben uns bemüht, mit diesem Buch einen Diskussionsanreiz zu liefern. Denn wir haben den Eindruck, daß noch viel gesprochen und gestritten werden muß darüber, wie Frauen mit Frauen umgehen, nicht nur öffentlich, sondern auch privat: mit ihren Müttern, ihren Töchtern – und ihren Freundinnen.

Noch etwas zum Stil des Buches: Zwar geht es um eine hochkomplizierte Materie – Beziehungsmuster, ihre Geschichte, ihre Veränderung –, doch wir haben uns bemüht, uns klar und verständlich auszudrücken. Manche psychoanalytische oder psychologische Wissenschaftsweisheit wirkt so, des verbalen Bombasts entkleidet, beinahe, als habe sie etwas mit Alltagserfahrungen zu tun. An manchen Stellen haben wir auch Aussagen zugespitzt, so daß sich sicherlich etliche LeserInnen provoziert fühlen werden. Der Grund: Wir möchten, daß dieses Buch den Widerspruch hervorlockt und zu Diskussionen reizt. Wir haben bewußt sehr oft die »schwarze Seite« der Frauenfreundschaften betrachtet: die Stellen, an denen Frauen einander weh tun, nicht ernst nehmen, sich nicht mit ihnen auseinandersetzen, sie verlassen. Uns interessiert, herauszufinden, was Frauen daran hindert, sich gemeinsam den Raum zu nehmen, der ihnen zusteht, und die Frei-Räume auszunutzen, die sie haben. Und wir müssen unbedingt erfahren, warum manche Frauen einander – natürlich in bester Absicht – eher »runterziehen«, als in ihrer Entwicklung bestärken. Kurz, wir wollen unseren Teil dazu beitragen, die Frauenunterdrückung durch Frauen aufzudecken.

Wenn Frauen respektvoll mit anderen Frauen umgehen und Seite an Seite mit ihnen agieren wollen, muß sich noch viel in unserem Bewußtsein verändern.

Wir wünschen uns eine lebendige und produktive Diskussion.

Teil 1

Die erste beste Freundin:
die Mutter

»Meine Mutter ist alt geworden, auch wenn sie immer behauptet hat, sie würde jung sterben. Meine gesamte Kindheit hindurch warnte sie mich – drohte sie mir? –, aufgrund ihres schwachen Herzens werde sie früh aus diesem Jammertale scheiden, mein robuster, bäurischer Vater hingegen werde ewig leben und die Erinnerung an ihre sorgfältig zubereiteten Mahlzeiten in Dosenfleisch und Bohnen ertränken, die ihm ebenso gut schmecken würden.

Mit fünfzehn durchsuchte ich eines Nachmittags ihre Schreibtischschubladen – wahrscheinlich in der Hoffnung, einen Hinweis darauf zu entdecken, was sie von mir hielt – und fand einen versiegelten Umschlag mit dem Vermerk: ›Nach meinem Tode zu öffnen.‹ Wutentbrannt riß ich ihn auf, zog einen Bogen Schreibpapier heraus und stellte fest, daß ihr China-Service aus Limoges (von dem einige Teile fehlten) und ihre fünf Wassergläser aus Kristall (eines war zerbrochen) zu gleichen Teilen zwischen meiner Schwester und mir aufgeteilt werden sollten. Immer noch wütend, verbrannte ich das Blatt, und als es in Flammen aufging, geriet ich in Panik und warf es ins Klo. Das Stück Papier brannte immer weiter, also warf ich den Deckel zu, ohne daran zu denken, daß er aus Plastik war und damit brennbar. Als dann der Toilettensitz zu brennen begann, rief ich die Feuerwehr. Die Nachbarn zerrissen sich wochenlang das Maul über kleine Mädchen, die heimlich rauchen, wenn ihre Mutter nicht zu Hause ist. Meine Mutter aber war nicht nur nicht ärgerlich, sie lud mich sogar ein, hinterm Haus eine Zigarette mit ihr zu rauchen. Sie hat nie ein neues Testament geschrieben. Ich habe es nachgeprüft.«

Marilyn French (aus: Her Mother's Daughter)

»Beschreib mir deine Mutter...«

»...und ich sage dir, wie du mit deiner Freundin umgehst.«
So ist es jedenfalls meistens: Die erste Freundin eines kleinen
Mädchens ist die Mutter. Sie ist Vertraute, Geliebte, Spielge-
fährtin; sie vermittelt die Mutter-Sprache, die dem Kind den
Zugang zu einer Welt außerhalb der Familie eröffnet. Kurz,
sie ist für das kleine Mädchen (fast) alles. In der Beziehung zu
ihr entwickeln sich Grundmuster für spätere Beziehungen zu
anderen Menschen. Sie ist im Positiven wie im Negativen das
Vorbild für *die* Beziehung zu einem Menschen des gleichen
Geschlechts. Deshalb widmen wir den ersten Teil unseres
Buches der Dynamik des Mutter-Tochter-Verhältnisses.

Es sollte eigentlich selbstverständlich sein, aber wir wollen
es noch einmal deutlich sagen: Wenn wir im folgenden von
»der« Mutter und »der« Tochter sprechen, dann nicht, weil
wir glauben, alle Mütter und alle Töchter verhielten sich
gleich. Sondern weil wir versucht haben, das Typische in den
Mutter-Tochter-Beziehungen herauszufiltern, das sich aus
den Gesprächen mit den von uns befragten 60 Frauen zwischen 20 und 40 Jahren ergeben hat. Außerdem haben wir
dazu die einschlägige Fachliteratur herangezogen, so daß sich
ein Bild beschreiben läßt, das zwar nicht auf jede einzelne
Mutter bzw. Tochter zutreffen wird, dennoch aber die Dynamik einer Beziehung beschreibt, die *in dieser Generation* typisch ist. Glücklicherweise scheint sich im Verhältnis zwischen Müttern und Töchtern der heutigen Generation einiges
zu ändern. Ob es grundlegende Veränderungen sind, bleibt
abzuwarten. Denn, wie wir im folgenden zeigen wollen, tief
verwurzelte Empfindungen und Verhaltensweisen lassen sich
nicht so leicht verändern, wie manche vielleicht hoffen. So
scheint es immer noch dabei zu bleiben, daß die eine Tatsache, ein Kind auszutragen (die biologische Mutterschaft),
verknüpft ist mit der anderen Tatsache: daß die Mutter die
wesentliche Bezugsperson für den Säugling und das Kleinkind bleibt (soziale Mutterschaft). Männer jedenfalls haben
sich bislang nur sehr zögernd und nur zu einem kleinen
Bruchteil bereit gefunden, bereits früh eine intensivere Bindung zu ihrem Kind einzugehen. Ganz zu schweigen von der

Übernahme eines angemessenen Teils der Hausarbeit[1]. Ob Väter die »besseren Mütter« sind, wie ein Buchtitel behauptet[2], muß sich jedenfalls erst noch erweisen. Wir glauben es eher nicht. Denn die biologische Mutterschaft – die Tatsache, das Kind im eigenen Körper auszutragen – schafft eine Verbindung ohnegleichen. Im Guten wie im Schlechten, wie wir noch zeigen werden.

Vor dem Wort war das Gefühlschaos

»Am Anfang war das Wort, und das Wort war bei Gott, und Gott war das Wort«, heißt es in der Bibel. Auf die typische Kleinfamilie bezogen, könnte man es umformulieren in: »Nach dem Chaos war das Wort, und das Wort war bei der Mutter, und die Mutter war das Wort.« Denn: das Wort ist nicht der Anfang der Beziehung zwischen Mutter und Tochter. Mindestens ebenso wichtig wie später der sprachliche Kontakt zwischen beiden ist das, was unaussprechlich ist, weil das Kind dafür noch keine Worte hat: das grenzenlose Einssein und Verschmolzensein mit der Mutter – und grenzenlose Bedrohung, wenn sich herausstellt, daß die Mutter sich (gelegentlich) aus dem Einssein löst, sich verweigert, andere Interessen wahrnimmt.

In der Interpretation der Beziehung zwischen Mutter und Tochter folgen wir nicht der klassischen analytischen Sichtweise, besonders was die sogenannte »ödipale Phase« angeht. Diese Betrachtungsweise hat sich als zu androzentrisch erwiesen, also zu sehr nur auf das Paradigma der *männlichen* Entwicklung vom Säugling an; sie taugt nicht für die Interpretation der weiblichen Sozialisation. Denn bei Freud und verschiedenen seiner NachfolgerInnen wird Frausein als Mangel definiert. Wo der »Penisneid« als zentrale Erklärung für die Psyche der Frau dient, erscheint die Frau als lebenslang durch den Mann definiert und von ihm abhängig. Was Freud und viele seiner SchülerInnen – trotz so beachtlicher Einzelarbeiten wie der von Melanie Klein und Karen Horney[3] – nicht haben leisten können – eine eigenständige weibliche Sozialisationstheorie vorzulegen –, das haben in den letzten Jahrzehnten einige Wissenschaftlerinnen nachgeholt, deren Arbeiten für unser Anliegen von großer Bedeutung sind und die unsere Gedanken beeinflußt haben. Dazu zählen unter anderem die französischen Psychoanalytikerinnen Janine Chasseguet-Smirgel und Luce Irigaray, die deutsche Analytikerin Margarete Mitscherlich-Nielsen, das englisch-amerikanische Psychotherapeutinnen-Duo Luise Eichenbaum und Susie Orbach – und vor allem die amerikanische Soziologin Nancy Chodorow[4].

Sie alle weisen darauf hin, daß die weibliche Sozialisation nach anderen Prinzipien und Gesetzmäßigkeiten verläuft als die männliche. Nancy Chodorow ist die Theoretikerin, die sich dazu am deutlichsten der Mutter-Tochter-Beziehung angenommen und diese beschrieben hat. Ihr Ziel war zu erklären, wieso das »Bemuttern«, die soziale und psychologische Mutterschaft, von einer Frauengeneration zur anderen weitergegeben wird. Eine wesentliche Rolle scheint dabei die Erfahrung der Tochter zu spielen, daß sie von einem Menschen »bemuttert« wird, der *dem gleichen Geschlecht* angehört wie sie. Doch betrachten wir die Beziehung zwischen Mutter und Tochter von Geburt an.[5] Wenn das Kind klein ist, etwa bis zum Alter von anderthalb Jahren, verständigt es sich nicht-sprachlich mit der Mutter. In dieser »oralen Phase« erlebt das Kind die Mutter einerseits als nährend, befriedigend, schützend, wärmend. Sie zu »haben« – aus ihrer Brust zu trinken, ihren Körper zu spüren – ist alles, stellt eine Einheit wieder her, wie es sie ungebrochen nur im Mutterleib erlebt hat. Wenn die Mutter sich so verhält, wie der Säugling es braucht, ist dieser absolut glücklich, eins mit sich und der Welt, die zunächst noch im wesentlichen mit der Mutter gleichgesetzt wird. Doch seit die Nabelschnur durchschnitten wurde, ist er natürlich getrennt von der Mutter. Diese kann zwar mit ihren »Gaben« – ihrem Körper, ihrer emotionalen Wärme und ihrem Eingehen auf die Bedürfnisse des Säuglings – in bestimmten Situationen dieses Gefühl des Einsseins wiederherstellen. Doch es muß zwangsläufig auch zu Situationen kommen, in denen die Mutter sich dem Säugling *nicht* gleich zuwendet, nicht »da« ist, wenn dieser sie braucht[6].

Da kleine Menschen »Nesthocker« sind, also erst noch »flügge« gemacht werden müssen, bevor sie sich selbständig machen können, sind sie extrem abhängig von der Mutter (oder der Person, die diese Rolle übernimmt). Ist die Mutter abwesend, beginnt der Säugling sie zu rufen: Er schreit. Kommt sie dann nicht sofort, bedeutet das für das hilflose, unselbständige Wesen eine fundamentale Bedrohung. Da es sich noch nicht als getrennt von der Mutter erlebt, sondern noch als eins mit ihr, kann es seine tiefe Beunruhigung noch nicht gegen sie richten. Es empfindet vielleicht Wut darüber, allein im Bettchen liegen gelassen zu werden. Es kann auf die Dauer zwar merken, daß sein Schreien die Mutter herbeiholt und das Einssein wiederhergestellt wird – es »sozialisiert« auch die Mutter[7]. Was es aber nicht kann, ist, den Ärger und die Wut über die »versagende« Mutter ihr gegenüber zu äußern. Denn dazu müßte es sich selbst als »Ich« und die Mutter als das »Andere« erleben und sich abgrenzen können – denn Wut ist ein Gefühl, das unmittelbar mit der Empfindung verbunden ist, anders zu sein als der oder die andere; Wut ist ein Affekt, der »gegen« etwas gerichtet ist. Ist das Kind wütend, dann ist das ein umfassendes Gefühl, in dem es selbst eingeschlossen ist – es ist wütend auf die Welt (Mutter), von der es ein Teil ist[8].

Umgekehrt besteht auch das Empfinden der Mutter nicht immer nur in Glück und Verschmelzungsgefühlen mit dem Säugling. Diese Gefühle sind manchmal da, und keine Mutter wird sie in ihrem Leben je vergessen. Dafür sorgt schon die Mutter-Ideologie, die zum Beispiel geradezu vorschreibt, daß die Frau die Schmerzen des Gebärens sofort vergißt, sobald sie den Säugling zum erstenmal stillt. Die Mutter-Ideologie legt sich wie ein zartes Lügengewebe über die Beziehung zwischen Mutter und Kind. Sie schreibt der Mutter vor, immer glücklich und immer für das Kind »da« zu sein. Und dem Kind verlangt es ab, die Mutter immer und unter allen Umständen zu lieben, zu ehren und ihr zu gehorchen. Auch wenn diese Ideologie im Alltag nie in absoluter Form verwirklicht werden kann, so ist sie doch moralischer Anspruch. Die Linguistin Ruth Wodak, die der »Sprache von Liebe und Schuld« zwischen Mutter und Tochter nachspürte[9], zeigt, daß vor der Romantik und der Französischen Revolution »in der jüdisch-christlichen Kultur die Mütterlichkeit verschüttet« war. Wie fremd erscheint uns heute das, was noch vor zwei Jahrhunderten die Alltagsbeziehungen zwischen Mutter und Tochter waren:

»Die meisten Mütter verloren sehr viele Kinder bei der Geburt oder spätestens im ersten Jahr, Frauen gehörten zum Eigentum des Mannes, Sexualität war von der Religion tabuisiert, Töchter wurden öfter mißhandelt als Söhne. So ist es nicht verwunderlich, daß Mütter keine affektiven Beziehungen zu den Kindern herstellen wollten, aus Angst, Bindungen einzugehen, die sie bald wieder hätten lösen müssen.«[10]

Wie gesagt, auch heute empfindet eine Mutter dieses Glücksgefühl keineswegs immer. Oft möchte sie etwas anderes, aber dann schreit das Kleine, und sie muß entscheiden, ob sie es weiterschreien läßt oder ob sie hinübergeht und ihm gibt, was es braucht. Nicht nur jene Mütter, die in den Wochen nach der Geburt an »postnataler Depression« leiden (einem unbestimmten Gefühl tiefer Traurigkeit, das z. B. mehr als ein Drittel aller Erstgebärenden erlebt)[11], empfinden den Säugling zumindest *auch* als Last, als Hindernis, das einem ungestörten Nachtschlaf und einem Tagesablauf nach eigenem Ermessen im Wege steht. Viele Mütter erleben in den ersten Wochen und Monaten ihrem Kind gegenüber manchmal regelrechte Haßgefühle: Sie fühlen sich im wahrsten Sinne des Wortes »ausgesaugt« und wünschen, wenigstens ab und zu den kleinen Schreihals loszusein. Diese negativen Empfindungen der Mutter sind allerdings strengstens tabuisiert: Eine Mutter, die ihr Kind ablehnt, das muß ja eine schlechte Mutter, eine Rabenmutter, sein[12]. Auch anderen Müttern gegenüber besteht dieses Tabu: Welche Mutter wird schon beim gemeinsamen Kinderwagen-Schieben der Nachbarin verraten, daß sie das Schreien des lieben Kleinen am liebsten mit einem Kissen ersticken würde[13]? Auch dem Partner gegenüber kann eine junge Mutter schlecht über diese Empfindungen sprechen. Denn der kann ohnehin in der Regel nicht viel mit dem Säugling anfangen. Der Vater (oder Vater-Ersatz) reagiert häufig eifersüchtig auf das Kleine: Plötzlich ist noch jemand drittes im Bunde, mit dem seine

Partnerin ein intimes Verhältnis hat und sehr viel Zeit verbringt. Hinzu kommt, daß Frauen häufig nach der Geburt erst einmal wenig Lust haben, mit ihrem Partner zu schlafen; einmal deshalb, weil sie häufig sehr erschöpft sind, aber nicht zuletzt auch deshalb, weil das körperliche Zusammensein mit dem Säugling sie auch in bezug auf Zärtlichkeit (an der Brust saugen, ihr auf dem Bauch liegen, schmusen...) zunächst völlig ausfüllt[14].

Es ist sehr wichtig, sich diese frühkindliche Dynamik der Mutter-Kind-Beziehung zu vergegenwärtigen. Denn die späteren engen Beziehungen zwischen Frauen (Mutter und Tochter, Freundinnen, lesbische Frauen...) enthalten einige zentrale Elemente dieser besonderen Situation: Da sich die eine (hier: der weibliche Säugling) der anderen (hier: Mutter) gegenüber nicht als »anders«, als eigenständiges Ich empfindet, bedroht ihre Wut sie immer auch selbst. Die Wut ist »innen«, innerhalb der engen Beziehung zwischen ihr und etwas, auf das und gegen das sich ihre Wut richtet. *Ihr ganzes Leben lang wiederholen Frauen untereinander diese diffuse, selbst-bedrohliche Form der Aggressivität. Daher rührt zu einem guten Teil die Schwierigkeit von Frauen, sich mit anderen Frauen auseinander-zu-setzen.*

Nun ist es aber nicht so, daß Frauen sich *überhaupt nicht* auseinandersetzen, sich gar nicht als getrennt erleben und aggressiv sein können. Doch diese Form der Auseinandersetzung lernen Mädchen (Jungen natürlich ebenso) erst in späteren Phasen der Kindheit. Sie setzt ein mit der Phase, die man »anal« nennt und die im wesentlichen dadurch gekennzeichnet ist, daß das Kind die eigenen Körperöffnungen und -ausscheidungen zu kontrollieren lernt – und sich damit als »abgegrenzt« von anderen Wesen, insbesondere auch von der Mutter, erleben kann. Einen Höhepunkt der ersten Abgrenzungskämpfe und Autonomiebestrebungen gegen die Mutter stellt die sogenannte »Trotzphase« dar. »Nein« wird jetzt ein wichtiges Wort; die kindliche Wut richtet sich nun auf Objekte (Menschen, Gegenstände) außerhalb seiner selbst. Dadurch verliert die Wut ihre immense Bedrohlichkeit: die Gefahr, sobald sie auftaucht, lebensbedrohend, ja vernichtend zu sein. *In ihren Auseinandersetzungen mit Männern – die*

22

*ohnehin und eindeutig immer »das Andere« (und die körper-
lich Stärkeren) sind – erliegen Frauen weniger der Gefahr, auf
ihre frühkindlichen Wuterlebnisse und die entsprechenden
Gefühle umfassender Bedrohung zurückzufallen, sondern
können eher auf Wutäußerungen zurückgreifen, die sie in diesen späteren Phasen ihrer Entwicklung gelernt haben. Gegenüber Frauen besteht die Aggressionshemmung vor allem deshalb, weil die Angst viel stärker ist, die andere Frau in ihrer
(körperlichen) Integrität zu verletzen.*

Die Auseinanderentwicklung der Geschlechter hat einen
ganz bestimmten Startpunkt: Ab dem Moment, an dem das
Kind sich als »Ich« und als »etwas anderes als…« erleben
kann, läßt sich ein deutlicher Unterschied in der Sozialisation
von Mädchen und Jungen feststellen.[15] Das Mädchen beginnt
sich jetzt zu erleben »wie« die Mutter; der Junge merkt, daß
er »anders ist als« die Mutter. Von nun an betrachten wir vor
allem die weitere Entwicklung des Mädchens.

Das Kennzeichen der auf die »anale« folgenden, sogenannten »ödipalen« Phase ist es, sich für Personen zu interessieren, die außerhalb der Mutter-Kind-Zweisamkeit stehen.
Das ist zunächst einmal, sofern vorhanden, der »Dritte« im
Bunde, also der Vater (bzw. der Partner der Mutter). Im Nor-
malfall sind die Väter ja meist abwesend aufgrund von Berufstätigkeit und gleichgeschlechtlichen Freizeitaktivitäten. Also
ist sein Nachhausekommen ein besonderes Ereignis für das
kleine Mädchen, das es oft freudig begrüßt. In dieser Phase
seiner Entwicklung beginnt das Mädchen, die andere Person
zu untersuchen und neugierig zu erforschen; es stellt eine Beziehung zu ihr her, verbündet sich manchmal sogar mit ihr
gegen die Mutter. Das hat insbesondere eine Bedeutung für
das so wichtige »Nein-Sagen« des Mädchens gegenüber der
Mutter. Das Nein des Mädchens ist für dessen Identitätsfin-
dung noch wesentlicher als das Nein des Jungen, da das Mädchen sich unbedingt und deutlich von der Person des gleichen
Geschlechts abgrenzen muß. Das ist schwieriger als für den
Jungen, der sich von der Mutter zu lösen beginnt und sich
dafür dem Vater als Identifikationsobjekt des gleichen Geschlechtes zuwenden und gegen ihn das Nein-Sagen üben
kann. Bei dem »Bund mit dem Dritten« spielt für das Mäd-

chen zwar auch eine gewisse Rolle, daß der Vater dem anderen Geschlecht angehört. Wichtiger ist aber wohl die Abgrenzungsmöglichkeit, die der Vater als »dritte Person« enthält.[16] Darauf weist auch die Soziologin Nancy Chodorow hin: »Wahrscheinlich«, so schreibt sie in ihrem Buch »Das Erbe der Mütter«, »wahrscheinlich wendet sich ein Mädchen dem Vater nicht wegen seines Geschlechtes oder seiner sexuellen Orientierung zu, sondern weil er eine Person ist, die ihr mit der größten Wahrscheinlichkeit hilft, von der Mutter loszukommen.«[17]

Dies ist deshalb ein wesentlicher Gedanke, weil er praktisch eine Einleitung darstellt zu einer Widerlegung des sogenannten Penisneides, den Mädchen in der »ödipalen Phase« angeblich entwickeln[18]. Die Freudsche Vorstellung des Penisneides beinhaltet, kurz gesagt, folgendes: Das Mädchen entdeckt, daß es keinen Penis hat, erlebt das als Defizit, wendet sich dem Vater als Liebesobjekt zu und ist wütend und eifersüchtig auf die Mutter. Träfe die Vorstellung vom Penisneid zu, hieße das: Mädchen wenden sich von der Mutter als Liebesobjekt ab, indem sie sich dem Vater zuwenden. Im Gegensatz dazu spricht vieles dafür, daß Nancy Chodorow mit ihrer Vermutung recht hat:

»Ein Vater ist, wegen seiner körperlichen und emotionalen Distanz in Verbindung mit dem verzweifelten Bedürfnis des Mädchens, sich von der Mutter, die sie ja auch liebt, zu lösen, kein genügend wichtiges Objekt, um die Liebe des Mädchens zur Mutter brechen zu können. Der Vater aktiviert zwar in den meisten Fällen die heterosexuelle Genitalität seiner Tochter, aber exklusive heterosexuelle Liebe oder exklusive allgemeine Zuneigung kann er nicht aktivieren.«[19]

Sigmund Freud, der einen Penisneid bei Mädchen vermutete, bemerkte allerdings im Laufe seiner psychoanalytischen Praxis, daß er auf zahlreiche Widersprüche stieß, die er so nicht erklären konnte. »Was will das Weib?« fragte er schließlich ratlos. Anscheinend bedurfte es erst feministischer Wissenschaftlerinnen – also Theoretikerinnen, die sich auch eine weibliche Existenz »außerhalb« des Bestehenden vorstellen können –, um Freuds oft wiederholte Tröstung wahr zu machen: »Wollen Sie mehr über die Weiblichkeit wissen, so befragen Sie Ihre eigenen Lebenserfahrungen, oder Sie wenden sich an die Dichter, oder Sie warten, bis die Wissenschaft Ihnen tiefere oder besser zusammenhängende Auskünfte geben kann.«[20]

Wir haben deshalb den Eindruck, daß eher Chodorows als Freuds Betrachtung der »ödipalen« Situation zutrifft. Dies auch deshalb, weil sich in unseren Interviews eindeutig ergeben hat (unabhängig davon, ob die Befragten heute heterosexuell oder lesbisch leben): *Frauen, insbesondere Freundinnen, bleiben das ganze Leben lang für Frauen die emotional wichtigeren Bezugspersonen.*

Mutter – Sprache – Vater

In der klassischen Vater-Mutter-Kind-Situation, in der die meisten unserer Befragten aufgewachsen sind, beginnt sich der Vater erst dann allmählich für seine Tochter zu interessieren, wenn er sich mit ihr *unterhalten* kann und wenn sie unabhängig genug ist, daß er mit ihr *aus dem Haus gehen* kann. Von da an bis zur Pubertät unternehmen die Väter gelegentlich etwas mit der Tochter, das diese als etwas ganz Besonderes – oft sogar als außerordentliches Privileg – genießt, und zwar ganz unabhängig davon, wie gut oder schlecht das Verhältnis zum Vater *insgesamt* ist. Heute noch geraten die Frauen ins Schwärmen, wenn sie erzählen, wie der Vater sie aufs Fahrrad oder ins Auto gepackt und mit ihnen Ausflüge gemacht hat. Nicht wenige Väter nehmen ihre Tochter in dieser Zeit auch mit in den Verein oder in die Kneipe, um sie stolz herumzuzeigen. Viele machen mit ihrer Tochter genau dasselbe, was sie mit einem Sohn unternehmen würden (oder bereits unternommen haben, sofern ein älterer Bruder da ist). Die Mädchen behalten diese besonderen Ausflüge sehr gut im Gedächtnis – sie sind nämlich alles, was Vater und Tochter miteinander anfangen können, oft bleibt es auch das einzige[21]. Das klingt, als wäre es nicht viel. Doch gerade dieses Wenige, Rare, das sie mit ihrem Vater gemeinsam tun können, macht ihnen den Vater so kostbar. In dieser frühen Zeit beginnt bei den meisten Mädchen die Idealisierung der Väter. Während die Mutter alltäglich erlebt und dadurch – auf die Dauer immer deutlicher – entmystifiziert wird, bleibt der Vater, der so selten anwesend ist, ein Held. Provozierend könnte man festhalten: *Die Macht der Männer (Väter) liegt in ihrer Abwesenheit.* Das gilt für das kleine Mädchen, es trifft aber später auch noch zu, wie wir sehen werden: *Die Geschlechtertrennung erleichtert die Idealisierung.* In den letzten Jahrhunderten haben Männer und Frauen so sehr in geschlechtsgetrennten Welten gelebt, daß jede Begegnung etwas Besonderes ist. Wenn man nicht oft zusammen ist, liegt nahe, daß man sich vom anderen ein (möglicherweise falsches) Bild macht. Töchter machen sich ein Bild von ihrem Vater, das oft – gemeinsam mit der Ideologie der »romantischen Liebe« (siehe Seite 118 ff.) – zu einer Männeridealisierung führt. Wenn Frauen dann auch in der Partnerschaft den Mann selten um sich haben, ihnen aber bewußt ist, daß er dem mächtigen Geschlecht angehört, verstärkt das die Ehrfurcht – diese Mischung aus Ehrerbietung und Furcht –, die sie ihm gegenüber empfinden. Sind die Männer dagegen viel zu Hause, bricht dieses Idealbild zusammen; dann liegt die Gefahr nahe, ins Gegenteil zu verfallen und den Mann zu verachten. In krasser Form ist das in unserer Gesellschaft zu erkennen, wenn Männer die Rolle des »Hausmannes« übernehmen und/oder arbeitslos sind: Für viele Männer, aber auch für nicht wenige Frauen verlieren sie dadurch viel von ihrer »Männlichkeit«, ihrer Macht über die Frauen. Nicht nur ökonomisch[22].

Die Mischung aus Idealisierung und Angst bei der Tochter, parallel dazu die Fremdheit, die der Vater offenbar der Tochter gegenüber empfindet (und umgekehrt), haben die von uns befragten Frauen sehr anschaulich zum Ausdruck gebracht. Auf die Frage, was sie denn in der Kindheit mit dem Vater »gemacht« hätten, waren folgende Antworten typisch:

»Ich habe ganz wenig mit ihm gemacht, und wenn, dann bin ich mit ihm gefahren, wenn er etwas besorgen mußte. Manchmal haben wir Pilze zusammen gepflückt. Das war für mich immer der Inbegriff des Tollen, weil das das einzige war, was ich mit meinem Vater gemacht habe. Und da war es dann auch

o. k. zwischen uns, da hat er mich auch wahrgenommen und wir haben miteinander geredet. Sonst lief nichts, sonst habe ich eher Angst vor ihm gehabt. Wenn er zu Hause war, habe ich mich zurückgezogen. Wir waren ihm sowieso alle zu laut, und dann fing er an zu schimpfen. Manchmal bin ich auch mit ihm in die Kneipe gefahren. Da standen wir rum.«

»Vater und ich sind sehr viel spazierengegangen. Spazieren ist eigentlich nicht der richtige Ausdruck – wir haben Waldwanderungen gemacht, ganz stramm, bestimmt immer zwanzig Kilometer. Ich kann mich erinnern, daß mir da meine kleinen Beinchen ganz oft weh getan haben. Ich habe das eigentlich gern mit ihm gemacht, weil ich ihn da für mich alleine hatte, weil ich wußte, daß die kleinen Brüder nicht so interessiert daran waren, weil ich wußte, da hatte ich ihn ganz für mich... Und wenn ich mal gesagt habe, ich kann nicht mehr, oder ich habe Seitenstechen, dann hat er schon Pausen eingelegt. Nur wenn ich nichts gesagt habe, dann ist er sein Tempo gegangen und hat gar nicht gemerkt, daß ich nicht so gut mitkam.«

»Ich muß dazu sagen, meine Eltern haben mich beide geschlagen; aber vor meinem Vater hatte ich mehr Angst, weil er wesentlich mehr Autorität hatte. Wenn es um Sachen ging, die ich gern machen wollte, und meine Mutter hatte sie erlaubt, dann war das noch lange keine wirkliche Erlaubnis, sondern dann mußte erst mein Vater befragt werden. Und wenn der sein Plazet gegeben hatte, dann war es in Ordnung. Wenn er aber nein sagte, dann war es ein Nein! Ja, was habe ich mit ihm gemacht? Entchen gefüttert, Tretboot gefahren. Sonntags morgens, wenn die Mutter den Braten gemacht hat, sind wir in den Park gefahren, sind da herumgelaufen und haben Enten gefüttert. Und wenn meine Mutter des öfteren für ein paar Tage weggefahren ist, ohne mich, da habe ich, obwohl ich erst acht oder neun Jahre alt war, meinen Vater versorgt, habe die Hausfrauenrolle übernommen. Also bevor ich zur Schule gegangen bin, habe ich ihm das Frühstück gerichtet, und abends das Abendbrot. Sonntags hatte er dann meist Zeit. Da saßen wir lange am Frühstückstisch und haben sehr viel geredet. Das waren die einzigen Momente, in denen er über seine Vergangenheit gesprochen hat. Darüber, wie er aufgewachsen ist, was er alles gemacht hat. Das war nur möglich, wenn wir zwei alleine waren, ohne meine Mutter.«

»Er war nicht oft zu Hause, ich habe nicht viel mit ihm gemacht. Erinnern kann ich mich, daß er mich auf den Schoß genommen und mir Gruselgeschichten erzählt hat, und ab und zu hat er mich zur Ordnung gerufen.«

»So arg viel nicht. Er hat mehrmals versucht, mir das Schachspielen beizubringen, aber das ist immer gescheitert, ich fand das langweilig. Und dann hat er immer getobt und geschrien, wenn ich es nicht begriffen hatte. Ja und spazierengegangen sind wir, manchmal hat er mich auch auf Veranstaltungen mitgenommen.«

Einige Frauen waren über unsere Frage, was sie denn in ihrer Kindheit mit dem Vater »gemacht« hätten, regelrecht erschrocken. Es war, als ob wir ihnen »auf die Schliche gekommen« wären. Wir haben dann vorsichtig nachgefragt, einige erzählten es auch von sich aus: Ihnen war sofort eingefallen, daß sie etwas Verbotenes mit dem Vater »gemacht« hatten – bzw. er mit ihnen! Mehr oder weniger deutlich haben diese Frauen zum Ausdruck gebracht, daß es zwischen ihnen und dem Vater zu sexuell getönten Situationen gekommen ist. Ausdrücklich von Mißbrauch hat keine gesprochen. Wir haben dann nicht weiter nachgefragt, können also nicht wissen, ob es sich um phantasierte oder tatsächliche sexuelle Situationen handelte. Die spontane Reaktion jedoch – Erschrecken auf unsere Frage – weist darauf hin, daß es diesen Frauen heute noch in den Knochen steckt, wie sie sich damals fühlten. Nicht nur zwischen Mutter und Tochter, auch zwischen Vater und Tochter scheint es oft einen »Zirkel aus Liebe und Schuld« zu geben.

Kaum einmal läßt sich so eindrücklich zeigen, wie unterschiedlich Töchter in ihrer Kindheit ihre Mutter und ihren Vater wahrgenommen haben, wie dann, wenn man ihre Antworten auf die gleiche Frage zu beiden Personen vergleicht.

Gerade haben wir einige typische Antworten auf die Frage: »Was hast du in deiner Kindheit mit deinem Vater gemacht?« wiedergegeben. Die gleiche Frage, nur in bezug auf die Mutter, also: »Was hast du in deiner Kindheit mit deiner Mutter gemacht?« erbrachte völlig andere, aber wiederum in sich sehr einheitliche Antworten. Hier eine kleine Auswahl:

»Ich bin das älteste Mädchen, ich war für die Mutter die Vertraute. Das habe ich aber damals noch nicht so klar gesehen.«

»Mit meiner Mutter habe ich im Haushalt zusammen gearbeitet, kleinere Zuarbeiten verrichtet. Was ich am liebsten mit ihr gemacht habe, war singen. Da kann ich mich daran erinnern, wie ich schon mit vier oder fünf Jahren mit ihr in der Küche gestanden habe.«

»Mutter hat sich mit mir über alltägliche Dinge unterhalten: die Schule, was man kochen oder essen wollte.«

»Das einzige, woran ich mich erinnern kann, ist, daß sie sich immer über den Vater beklagt hat. Sonst hat sie manchmal noch so vor sich hingemurmelt, daß was nicht geklappt hat, daß sie so müde ist, so überfordert.«

»Meine Mutter konnte gar nichts mit mir machen, denn die kam abends nach Hause, mußte gucken, daß der Haushalt lief, und dann war sie müde.«

»Mit meiner Mutter bin ich gern einkaufen gegangen.«

»Mit meiner Mutter habe ich wenig gespielt, manchmal Halma. Aber ansonsten war sie immer mit ihrem Haushalt beschäftigt, ja beinahe überfordert.«

Das klingt recht langweilig, und genauso ist es wohl von den Töchtern erlebt worden. Mit dem Vater etwas tun, heißt: mit ihm etwas Besonderes unternehmen. *Väter haben die Möglichkeit, in der Zeit, die sie mit der Tochter verbringen, ihr viel von ihren Interessen zu zeigen. Mit der Mutter etwas tun, heißt, ihren unspektakulären Alltag zu teilen.* Viele Frauen haben uns erst einmal groß angesehen, als wir ihnen die Frage gestellt haben: »Was hast du in deiner Kindheit mit deiner Mutter gemacht?« Sie verstanden gar nicht, was in diesem Zusammenhang »gemacht« eigentlich heißen sollte. Und danach kamen die Antworten der oben zitierten Art. Denn offenbar ist nicht das »Machen« das Entscheidende für die Beziehung zwischen Mutter und Tochter. Sondern das fraglose, emotional beständige *Da-Sein.* Und natürlich: das Reden. Ein Unterschied, der sich später auch in Frauen- und Männerfreundschaften zeigt: *Männer tun etwas zusammen, Frauen reden.* Und: *Frauen tun etwas mit Männern, mit ihren Freundinnen sind sie »einfach füreinander da« – und sie reden.*

Entsprechend zeigt sich: Je älter die Mädchen werden, desto uninteressanter werden sie für ihre Väter. Sie sind vor allem interessant als Sohn-Ersatz, mit dem mann etwas machen kann. Spätestens ab der Pubertät, wenn auch das jungenhafteste Mädchen in die inaktive Weibchenrolle gepreßt wird – oder sich zumindest intensiv damit auseinandersetzen muß –, verlieren die Väter vollständig das Interesse – und reagieren höchstens noch eifersüchtig auf die Freunde ihrer Tochter. Oder sie erlauben sich sexuelle Übergriffe.

Demgegenüber bleiben die Mütter sehr lange wichtige Bezugspersonen. Aber eben nicht im Machen, sondern im Reden. Und damit kommen wir zurück auf die Bedeutung der Mutter-Sprache für die Sozialisation der Mädchen.

Von klein an ist es immer im wesentlichen die Mutter, die der Tochter die Welt erklärt. Die auf ihre tausend Fragen (Warum? Was heißt...?) antwortet, die mit den Begriffen auch gleichzeitig ein Welt-Bild vermittelt. Mädchen sind daher schon früh in der Schule den Jungen überlegen[23], die wiederum, statt so viel zu fragen, lieber früh nach draußen spielen gehen, sich körperlich und im Tun die Welt erobern – die Welt »da draußen«, über die Mutter und Tochter nur sprechen. Nicht umsonst sind daher umgekehrt die Jungen den Mädchen in allen Aufgaben überlegen, die räumlichen Orientierungssinn verlangen[24].

Es ist tatsächlich sehr auffällig, wieviel Frauen privat untereinander reden: erst Mutter und Tochter, dann später die Freundinnen. Es scheint, als ob die Welt »da draußen« Frauen weniger furchterregend erscheint, wenn sie sie sich sprachlich erklären, sich einen Reim darauf machen können. Sprache ist generell der Bereich, den Frauen an sich auch als Fähigkeit schätzen. Denn Kochen, Putzen, Spülen – das sind Fähigkeiten, derer sich Mütter entweder nicht bewußt sind – daß es nämlich wichtige Fähigkeiten sind – oder denen sie ambivalent gegenüberstehen. Kurz und knapp eine Einschätzung dazu aus soziologischer Sicht:

»Die Tendenz, die Mutterrolle gewissermaßen mit professionellen Eigenschaften auszustatten bzw. sie überhaupt als ›Beruf‹ verstanden sehen zu wollen, bestätigt zum einen den Wunsch, Funktionen, die Haushalt und Kindererziehung betreffen, auch weiterhin als exklusiv weibliche Ressorts festzulegen, zum anderen aber auch einen Trend zur zunehmenden Rationalisierung der Mutter-Kind-Beziehung auf Kosten ihres spontan-affektiven Charakters.«[25]

Zwiespältige Gefühle also auf seiten der Mütter gegenüber der Rollenzuweisung sind darin zu erkennen, daß sie die Arbeiten im Haushalt auch für die Tochter spürbar als selbstverständlich, langweilig und eher lästig erleben. Hier ist auch selten ein Quell persönlicher Befriedigung innerhalb der Mutter-Tochter-Beziehung zu erwarten. Anders die Macht der Sprache: Sprach-Vermittlung wie Sprach-Verweigerung – der »Liebesentzug« durch Nicht-mehr-Sprechen –, das ist eine Macht, die den Müttern oft durchaus bewußt ist. Das »Reden über« enthält allerdings immer auch eine Dimension des Un-Wirklichen, des nur in der Phantasie Vorhandenen. Während Männer handeln, handgreiflich werden, ausagieren, sich reiben, sich unterwerfen, wieder aufstehen, neu kämpfen, ihre Position finden…, setzen Frauen ihre sprachlichen Fähigkeiten ein. Natürlich kann man über Fakten sprechen, mit Worten auch Fakten schaffen. Man kann sich verständigen über Sprache. Andererseits: *Reden hat immer etwas Spekulatives, Vorläufiges, Zurücknehmbares, nicht Ernsthaftes und damit nicht Wirkliches.* Diese Funktion von Sprache, vom Dialog zwischen Frauen, soll uns im weiteren

Verlauf noch intensiv beschäftigen. Denn das Wesentliche, was Mutter und Tochter, das Wesentliche, was Freundinnen zusammen »tun«, *ist* – reden!

Die sprachlose Wut der sprachgewaltigen Frauen

Es ist infolgedessen nur konsequent anzunehmen: Wenn die Sprache *das* Mittel und gleichzeitig *der* Inhalt der Kommunikation zwischen Mutter und Tochter ist, dann ist die schlimmste Waffe – die Sprachverweigerung, das Nicht-Reden. Wenn es zu Unstimmigkeiten zwischen Mutter und Tochter (später: zwischen zwei Freundinnen) kommt, dann ist Schweigen *der* Ausdruck von Wut – der wirksamste, wie die meisten Mädchen früh aus leidvoller Erfahrung lernen. Wir haben Frauen in den Interviews gefragt: »Wie verliefen in deiner Kindheit deine Auseinandersetzungen mit der Mutter?« Die Antworten überraschten uns in ihrer Eindeutigkeit. Hier eine Auswahl:

»Die war wie gar nichts. Hat überhaupt nicht reagiert. Weder geheult noch getobt, gar nichts. War nur stumm. Stumm verletzt.«

»Das war mir so unangenehm, da wäre ich am liebsten aus dem Zimmer gegangen. Weil sie so traurig war, das war mir so unangenehm! Das ist heute noch so, wenn die Mutter weint, das ist wirklich schlimm.«

»Sie hat gesagt: ›Wenn du mich liebst, dann machst du das jetzt.‹ Und dann hat die brave Tochter das gemacht bzw. sie hintergangen.«

»Ich fand mich immer furchtbar benachteiligt. Ich war immer das Kind, das selbständig sein, aber auch den Mund halten mußte. Wenn's Auseinandersetzungen gab, dann nach dem Schema: ›Du machst das jetzt so und so. Und nichts dazwischen.‹ Ich hab dann manchmal gebrüllt und bin auf mein Zimmer. Es gab auch Szenen mit Tränen der Mutter. Das war das Schlimmste.«

»Ich habe, wenn mir was nicht gepaßt hat, nicht mehr geredet. Nicht mehr geredet und nicht mehr gegessen, bis ich das Gefühl hatte, jetzt haben sich alle genug um mich gekümmert und meine Mutter oder meine älteste Schwester haben jetzt oft genug gefragt, was eigentlich los ist. Umgekehrt konnte meine Mutter ganz schön mit Liebesentzug arbeiten. Sie hat ja gesagt, aber durch das, *wie* sie es gesagt hat, hat sie mir signalisiert, daß sie es nicht will. Und ich mußte dann entscheiden, ob ich mein Interesse durchsetze und riskiere, daß sie sauer ist, oder ob ich auf das eingehe, was sie signalisiert – und nicht mache, was ich gern machen würde.«

»Unser Streit verlief immer so, daß ich den kürzeren gezogen habe. Ich konnte mich kaum gegen sie wehren, sie war immer die Stärkere. Ich mußte immer weinen, wurde ganz zornig, wurde immer wilder, und sie blieb ruhig, bestimmt und hat immer gewonnen. Manchmal, wenn wir unterwegs waren, hat sie meine Hand ganz fest gehalten und zugedrückt, und da wußte ich, dagegen kommst du nicht an. Jetzt ist sie böse auf dich. Da wußte ich, jetzt wird's gefährlich, da hörst du besser auf.«

»Schlimm. Das ging hart auf hart. Ich habe meiner Mutter oft widersprochen und sie so gereizt und provoziert, daß sie mich gehauen hat. Sonst war sie eher kontrolliert, aber da war sie dann völlig unbeherrscht und hat einen Kochlöffel auf mir kaputtgeschlagen. Hinterher hat sie sich dann entschuldigt, daß es ihr leid tut und sie mich gar nicht so oft schlagen möchte. Sie konnte einfach nicht anders.«

»Ich habe oft versucht, mir Hilfe zu holen bei meinem Vater oder auch bei meinen Großeltern. Ich habe versucht, Außenstehende heranzuziehen, nicht einmal, um für mich Hilfe zu holen, sondern weil ich eine Entscheidung wollte… Ich wollte wissen, ob das, was ich will, so verkehrt ist, oder ob das, was sie will, verkehrt ist. Ich wollte mich schon immer gern mit ihr *einigen*, ich wollte nicht in Streit mit ihr leben. Sie hat sich schon bemüht, was zu sagen. Aber meistens haben wir uns nicht geeinigt.«

Aus diesen Zitaten ist die Hilflosigkeit der Mädchen in der Auseinandersetzung mit ihrer Mutter noch deutlich zu spüren. Es ist sehr viel Verständnis für die Mutter da – und ganz deutlich der Versuch, sie zu provozieren, sich abzugrenzen, sich als eigene Persönlichkeit gegen den mehr oder weniger sanften, aber beständigen Druck der Mutter behaupten zu können. Und gleichzeitig wird deutlich, daß keine Einigung zustande kommt. *Es fehlt das klare Wort.* Töchter scheinen die Sprach-Verweigerung von ihrer Mutter zu übernehmen, reagieren verstockt, schweigen. Und wenn sie nicht weiterwissen, werden sie wieder jähzornig, unbeherrscht, schreien. Aber die Mutter schweigt. Äußerstenfalls greift sie zum Kochlöffel. Oder sie beginnt zu weinen.

Die Macht der Schuldgefühle, oder: Wie übernehme ich keine Verantwortung

Überspitzt ausgedrückt, bedeutet das: *Eine konstruktive Auseinandersetzung findet nicht statt.* Und: *Schuldgefühle binden beide unauflöslich aneinander und verhindern eine Abgrenzung voneinander.* Viele Mütter können sich lebenslang nicht von ihren Töchtern lösen. Schuldgefühle machen und sich Schuldgefühle machen lassen, Täterin und Opfer – die Rollen sind austauschbar. Es handelt sich um zwei Seiten ein und derselben Medaille. *Wie* schwer es Mütter haben, sich innerlich von den Kindern, besonders von der Tochter abzulösen, zeigt die Tatsache, daß es für sie ein eigenes psychisches Krankheitsbild gibt: das »Empty nest syndrome«. Das ist eine Form der Depression, die viele Frauen ereilt, wenn das (letzte) Kind aus dem Haus ist. Und Töchter können sich erst sehr spät von der Mutter trennen. Häufig »emanzipieren« sie sich erst von der Mutter, wenn sie selbst Mutter geworden sind[26]. Ein verhängnisvoller Kreislauf: So gibt eine Frauengeneration die Schuldgefühle an die andere weiter. Und: Damit halten sich viele Frauen lebenslang in Abhängigkeit. Sie können sich gegenseitig nicht loslassen und lassen selbst nicht los. *Indem sie unbewußt gebunden bleiben, haben Frauen damit auch eine Rechtfertigung dafür, nicht selbständig zu werden. Die Verstrickung in Schuldgefühle führt dazu, daß beide – Mutter und Tochter – die Übernahme der Verantwortung für eigenes Tun vermeiden.* Auch dieser Aspekt der klassischen »typisch weiblichen« Sozialisation wird uns im Buch noch weiter beschäftigen. An dieser Stelle wollen wir uns einmal der Dynamik, ja der »inneren Logik« der Schuldgefühle zuwenden. Wie entstand aus Schweigen, Verständnis, Jähzorn und Tränen jene brisante Gefühlsmischung, die den »Zirkel aus Liebe und Schuld« vollendet?

Für Mädchen ist die Mutter die alles entscheidende Person. Zur Erinnerung: Jungen schließen sich schon früh mit anderen Jungen zusammen und identifizieren sich mit dem Vater. Das Mädchen aber weiß: Die Mutter ist *wie* ich. Die Mutter bleibt also lange emotional *und* intellektuell die Autorität für das Mädchen. Von ihr ist sie abhängig: Entweder sie ist da, oder sie ist nicht da; entweder sie schenkt Zuneigung, oder sie entzieht sich; entweder sie beantwortet die Frage, oder sie beantwortet sie nicht. Mütter ahnen um ihre Sprachgewalt und können auch eine Gewalt durch Sprache ausüben – eine ganz andere Gewalt durch Sprache, als Frauen sie später in der Männerwelt erfahren: *die Gewalt des Schweigens.* Der stumme Protest, die innere Emigration, das sind die typischen Formen weiblichen Widerstandes, die in gescheiterten Auseinandersetzungsversuchen mit der Mutter gelernt werden.

Hinzu kommt, daß die Mutter in der Kommunikation mit der Tochter häufig doppelbödige Botschaften aussendet, ja sogar Botschaften, die alle Merkmale des klassischen »double-bind«[27] enthalten: In einer existentiell wichtigen Beziehung sendet jemand zwei Botschaften aus, die zwei einander widersprechende Aufforderungen enthalten (zum Beispiel verbal: »Geh weg!« mit der körpersprachlichen Aufforderung: »Bleib hier!«), und die Empfängerin der Botschaften ist nicht in der Lage, sich mit ihnen kritisch auseinanderzusetzen.

Je mehr Mutter und Tochter in Schuldgefühlen verstrickt sind, desto eher kommen solche Situationen vor. Die für das Kind noch recht lange allmächtige Mutter kann einen enormen emotionalen Druck ausüben. Eine unserer Befragten drückte es so aus: »Ich hatte dauernd Angst, meiner Mutter weh zu tun, sie zum Weinen zu bringen.« Auf diese Weise werden Versuche der Abgrenzung oft im Keim – und in Schuldgefühlen – erstickt. (Asthma und Colitis ulcerosa sind psychosomatische Erkrankungen, denen u. a. eine solche Dynamik zugrunde zu liegen scheint[28].)

Wenn die Mutter sich sprachlich verweigert, dann oft auch emotional (Liebesentzug) – und umgekehrt. Ein Beispiel für diese Dynamik:

Die Tochter will etwas, die Mutter sagt zwar zögernd ja, gibt ihr jedoch gleichzeitig zu verstehen, daß sie das nicht billigt. Um sich durchsetzen zu können, muß die Tochter sich erst einmal innerlich von der Mutter ab-setzen, distanzieren. Um sich distanzieren zu können, muß sie ihre Wut darüber, daß ihr Wunsch nicht auf Gegenliebe stößt und daß es eine widersprüchliche Kommunikation (Ja/Nein) ist, wahrnehmen. Doch der moralische Druck der »Mutterliebe« wirkt sich so aus, daß die Tochter ihre Wut auf die Mutter gar nicht wahrnehmen *darf*. Denn »man ist nicht böse auf die Mutter«, das »gehört sich nicht«. Am schlimmsten wäre es, wenn die Mutter deshalb, weil die Tochter böse auf sie ist, anfangen könnte zu weinen. Also setzt ein unter Frauen häufiger psychischer Abwehrmechanismus ein:

– Die Tochter darf die Mutter nicht als so schwach erleben, daß sie weinen könnte.
– Sie erlebt die Mutter aber bereits als schwach, denn sonst würde die Angst *davor*, daß sie (wieder) in Tränen ausbricht, nicht so stark sein.
– Wenn die Mutter aber schwach ist, sie muß ja schwach sein, wenn sie mit Weinen reagiert, dann muß die Tochter ihre Wut unsichtbar, unaussprechlich machen.

Die unaussprechliche Wut – die sich damit auch der verbalen Kontrolle entzieht – muß aber irgendwohin. Denn wie jede Energie, so kann auch diese »weder geschaffen noch zerstört werden« (Newtons Gesetz).

Wenn Jungen wütend sind, reagieren sie sich ab: Besteht eine Hemmung, gegen den Auslöser der Wut unmittelbar vorzugehen (weil es sich zum Beispiel um Mutter oder Vater handelt), dann verausgaben sie sich körperlich. Sie rangeln und prügeln sich, bis die aggressive Energie verausgabt ist[29]. Mädchen steht in der traditionellen Erziehung dieses Mittel weitaus weniger zur Verfügung. Sie müssen schon sehr aus der Rolle fallen, um das zu wagen, was für Jungen selbstverständlich ist: die Wut auf sozial akzeptable, körperliche Weise ausdrücken. Und während Jungen schon sehr früh sich dem Zorn der Mutter entziehen können, indem sie zu ihren Freunden oder dem Vater gehen und die Mutter abwerten (»Weiber!«), können Mädchen nur ganz indirekt reagieren. Plötzlich und angeblich völlig unmotiviert brechen sie irgendwann in Tränen aus, werden »zickig«, maulig, bockig, ziehen einen Flunsch, sind bei jeder Kleinigkeit beleidigt – oder bekommen »hysterische« Wutanfälle (temper tantrums), die sich niemand so recht erklären kann.

Mädchen lernen also: Ärger darf nicht geäußert werden. Wutausbrüche werden nicht verstanden. *Unbewußt* wird nun die »Wut auf« in »Angst vor« umgewandelt. Die typische Reaktion ist: Schweigen – und ein sich stetig füllendes Reservoir an unaussprechlicher Wut, das irgendwann zu platzen droht – was wiederum Angst macht... Ärger, nicht ausgelebt, macht ohnmächtig. Und da etwas in der Lebensgeschichte früh Erlebtes dazu tendiert, im Laufe des weiteren Lebens immer unbestimmter und diffuser zu werden, sich bis zur Unkenntlichkeit zu verändern, wird die Wut gegen die Nichtabgrenzungsmöglichkeit von der Mutter in eine dauernde innere Hab-Acht-Haltung umgewandelt, nach dem Motto: »Irgendwann – wann genau, weiß ich nicht – könnte es sein, daß ich ihr weh tue. Davor muß ich sie (mich) schützen.« Also umgehen die Töchter die Auseinandersetzung schließlich willentlich und finden das richtig, weil rücksichtsvoll. Sie verhalten sich dann genau wie die Mutter, werden so, wie sie die Mutter wahrgenommen haben – schwach!

Selbstverständlich sind nicht alle Mütter und reagieren nicht alle Töchter so. Was wir hier beschreiben, gehört jedoch zur traditionellen Frauensozialisation, und viele Frauen kostet es viel Mühe, sich daraus zu lösen, auch wenn sie gezielt versuchen, »ganz anders« zu werden als die Mutter.

Schuldgefühle entstehen auf vielfältige Weise. Sie entstehen leider auch gerade durch das, was zwischen Mutter und Tochter am schönsten ist: körperliche Nähe, Wärme und Zärtlichkeit.

Lust und Lustverleugnung

Die Mutter ist nicht nur die Spenderin des Lebens, sondern auch die Spenderin aller anderen in den ersten Lebensjahren wichtigen Güter: Nahrung, Wärme, Zuspruch, Erklärung, Hilfe. Die emotionale Nähe, die körperlich erfahrene Zärtlichkeit (gestillt, auf den Arm genommen, gestreichelt, gebadet... werden) ist für das Mädchen in den ersten Jahren *die* Lustquelle. Und dann entdeckt es, daß es sich selbst auch eine Lustquelle sein kann[30]. Falls die Mutter mitbekommt, daß ihre Tochter sich selbst anfaßt, ihre Genitalien untersucht, onaniert oder »Doktorspiele« mit anderen Kindern macht, reagiert sie in der Regel auf eine krasse, oft sogar brutale Weise. Hier Antworten auf unsere Frage: »Kannst du dich an sexuelle Empfindungen und Reaktionen in deiner Kindheit erinnern?«

»Ich habe schon als kleines Kind gerne onaniert, und habe das verboten bekommen. Ich war da unbedarft; ich konnte am Kaffeetisch sitzen und die Unterhose beiseite schieben. Und ich weiß, daß allen Leuten fast die Augen ausgefallen sind. Da hat sie (die Mutter) meine Hand genommen, draufgeklatscht. Und auf meinen Beichtzettel ist das auch als erstes draufgekommen. Meine Mutter hat mir das aufgesetzt: ›Ich habe mich unkeusch verhalten.‹ Und dann sollte ich noch wörtlich sagen: ›Ich habe unten rumgefummelt.‹ Gut, dann hab ich's heimlich gemacht, mit schlechtem Gewissen natürlich. Ich hab das regelmäßig auf dem Zettel gehabt, bis zum Schluß. Ja, das ist schon fast pervers; ich bin immer zu demselben Kaplan gegangen. Der wußte auch ziemlich genau Bescheid.

Und der hat mir einmal an einer dunklen Stelle seine Flossen zwischen meine Beine gesteckt. Und dann bin ich an dem Samstag drauf wieder zu ihm hin und hab gefragt, wer das nun beichten müsse, ich oder er, und dann hat er gesagt, er wolle uns beiden die Absolution geben.«

»Ich war mit meinem Bruder auf dem Klo. Da haben wir geguckt, was da anders ist, haben uns befummelt. Meine Mutter hat uns dabei erwischt, und ich bin ins Bett gesteckt worden (der Bruder nicht). Und ich hab gar nicht kapiert, was los war.«

»Ich habe früh angefangen, mich selbst zu befriedigen. Ich wußte nicht, was das ist, ich wußte nur, daß das einerseits Lust macht, andererseits hatte ich schon eine Ahnung, daß es verboten ist. Ich bin sehr katholisch aufgewachsen, und es gab da diesen ›Beichtspiegel‹, in dem bestimmte Dinge als unkeusch benannt werden. Ich wußte also, daß es schlecht ist und nicht sein darf, und zugleich wollte ich es und habe es auch getan.«

»Ich kann mich erinnern – da muß ich so zwischen vier und sechs Jahre alt gewesen sein –, da wurden meine Hände angebunden im Bett. Ich hatte Schlingen links und rechts um meine Hände – Schlaufen ohne Gurt –, daraus habe ich mich dann trotzdem manchmal befreit. Da hat meine Mutter gesagt: ›Hast dich wieder freigemacht!‹ Ich hätte es nicht tun dürfen. Ich habe für mich gedacht: Ich darf mich nicht anfassen. Ich dachte auch immer, deswegen wurden mir damals die Hände gebunden. Obwohl meine Mutter später behauptet hat, das stimme gar nicht, ich hätte damals die Masern gehabt, deswegen.«

»Ich habe mich selbst befriedigt und wußte, daß das was Böses, Unerlaubtes, Schmutziges ist. Das habe ich sehr früh ins Gefühl bekommen, ohne daß ich es abgestellt hätte. Ich habe es weitergemacht und habe Schuldgefühle gehabt.«

Auch in den Fällen, in denen die Frauen uns nicht ausdrücklich die Mutter als die Instanz genannt haben, die das Onanieverbot verhängte, wurde aus der Lebensgeschichte deutlich, daß es nur die Mutter gewesen sein konnte, denn die Väter bekamen zu der Zeit, von der hier in den Zitaten die Rede ist, von derartigen Verhaltensweisen der Töchter überhaupt nichts mit (wie uns die Frauen auf Nachfrage bestätigten). Die französische Psychoanalytikern Maria Torok schreibt dazu:

»Die Wirkung des Masturbationsverbotes liegt genau darin, das Kind an den Körper der Mutter zu ketten und seinen eigenen vitalen Plänen Fesseln anzulegen.«[31]

Wenn das zutrifft, dann muß umgekehrt die Feststellung, daß die Tochter aus sich heraus Lust erlebt, für die Mutter in zweierlei Hinsicht ein Schock sein: Zum einen werden alle sexuellen Tabus, die sie selbst gelernt hat, aktiviert. Zum anderen muß sie erkennen, daß die Tochter ein sexuelles Wesen ist, das sich eines Tages anderen Liebespartnern zuwenden wird, das heißt sie, die Mutter, verlassen wird. Ähnlich auffällig hart, ja brutal reagieren Mütter einige Jahre später: wenn sie feststellen, daß die Tochter zum erstenmal ihre Tage hat. Sie reagieren dann nämlich – mit sehr wenigen Ausnahmen – ausgesprochen negativ: mit Entsetzen (»Ach Gott, Kind, jetzt ist deine Jugend vorbei«) oder mit rein technischen Anweisungen (nicht waschen, nicht turnen, Binden benutzen, oder sich von Männern fernhalten). Beide Erfahrungen der Töchter müssen ihnen ein schlechtes Gefühl, ja Schuldgefühle machen, die sich auf ihren Körper und alle Hinweise auf ihre Sexualität beziehen.

Doch im Gegensatz zu den Reaktionen in der Pubertät, die erfolgen müssen, weil die Mütter gezwungen sind, sich in irgendeiner Weise zur ersten Monatsblutung der Tochter zu verhalten, gibt es bei der Onanie die Möglichkeit, sie zu verheimlichen und damit sich und der Mutter eine Konfrontation zu ersparen. Diese Möglichkeit haben wohl auch viele Mädchen wahrgenommen, denn nur ein Drittel berichtet von offenen Reaktionen der Mutter (aber wenn, dann waren sie negativ). Ein weiteres Drittel ahnte wohl, daß die Mutter es nicht billigen würde, und sie taten es heimlich, können sich auch nicht an eine Reaktion der Mutter erinnern. Und das letzte Drittel berichtet davon, daß es »schon irgendwie in Ordnung ging«. Wobei sie meist nur vermuten, aber nicht sicher sind, daß die Mutter (oder Ersatzmutter) ihr Onanieren überhaupt bemerkte.

Auch hierfür ein Beispiel:

»Für mich allein im Bett, wenn ich onaniert habe, wurde ich selten erwischt oder gestört. Ich denke, daß die das auch alle toleriert haben. Ich habe das sogar gemacht, als meine Oma, die zu Besuch war, nebendran schlief, und die hat nie zu erkennen gegeben, daß sie was merkte. Obwohl sie was hätte merken müssen, so, wie ich gestöhnt habe. Sie hat sich schlafend gestellt oder hat gesagt: ›Ach, schlaf doch auch!‹ Sie ist nie darauf eingegangen, sie hat mich gewähren lassen. Ich habe es aber auch so empfunden, daß das was ist, was mir alleine gehört. Mein Körper, mit dem ich mich beschäftigen konnte, wenn ich mich unbeobachtet wußte.«

»Was hätte aus mir werden können?!«

Mütter merken mit der Zeit etwas, das sie seit dem »Onanie-Schock« nicht mehr losläßt: daß dieses Kind, diese Tochter, die ihnen näher ist als irgendein anderer Mensch, die da ist, wenn alle anderen aus dem Haus sind, die ihr in Zärtlichkeit verbunden ist – daß ihre kleine Tochter sie eines Tages verlassen wird. Insbesondere Nur-Hausfrauen und Mütter, die ihr ganzes Leben der Familie »opfern«, müssen da zwangsläufig Angst bekommen. Die Angst, ihr ungelebtes Leben für etwas eingetauscht zu haben, das ihnen zwischen den Fingern zerrinnen wird? Um die Zeit herum, wenn eine Mutter an ihrer Tochter bemerkt, daß sie onaniert, muß sie sich bereits damit auseinandersetzen, daß das Kind in die Schule kommt, daß es also zeitweise von ihr getrennt ist, teilweise andere Dinge erlebt, von denen sie nichts mitbekommt. Und sie selbst hat ihre Außenkontakte doch so sehr eingeschränkt, hat auf ihre finanzielle Unabhängigkeit verzichtet, nur um ein schönes

Heim und eine glückliche Familie zu haben! Selbst wenn die Ehe gut läuft, ist sie (die Ehe) zu diesem Zeitpunkt schon in die Jahre gekommen. Und läuft in der Mehrzahl der Fälle nicht unbedingt so, daß die Frau glücklich und zufrieden ist. Der Mann ist ihr zu einem guten Teil fremd: Er erlebt den ganzen Tag andere Dinge, versteht ihre Empfindungen nicht oder nur zum Teil. Und was weiß er schon von ihrem Leben, von der ewigen Wiederholung des häuslichen Einerleis zwischen Einkaufen, Kochen und Putzen? Seine Frage »Und was hast du heute gemacht?« läßt oft genug anklingen, daß er nichts Aufregendes erwartet. Dennoch ist sie erschöpft und müde. Und fragt sich des öfteren: Wozu das alles?

Klischees? Nein. Woher wir das über die Mütter wissen? Nun, die Töchter, die wir befragt haben, sie haben es uns erzählt. Denn als sie noch klein waren, haben ihre Mütter ihnen genau das bereits zu verstehen gegeben. Und zwar explizit und nicht nur einmal, sondern oft; manchmal sogar als Dauerklage.

Auf dem Altar der Mutterschaft

Die Klage kann bis zur mehr oder weniger deutlich geäußerten Anklage gehen: »Ich habe mich für dich aufgeopfert!« Das schafft Schuldgefühle ohnegleichen bei der Tochter, die sich tief einfressen, selbst wenn die Tochter weiß, was auch die Mutter weiß: Das stimmt gar nicht. Es schafft neue und erhält die bestehenden alten Schuldgefühle, weil ein Kern Wahrheit darin steckt. Viele Mütter dieser Generation haben geheiratet, als und weil ein Kind unterwegs war. Sie sind mehr oder weniger hineingerutscht in dieses Leben. Weil die Frauen das Kind bejahten oder eine Abtreibung lebensgefährlich war, haben sie das Kind ausgetragen und sind anschließend in der Regel – zumindest erst einmal – zu Hause geblieben. Und dort haben sie natürlich auch wichtige, schöne, bereichernde Erfahrungen mit dem Kind gemacht und waren oft genug froh, nicht berufstätig sein zu müssen.

Weshalb dann das Aufopferungsgefühl? Der Eindruck, sich

selbst auf dem Altar der Mutterschaft zu opfern, ist etwas, das Mütter von ihren eigenen Müttern und Großmüttern gelernt haben, die zum Teil noch sehr viel mehr Kinder hatten: neun, zehn, elf… Für diese Frauen bedeutete Mutterschaft wirklich Schicksal und ein Kind oft in erster Linie ein zusätzliches Maul, das gestopft werden mußte. Man kann fast sagen: Je kleiner die Zahl der Kinder wurde, desto mehr hat die Ideologie der Mutterschaft gegriffen: Mutter-Sein und Mutterglück als Erfüllung, die Verbundenheit zwischen Mutter und Kind als einzige, wahre Verwirklichung der Frau. Für die Töchter heute oft eine schwere Hypothek. Aus einem Brief einer erwachsenen Tochter von heute an ihre Mutter:

»Früher konnte ich die Ambivalenz unserer Verbundenheit noch nicht begreifen, jetzt verstehe ich allmählich die Kluft, die uns hin und wieder voneinander trennt. Auch du meinst, eine Lebenserfüllung sei die Mutterschaft, die kontinuierliche Liebe mit sich trägt. Nichts ist stärker als Mutterliebe, sagst du immer noch, hast du uns Kindern immer schon eingeimpft. Und diese Vorstellung von der ewigen Liebe bestimmt die Kindesliebe, zwingt die Töchter in die Abhängigkeit zur Mutter und in die Pflicht des Gehorsams der zu erwidernden Liebe. Jahrtausendealte Tradition hat festgelegt, wie wir uns dir gegenüber zu verhalten haben. Du hältst daran fest. Wir, die wir aus einer neuen Generation stammen, denken anders. Ich will, daß du dich aus deiner tradierten Mutterrolle löst, daß du dich in deinem Frau-Sein entdeckst und schön findest! So, wie du Ansprüche an deine Tochter stellst, stelle ich welche an dich. Das mir vermittelte gesellschaftliche Idealbild einer Mutter sitzt zu tief in Kopf und Bauch, ich erfahre dich so nicht. Du selbst mißt dich mit Maßstäben, an denen du immer wieder versagst… Die Entmündigung, die du als (Haus-)Frau, als Mutter erfahren hast, reichst du nun an deine Töchter weiter und verstehst nicht, daß wir uns dagegen wehren. Nun, das ist einer der vielen Gründe, warum wir uns oft und hart und verletzend auseinandersetzen. Das alles ist keine Anklage, du bist nicht Urheberin aller unserer Schwierigkeiten. Nein, du hast dich nur an das Bestehende angepaßt, wolltest, wie jede andere Mutter auch, eine besonders gute Mutter sein. Daraus kann ich dir keinen Vorwurf machen! Manchmal denke ich, daß du dich in deinen Töchtern verwirklichen willst, daß du in uns das reinlegst, was dir leider versagt blieb. Du mußt aufpassen: Deine Ehe hat dich schier aufgefressen, du darfst dich nicht auch noch von deinen Wünschen und Projektionen verschlingen lassen! Es ist nicht so, als ob du in deinen Töchtern wiedergeboren wirst... Doch wenn wir uns sein lassen, wenn wir versuchen würden zu begreifen, daß du *du* bist und ich *ich* bin, meinst du nicht, daß wir dann offener und verständnisvoller füreinander werden?«[32]

Die Kirche hatte eine wesentliche Funktion dabei, den Mutterkult in die individuelle Lebensgeschichte jeder Frau hineinzutragen. Noch heute sieht man Mütter – inzwischen alte Frauen – in Liebe, Ehrfurcht und Andacht vor den Marienfiguren in der Kirche stehen. In katholischen Kirchen ist der Marienkult ein zentraler Bestandteil, im Mai und Oktober werden besondere Marienandachten abgehalten; vor allem Frauen der mittleren und besonders der älteren Generation besuchen sie. Um die Muttergottesfigur findet sich oft ein Heer von weißen Kerzen, gespendet von den Gläubigen... den weiblichen Gläubigen. Maria, Mutter Gottes, mater dolorosa – die schmerzensreiche Mutter, zu ihr beten die Frauen. Mit ihr identifizieren sie sich – mit ihr, die so menschlich ist. Ein Anbetungsobjekt, das weit weniger fern ist als der patriarchalische Vatergott. Wer weiß, daß die Mariengestalt der kümmerliche Rest eines früheren Göttinnen-Kultes ist[33], wer bemerkt, wie inbrünstig viele ältere Frauen zu ihr beten – nein, mit ihr reden, sie auffordern, ihnen zu helfen, wie sie sich diesem Vorbild der nie klagenden, opferbereiten Mutter zu Füßen werfen –, der oder die hat viel gelernt über das Seelenleben (katholischer) Mütter im Patriarchat. Und selbst Frauen, die nicht dem Ideal Mariä nacheifern (oder dem Bild, das die katholische Kirche von der Mutter Gottes zeichnet), selbst diese Frauen haben verinnerlicht, daß Mutter sein heißt: Opfer bringen zugunsten der Kinder. Und obwohl sie wissen, daß sie Liebe, emotionale Wärme und Stabilität geben können, ist das Selbstbewußtsein vieler Mütter sehr gering[34]. Nur-Hausfrauen müssen zudem noch mit dem gesellschaftlichen Stigma kämpfen, daß sie ja »eigentlich« gar nicht arbeiten – denn nur die außerhäusliche, bezahlte Erwerbsarbeit gilt als Arbeit. Ihnen bleibt der schwache Trost, daß sie das Haushalts-Portemonnaie verwalten dürfen, aber für ihre Leistungen werden sie höchstens mit einem Taschengeld entlohnt. Gegenüber solch faktischer, finanzieller, gesellschaftspolitischer Unterlegenheit ist es vielen Müttern nur ein schwacher Trost, sich gelegentlich vor Augen zu führen (oder in Sonntagsreden von Politikern vorgesäuselt zu bekommen), daß sie ja die Macht haben, Leben zu geben, daß sie die entscheidenden Erzieherinnen der Kinder sind, daß ohne ihre Haushaltsarbeit und ihren emotionalen Einsatz unsere Gesellschaft noch brutaler wäre, noch emotionsverachtender als bisher[35]. Hausfrauen-Mütter sind von der Welt »da draußen« weitgehend abgeschnitten, ohne eigenes Einkommen, eingesperrt mit ihrem Kind/den Kindern in die häuslichen vier Wände. Sie *müssen* in dieser Situation alle Befriedigung aus dem Zusammensein mit den Kindern beziehen. Und jede Drohung, daß ihre Kinder eines Tages nicht mehr da sein werden, muß existentiell sein. Doch selbstverständlich wissen Mütter, daß die Kinder eines Tages aus dem Haus gehen. Also müssen sie sich – wenigstens gelegentlich, stets aber untergründig – als Opfer fühlen.

Aber die Opfer sind zu einem gewissen Grad auch Mittäterinnen. Dies nicht zu sehen hieße: Frauen zusätzlich zu entmündigen. Dennoch mag das für manche ketzerisch klingen, was Frigga Haug zum Beispiel in ihrem Aufsatz »Opfer oder Täter? Über das Verhalten von Frauen« schreibt und was doch nur eine einfache Wahrheit ist:

»Jede Unterdrückung, die nicht mit äußerem Zwang arbeitet, muß mit der Zustimmung der Beteiligten arbeiten.« Und: »Alle diese (Unterdrückungs-)Strukturen existieren nur weiter, wenn sie von denen, die in ihnen leben, immer wieder hergestellt werden.«[36]

Mütter sind es, die von einer Generation zur anderen ihre Söhne zu Patriarchen und ihre Töchter zu den nächsten »Opfern« erziehen. Nicht alle, glücklicherweise, aber doch die meisten. Und es sind die Mütter der von uns befragten Frauengeneration, die ihren Töchtern massiv Schuldgefühle der unterschiedlichen Art bereiteten, wie wir sie vorhin beschrieben haben. In der Mutter-Vater-Kind-Triade merkt die Mutter oft, daß sie dem Kind mehr geben kann und daß sie häufig vom Kind mehr zurückbekommt, als das im Zusammensein mit ihrem Mann der Fall ist. Die Ideologie, daß ein Kind die »Erfüllung« einer Frau ist, spielt da sicherlich auch eine Rolle, ebenso die Entfremdung der Geschlechter voneinander. Und ganz bestimmt auch die Tatsache: Leben zu schenken, neues menschliches Leben in sich reifen zu lassen und auszutragen ist eine einzigartige »Potenz« von Frauen.

Doch die Mutter-Ideologie der Romantik, die via bürgerliche Familie sich in alle gesellschaftliche Schichten verbreitete, schuf einen Anspruch an die »ideale Mutter«, den keine Mutter je erfüllen kann:

»Die Abhängigkeit der Frau ist bei Rousseau, der auf die Romantik und auf die bürgerliche Familie starken Einfluß nahm, ein natürlicher Zustand. Die Definition der ›idealen Mutter‹ bei Rousseau erinnert an einige Richtungen der Psychoanalyse (zum Beispiel an Helene Deutsch): Die ideale Mutter ist bestimmt durch Hingabe, durch die totale Verantwortung für die Erziehung der Kinder, sie ist sozusagen Tag und Nacht Sklavin ihrer Familie. Eine wirklich gute Mutter ist niemals frei.«[37]

Die vielbesungene Symbiose zwischen Mutter und Kind – das Aufeinander-Angewiesensein und oft genug das enge Aneinanderkleben – bietet ein Treibhausklima für Schattenblüten des Unbewußten: So muß sich die Mutter dauernd der Tochter versichern (des Sohnes auch, aber wenn eine Tochter da ist, hält sie sich wesentlich stärker an sie), kann sie nicht entlassen, denn damit bräche alles zusammen, was sie sich an Lebenssinn zurechtgezimmert hat. Die Symbiose ist der Kitt, der die Lebenslüge zusammenhält – eine Lebenslüge, die da heißt: »Ich bin nichts ohne mein Kind.« Und sie muß die Tochter dauernd spüren lassen: »Du darfst nicht weggehen. Sei bloß lieb zu mir und widersprich mir nicht, du mußt immer mein geliebtes braves kleines Mädchen bleiben.« Bemerkenswert ist: Diese geradezu perverse Auswirkung der Mutter-Ideologie bemerken wir bezeichnenderweise erst, wenn eine Mutter so mit ihrem *Sohn* umgeht, ihn zum ewig unselbständigen »Muttersöhnchen« macht. Aber das *eigentliche*

Gegenüber, der eigentliche Adressat dieses unausgesprochenen Appells – das Kind, an das die Mutter sich am meisten klammert, das sie innerlich oft lebenslang nicht erwachsen werden läßt – ist die Tochter.

Ein Geheimnis zwischen Mutter und Tochter:
Klagen über den »bösen Vater«

Geheimnisse teilen Mutter und Tochter viele. Schließlich reden sie lange über das, was sie bewegt. Diese Gespräche erreichen eine große Intimität. Das kann sehr schön sein und eine große Nähe zwischen beiden herstellen, ihnen das Gefühl geben, verstanden zu werden. Hier lernt die Tochter zuhören, auf den anderen Menschen eingehen. Und sie erfährt, daß sie selbst (im Idealfall) »mit allem kommen kann«, daß sie akzeptiert wird, so wie sie ist; daß sie vor jedem kritischen Ereignis sich erst einmal beraten, die Sache gedanklich und emotional von allen Seiten betrachten kann. Dazu gehört aber, daß Mutter und Tochter dieselbe Sprache sprechen. Bei den heutigen Jugendlichen und ihren Müttern scheint das eher der Fall zu sein, wie eine kürzlich erstellte Studie »Töchter und Mütter« des Deutschen Jugend-Instituts nahelegt[38]. So günstig war das Verhältnis in der Generation der heute erwachsenen Frauen zu ihren Müttern nicht, wie wir im folgenden zeigen werden. Denn häufig hat die Mutter auf die Tochter den Eindruck gemacht, unglücklich zu sein; und natürlich hat die Tochter nachgefragt. Etwa vier Fünftel der Mütter haben ihre Tochter ins Vertrauen gezogen und ihnen von ihren Problemen erzählt – sehr oft waren es Probleme mit dem Mann. So ist zwischen beiden ein weiteres Geheimnis: Die Tochter weiß um die ehelichen Konflikte. Die Tochter darf und soll dann zuhören, sie berät die Mutter auch öfter, fordert sie nicht selten sogar auf, sich zur Wehr zu setzen, oder gar, den Vater zu verlassen. Nur: Meist bleibt das ohne Konsequenzen. Die Tochter (oder bei mehreren Töchtern die älteste Tochter) ist Vertraute der Mutter. Ähnlich wie später die Freundin die Vertraute der heranwachsenden jungen Frau ist.

Viele Mädchen sind damit überfordert, daß die Mutter sich derart über den Vater beschwert – sie aber gleichzeitig zum Schweigen verpflichtet (»Aber sag Vati bloß nichts davon!«). Dies zeigen die Antworten der Frauen auf die Frage: »Hat deine Mutter in deiner Kindheit mit dir über ihre Probleme geredet?«

»Geredet ist übertrieben, aber ich wußte von ihren Problemen. Die waren sehr vielfältig. Als ich noch sehr jung war, hatte sie öfter den Gedanken, wegzugehen von zu Hause. Das habe ich mitgekriegt, das hat sie mir auch erzählt: ›Wenn du nicht da wärest, würde ich jetzt gehen.‹ Was mir natürlich Angst gemacht hat.«

»Über ihre Probleme geredet? Beklagt hat sie sich schon immer bei mir. Über meinen Vater. Sie hat es immer genossen, von mir… angenommen zu werden, und benutzte mich im Kampf gegen den Vater. Aber verlassen tut sie ihn nicht. Seit ich größer bin und selbst mal einen Mann verlassen habe, sagt sie öfter: ›Ja, das ist richtig. Scheißmänner.‹ Aber sie schafft es nicht. Sie könnte nicht ohne ihn in dem Dorf leben bleiben, mit den gemeinsamen Bekannten. Sie wartet darauf, daß sie eine fröhliche Witwe wird.«

»Probleme in dem Sinn mit mir besprochen – eher nein. Sie hat nur mal, als ich noch Kind war und es sehr schwierig war zwischen meinen Eltern, zu mir gesagt: ›Meinst du nicht, es wäre schöner, wir wären alleine?‹ Das war aber auch das Äußerste. Da habe ich auch sehr abwehrend reagiert.«

»Viel zu viel hat sie mit mir über ihre Probleme geredet! Als mein Vater eine andere Beziehung hatte und diese Frau auch geschwängert hat, da hat meine Mutter immer alles bei mir abgeladen. Das hat sie auch später immer gemacht. Ich habe mich immer verpflichtet gefühlt.«

»Ihre passive Rolle hat mir nicht gepaßt, daß sie sich total untergeordnet hat. Das habe ich ihr auch immer wieder gesagt. Als ich dreizehn oder vierzehn war, wollte ich sogar mal mit meiner Mutter ausziehen. Ich habe ihr gesagt, sie soll meinen Vater verlassen. (Zwischenfrage: Und sie hat da nicht mitgemacht?) Nein, das hätte sie wahrscheinlich nie geschafft. Abgesehen davon, daß mein Vater das nie zugelassen hätte.«

Zwar nicht mit der Muttermilch eingesogen, aber doch früh in Gesprächen mit ihr erworben ist also der Eindruck: »Mutter ist ohnmächtig. Sie lädt ihre Probleme mit Vater bei mir ab. Ich bin ohnmächtig. Ich kann zwar sagen, sie soll die Konsequenzen ziehen, aber sie tut nichts. Sie will es wohl einfach nur mal loswerden. Und dazu benutzt sie mich.«

So ganz ohnmächtig ist die Tochter natürlich nicht. Sie ist oft ganz schön stolz darauf, von der Mutter ins Vertrauen gezogen zu werden. Und sie hat dadurch, daß sie mit der Mutter dieses Geheimnis teilt, die Macht, »alles« dem Vater zu erzählen und sich mit ihm gegen die Mutter zusammenzuschließen. Allerdings hat keine der von uns befragten Frauen etwas Derartiges berichtet. Die Loyalität der Mutter gegenüber war – gleichgültig, wie gut oder schlecht das Verhältnis zu ihr war – wohl unanfechtbar. Oder der Vater als Bündnispartner einfach indiskutabel. Doch zumindest die Möglichkeit, das Geheimnis zu verraten, zwingt die Mutter, der Tochter gegenüber vorsichtig zu sein. Und die Töchter lernen: »*Du kannst nicht in das Leben der anderen Frau eingreifen, kannst es nicht verändern, kannst nur zuhören, über manches reden und über anderes nicht. Du bist wichtig, aber du mußt damit rechnen, daß dein Engagement (zur Lösung der Probleme der anderen Frau) folgenlos bleibt.*« Auf diese Weise ist eine Eigenart des weiblichen Diskurses entstanden, die sich so umschreiben läßt: Einerseits Großzügigkeit, Toleranz, Uneigennützigkeit: »Ich liebe dich auch, wenn du dich nicht so verhältst, wie ich es dir rate.« Hier haben wir einen Aspekt der »bedingungslosen« Zuwendung von Frauen. Andererseits enthält dieser weibliche Diskurs auch das Moment der Unverbindlichkeit: Die eine kann der anderen sagen, was sie will, es *kann* immer sein, daß dies absolut ohne jede praktische Konsequenz bleibt. Mit anderen Worten: Ob der Diskurs unter Frauen Fakten schafft, ist immer fraglich.

Ein weiterer Aspekt des Redens über den »bösen Vater« soll hier nur erwähnt werden, weil wir später noch darauf zurückkommen wollen: Das Männerbild, das den Mädchen auf diese Weise vermittelt wird, ist mehr als ambivalent. Ob sie will oder nicht, wird die Tochter in einen Loyalitätskonflikt gestürzt. Die Mutter ist ihr näher, sie ist die emotional wichtigere Person; doch der Vater, der – sozusagen als Ausgleich – idealisiert werden konnte, wird durch Gespräche über das, was er der Mutter »antut«, entthront. Und zwar, *ohne daß es zu einer direkten Konfrontation mit dem Vater gekommen wäre.* So muß der Vater fremd und bedrohlich erscheinen – aber auch mächtig, denn schließlich bleibt die Mutter bei ihm.

Wie meine Mutter wollt ich nie sein
Von Monika Jaeckel und Barbara Bauermeister

1. Als ich zwölf war, wollt' ich nicht so sein
wie meine Mutter, ohnmächtig, schwach und klein
sie hatte nichts zu sagen
zu weltbewegenden Fragen
sie war nicht drauf erpicht,
kommt, Kinder, streitet euch nicht
war ihr steter Kommentar!

2. Ich war ja schon emanzipiert
von Gleichberechtigung inspiriert
von Macht und Einfluß fasziniert
und völlig männlich identifiziert.
Ich war genauso stramm
ich konnte denken wie ein Mann!

3. Ich hatte mehr drauf als nur Hausarbeit
für den Abwasch hatt' ich nie Zeit
sie räumte hinter mir her
doch das beachtete ich nicht sehr

ich hatte anderes zu tun
ich war ganz und gar immun
gegen Weiblichkeit.

4. Was war ich dreimal-klug brutal
in wilder Abgrenzung total
die Wut, 'ne Frau zu sein, zahlte ich ihr heim
beschimpfte sie gemein
betonte laut, so wie sie wollt' ich nicht sein!

5. Wenn ich dran denke, wird mir schlecht
so leicht zu spalten ist unser Geschlecht
die einen sind die dummen Hausfrauen
auf die die anderen kräftig mit draufhauen
die »emanzipierten« Frauen die dreifach Streß
   verdauen
und mit der Hektik im Gepäck.

6. Meine Mutter nahm sich Zeit
für jeden von uns jederzeit
was ich damals übersah
war dennoch unaufdringlich immer da
stet und stabil
sie gab mir viel
emotionale Sicherheit!

7. Heut' haben wir uns viel zu sagen
zu weltbewegenderen Fragen
die Zärtlichkeit ist wieder da
die mit zwölf verschütt gegangen war
ich kann sie sehen
viel mehr verstehen
seit ich froh bin, eine Frau zu sein!

Aus: Milkyway Records, 1979

Exkurs: Als die Mütter jung waren

Die heute erwachsenen Frauen zwischen 20 und 40 Jahren, die wir befragt haben, sind in radikal anderen gesellschaftlichen Umständen großgeworden als ihre Mütter. Wir behaupten sogar: Es werden sich kaum zwei aufeinanderfolgende Frauengenerationen finden lassen, in denen die Frauen als Jugendliche so unterschiedliche Erfahrungen machten. Die Mütter der heute erwachsenen Frauen haben ihre Jugend entweder im Krieg gelassen oder in den verklemmten 50er Jahren verbracht.

Im Zweiten Weltkrieg Kind oder Jugendliche gewesen zu sein, wird von vielen Müttern als ein Betrug an ihrer Jugend erlebt: »Als ich 18 war, begann der Krieg, als er aus war, da war ich 24 und meine Jugend war vorbei«[39]. Der Krieg griff einschneidend in das Leben aller Familien ein. Auf Jahre hinaus war nichts mehr selbstverständlich: Daß das Haus morgen noch steht, daß man übermorgen noch zur Schule gehen kann, daß man die Nacht überlebt, den Vater je wiedersieht, den Bruder, die Freundin... Ganz zu schweigen von längerfristigen Plänen. Der Krieg spaltete die Welt in Frauen – mit einem Anhang aus Kindern, Greisen und Krüppeln – einerseits und Männer (Soldaten) andererseits. Mädchen und Frauen mußten hart arbeiten, um in Abwesenheit der Väter, Brüder, Onkel, Partner die Familie durchzubringen. Gegen Ende des Krieges war der Kampf gegen das Verhungern in den Städten so groß wie die Angst vor dem »von oben« kommenden Tod: vor den Männern in ihren fliegenden Kisten, die des Nachts ganze Städte in Trümmerhaufen verwandelten, unter denen die Menschen in ihren Bunkern zu überleben hofften (und kaum etwas so sehr fürchteten, wie »dort unten« verschüttet zu werden). Dort oben und an irgendeiner unsichtbaren Front waren die Männer, hier unten im Dreck, zurückgelassen, ausgeliefert, ums tägliche Überleben ringend, die Frauen und Kinder und Alten[40]. Wer sich mit Frauen aus dieser Generation unterhält, muß den Eindruck gewinnen, ein Gefühl habe sie damals über Jahre beherrscht: Entsetzen. Was da vorging, war ihnen größtenteils unverständlich. Plötzlich wurden sie hineingezogen in ein Schicksal, das *sie so* doch nie gewollt hatten. In ganz Deutschland blieben nur wenige Flecken von der Zerstörung – zumindest der jederzeit möglichen Zerstörung – verschont. Das Lebensgefühl war also existentielle Bedrohung. Wer hatte da Zeit oder Energie oder hätte es gewagt, über sexuelle Lust oder Unlust zu sprechen, statt einfach nur festzuhalten, zu trösten und getröstet zu werden, ein wenig Liebe zu erhaschen, wo immer möglich? Und viel war ja gar nicht möglich. Die Liebe war so romantisch wie ein Film mit Elisabeth Müller und äußerstenfalls so verrucht wie Zarah Leander. Entscheidend war in diesen zerrissenen Zeiten der Zusammenhalt. Wer sich verliebte, blieb sich treu, denn man mußte sich unbedingt aufeinander verlassen können und etwas haben, woran man sich klammern konnte. Liebe war der Versuch, in romantischen Träumen und einer verzweifelten Umarmung das Chaos zu vergessen. Wer wollte da an Orgasmus denken, geschweige denn davon reden? Liebe war vor allem voreheliche Keuschheit. Wenige der von uns befragten Frauen trauen ihren Müttern, die damals jung waren, zu, mehr als höchstens eine zarte Verliebtheit vor der Ehe erlebt zu haben, wenn überhaupt. Außerdem waren die Männer zum Verlieben ja an der Front. Unterdessen, während die Mädchen und Frauen auf die Rückkehr der Männer warteten, geschah etwas mit ihnen, das ihnen kaum zu Bewußtsein kaum – nicht zuletzt, weil sie ohnehin kaum zur Besinnung kamen: Sie wurden selbständiger, als sie es hätten werden können, wären die Männer dageblieben. Sie schafften es tatsächlich, die Familien durchzubringen: durch äußerst harte Arbeit; durch das erfinderischste Kochrezept, das auch noch aus der kümmerlichsten Knolle eine schmackhafte Mahlzeit machte; durchs Umnähen von Fahnen in Kinderkleider, von Wolldecken in Schottenröcke... Doch stolz zu sein, dafür war die Zeit zu schlecht. So stellte sich statt Selbstbewußtsein nur Müdigkeit, Erschöpfung und das Gefühl ein: »Ach wäre es doch endlich vorbei!« Mit Emanzipation hatte das – ebenso wie später die Leistung der Trümmerfrauen – nichts zu tun. Denn das Selbständig-Werden entsprach meist nur dem Gefühl, mit dem Rücken zur Wand zu stehen; es blieb den Mädchen und Frauen gar nichts anderes übrig. Sehnsüchtig und auch etwas bang warteten die meisten darauf, daß die Männer endlich kommen und wieder das Ruder in die Hand nehmen würden. Es sollte endlich wieder Frieden einkehren. Und Ordnung. Und vor allem: Sicherheit und eine überschaubare Zukunft[41].

Dann kamen die Männer wieder. Als besiegte Armee, viele erst nach jahrelanger Kriegsgefangenschaft; gedemütigt, geschlagen, am Ende. Und am Anfang zugleich: Jetzt die Ärmel aufkrempeln, wieder ein Zuhause aufbauen, einer bezahlten Arbeit nachgehen, die Ehe leben, Kinder aufwachsen sehen. Nicht alles ließ sich verwirklichen: Aufgebaut wurde viel, gearbeitet wurde viel. Es wurde auch viel angeschafft, aber getrauert wurde nicht; die Schrecken des Krieges und die Entfremdung der Geschlechter blieben un-sagbar[42]. Kinder kamen und sahen ihren Vater gelegentlich abends, am Wochenende, in den Ferien – wenn er da nicht auch arbeitete oder mit Freunden und alten Kameraden oder mit dem Verein unterwegs war[43]. Und die Frauen? Sie steckten zurück. Sie waren meist nur erleichtert, daß die Männer ihre Aufgaben »da draußen« wieder übernahmen, daß die Sorge ums tägliche Überleben vorbei war. Und so konzentrierten sie sich darauf, wieder (oder zum erstenmal) ein gemütliches Zuhause zu schaffen, eine Oase der Harmonie. Ein Traum sollte endlich Wirklichkeit werden: die heile Familie. Wer wollte da laut von beruflicher Verwirklichung sprechen? Schließlich waren viele heilfroh, nicht auch noch berufstätig sein zu *müssen*. So wurde denn der Haushalt zum Beruf: Ordnung, Sauberkeit kehrten wieder ein in deutsche Wohnzimmer. Der kleine, bescheidene Wohlstand, kaum erreicht, mußte erhalten, aufpoliert und ausgebaut werden.

Sexuelle Befriedigung? Auf die Idee, ihnen stünde etwas Derartiges zu und sei nicht nur mit vom glücklichen Zufall des »richtigen« Mannes abhängig, auf diese Idee kamen Frauen erst später. Bei den Männern war Hoch-Zeit der sexuellen Doppelmoral, denn sie wollten nicht nur ihre »Mutti«, wie viele ihre Frauen inzwischen nannten, durchaus liebevoll. Sie wollten auch Abenteuer, Lust, Aufregung; sie wollten die Hure[44]. Die Mutter ihrer Kinder, sexuell vor der Ehe unerfahren, liebten sie und wollten sie behalten. Doch auf die ungebundenen oder käuflichen Frauen warfen sie durchaus wohlgefällig ein Auge[45]. Wehe aber, wenn ihre Frau auf die Idee kam! Nichts war für eine Frau und Mutter schlimmer, als aufgrund eines »Seitensprungs« »schuldhaft« geschieden zu werden.

Männer hatten auch weitaus weniger Probleme damit, beides miteinander zu vereinbaren: die Mama für zu Hause, die Hure im Leben »da draußen«. Auch wenn das bald so nicht mehr stimmte, denn an die Stelle der Hure trat immer häufiger die Geliebte, die sich bemühte, »ihm« ihrerseits auch eine angenehme häusliche Atmosphäre zu bereiten. Frauen litten in beiden Rollen. Jede haßte die andere. Darüber wurde allerdings höchstens mit der Freundin gesprochen, und das auch oft nur hinter vorgehaltener Hand. Denn es war eine Schande. Die Ehefrauen schämten sich, nicht mehr attraktiv genug zu sein für ihn. Und die Geliebten schämten sich, in die Ehe »eingedrungen« zu sein. Der Haß gegen die eigene Person und die andere Frau war offensichtlich, der Haß gegen den Mann blieb verdeckt. Nach außen hin bemühten sich alle, den Schein der »heilen Familie« aufrechtzuerhalten (die Geliebten durften wenigstens noch davon träumen). Isoliert in ihren städtischen Bienenwaben-Wohnungen oder ihrem Vorort-Häuschen, waren die Frauen von der Außenwelt und voneinander abgeschnitten. Ihre Freundinnen hatten sie vernachlässigt[46]; im Kaffeekränzchen oder Mütterverein oder unter Nachbarinnen wurde vorsichtig um den heißen Brei herumgeredet. Jede Frau war mit dem Zimmern und Aufrechterhalten des häuslichen Glücks (oder dessen Anscheins) beschäftigt. Eine Scheidung bedeutete die Katastrophe: soziale Ächtung. Ein uneheliches Kind war eine Schande fürs Leben. Eingeschüchtert waren sie jetzt; die innere Anspannung und Unruhe begann sich in verstärktem Schmerz-, Beruhigungs- und Schlafmittelkonsum auszudrücken. Es war leicht, unangenehm aufzufallen, denn das Frauenbild war eng umrissen: Das Modediktat mußte eingehalten werden (Kleidung, Schminke, Frisur), das weibliche Verhalten war vorbestimmt: zu Hause braves Muttchen oder Töchterchen; draußen mädchen- oder damenhaft züchtig, nett, adrett. Selbstverwirklichung war ein Fremdwort. Persönliche Ziele wurden immer wieder aufgeschoben: Wenn erst der Mann ge-

nug Geld nach Hause bringt, wenn erst die Kinder aus dem
Gröbsten raus (oder aus dem Haus) sind… Wieder eine Zeit
der Schufterei, auch wenn nicht wenige sich dank einer schon
beinahe neurotischen »Putzwut« selbst unter Druck setzten –
aber das Haus sollte schließlich »picobello« sein, das ver-
langte der Mann. Die Frauen verlangten es aber auch von sich
selbst. Als Existenzberechtigung: die weißeste Wäsche, die
hellsten Gardinen, die saubersten Fenster[47], die klügsten
Kinder… Das war anstrengend, erschöpfend. Als sie sich allmählich sicherer fühlten und mit den Männern hätten reden
können, von den ganz unmittelbaren, alltäglichen Sorgen befreit – da konnten sie es nicht mehr. Sie waren einander fremd
geworden[48]. Und die Männer hatten längst alle Instanzen der
»Familienflucht«[49] genutzt: den Verein, die Kneipe, die Prostituierte, die Geliebte.

So saßen viele Frauen abends zu Hause und warteten auf
ihn. Selbst in eine Kneipe zu gehen war noch undenkbar. Außerdem war Sparsamkeit eine Tugend, die sich Frauen besonders angewöhnt hatten. Kaum eine ging ohne den Mann aus.
Höchstens mal zu den anderen Frauen vom »Kränzchen«,
oder mit der einen oder anderen Freundin ins Café. Abends
aber traute sich so gut wie keine ohne männliche Begleitung
aus dem Haus. So saßen (oder bügelten) sie vor dem Fernseher, zusammen mit den älteren Kindern, und warteten. Während sich der Kommunikationszerstörer Alkohol der Männer
bemächtigte, trat der Kommunikationszerstörer Fernseher
zwischen Frauen und Kinder. Doch die Jungen waren ohnehin oft weg: bei Freunden, im Verein, mit Vater unterwegs…
Und mit den Mädchen gab es noch andere Gelegenheiten zu
reden. Vorläufig jedenfalls noch. Doch das Fernsehen hatte
seinen bedeutenden Effekt: Ganz nebenbei rieselten neue In-
halte in ihr Bewußtsein. Bilder und Klänge aus anderen Welten. Die Frauen erfuhren einiges darüber, wie es »da draußen« aussah, in der Welt, die sich die Männer wieder für sich
vorbehalten hatten[50]. Sie sahen mit eigenen Augen (kein Medium war je so überzeugend), wie Männer miteinander um-
gingen, was sie über Frauen redeten, wenn sie unter sich waren, wie Frauen in anderen Ländern lebten. Und die Mädchen
identifizierten sich mit den Helden – gleichgültig, ob sie

männlichen oder weiblichen Geschlechts waren. Die gesellschaftliche Entwicklung ging, nein raste an vielen Müttern vorbei. Sie versuchten immer noch, alles ordentlich, sauber, harmonisch zu halten, klammerten sich an die Bilder und Hoffnungen aus alten Tagen, resignierten schließlich. Nicht wenige gingen auch wieder arbeiten, als die Kinder in der Schule waren. Meist um etwas »dazuzuverdienen«, sich etwas mehr leisten zu können. Ihre Töchter aber entfremdeten sich ihnen. Sie spürten erst vage, dann immer deutlicher: Sie wollten etwas anderes, als das Schicksal der Mutter nachzuahmen. Warum sollten Freiheit, Ungebundenheit, Abenteuer nicht auch auf sie warten? Viele machten noch brav mit bis zum Tanzstunden-Abschlußball. Doch dann hörten sie Rock 'n' Roll, die Beatles oder gar die Stones. »Modern« zu sein wurde sehr wichtig. Die strengen Sitten lockerten sich allmählich, und so fragten sich die Mädchen untereinander (ihre Mütter kamen dafür ja nicht in Frage): »Ist Zungenkuß erlaubt?« oder »Wie weit darf ich beim Petting gehen?« Und da die meisten nicht zu Hause aufgeklärt wurden, lasen sie in der *Bravo* nach – und fragten die Freundinnen.

Die gesellschaftlichen Veränderungen seit Mitte der 60er Jahre sind bekannt, wir wollen sie hier nicht wiederholen. Wie gesagt, ein größerer Gegensatz als der zwischen einer Jugend im Krieg bzw. den 50er Jahren und einer von Mitte der 60er bis Mitte der 80er Jahre läßt sich kaum denken. Den heranwachsenden Mädchen mußten ihre Mütter – so sehr sie sie auch liebten, ihr »Für-sie-da-Sein« schätzten, eine starke emotionale Bindung zu ihnen hatten – als hoffnungslos »altmodisch«, beschränkt und verklemmt erscheinen. Umgekehrt mußte ein Großteil der Erfahrungen, die junge Mädchen in den letzten 20 Jahren machten, die Generation der Mütter schockieren und ihnen heillose Angst machen vor dem, was sie endgültig überwunden zu haben hofften: das Chaos.

Für die Töchter war es hingegen der *Freiraum, den sie im Gegensatz zu ihren Müttern hatten*[51], der ihnen – zusammen mit einem gesellschaftlichen Klima, das die Rollenerwartungen gelockert hatte – die Neuorientierung ermöglichte. Und es war natürlich die Tatsache, daß der ökonomische Zwang, der enorme Druck des täglichen Existenzkampfes, der das Bewußtsein der Müttergeneration bestimmt hatte, jetzt wegfiel. Interessant ist, daß die meisten Mütter (der von uns befragten Frauen) den Wunsch der Tochter förderten, eine qualifizierte Berufsausbildung zu bekommen. Hier mag sich das Wunschdenken »Du sollst es einmal besser haben« ausgewirkt haben. Doch als die Töchter mit der Forderung nach der Pille kamen, mit dem Bedürfnis, erst einmal einige »Erfahrungen« mit Männern zu machen, bevor sie sich festlegen wollten (die Pille machte es schließlich möglich), da war das den Müttern meist zuviel. »Flittchen«, dieses bös gemeinte und auch so empfundene Schimpfwort, wurde vielen Töchtern von ihren eigenen Müttern hinterhergerufen. Bei den Müttern mag dabei ebensoviel Trauer über die Nichteinhaltung ihrer moralischen Vorstellungen durch die Tochter wie Trauer über ein nicht gelebtes Leben eine Rolle gespielt haben, vielleicht sogar ebensoviel Neid wie echte Empörung. Aber mit der Tochter wirklich über Sexualität zu *reden*, das trauten sich die Mütter in der Regel nicht. Vielleicht spürten sie auch, daß sie nicht hätten mithalten können mit den Phantasien und Erfahrungen ihrer Töchter.

Viel ist geschrieben worden über den Autoritätsverlust, den die Väter damals den Söhnen gegenüber erlitten. Wenig bis nichts dagegen über die Tatsache, daß die Mütter von ihren Töchtern nicht mehr als Vorbild ernstgenommen wurden. »Nein«, sagen die Töchter heute noch, »wie meine Mutter wollte ich nie sein« (siehe das Lied von Monika Jaeckel auf Seite 50 f.). Die Frauen der Müttergeneration erfuhren also eine zweifache Entfremdung: Die erste gegenüber den Männern, die erst jahrelang weit fort waren und die sie dann plötzlich, zurückgekehrt mit schrecklichen Bildern und demütigenden Erfahrungen, ganz nah in der eigenen Wohnung hatten. Und die dann wieder gingen und sie im Haus eingesperrt zurückließen. Die zweite Entfremdung war die von den Töchtern, die in ein völlig anderes gesellschaftliches Klima hineinwuchsen, und die von dem, was ihre Mütter repräsentierten (Bescheidenheit, Sparsamkeit, Sauberkeit, Fleiß, Selbstlosigkeit, Opferbereitschaft, Hingabe), wenig wissen wollten.

Es gab auch andere Mütter: Frauen, die nach dem Krieg

alleine blieben oder sich trotz der gesellschaftlichen Ächtung scheiden ließen; berufstätige Frauen, die sich – allem moralischen Druck trotzend, nur mit Mann eine »vollständige Familie« zu sein – allein mit den Kindern durchschlugen. Doch im Vergleich zu heute war das nur eine kleine Minderheit. Und auch sie hatten meist weder Zeit noch Gelegenheit, sich um »Selbstverwirklichung«, wie es später heißen sollte, zu kümmern. Doch immerhin hatten sie einen Fuß im Leben »da draußen«. Unter den von uns befragten Frauen waren nur zehn Prozent, die solche Mütter hatten. Ohne daß es repräsentativ sein könnte: Es ist auffallend, daß diese Frauen sich nicht so ablehnend über ihre Mutter äußern und sich offenbar besser mit ihr auseinandersetzen konnten. Doch dafür klagten sie meist: »Meine Mutter war immer kaputt, sie hatte kaum Zeit für uns Kinder.« Ja wahrlich, die Mütter hatten es schwer.

Hausfrauen-Autoritarismus und Mutterhaß

Über das ambivalente Verhältnis von Söhnen gegenüber ihren Vätern ist viel geschrieben worden. Im Zusammenhang der antiautoritären Studentenbewegung wurde der »Autoritarismus«[52] der Vätergeneration kritisiert. Das typische Radfahrer-Verhalten – nach oben buckeln, nach unten treten –, die Anpassung, der Gehorsam und die devote Untertanenmentalität der Väter während der Zeit des Faschismus, im Krieg und auch in der Re-Etablierung der Nachkriegszeit wurden von den Söhnen scharf angegriffen. Darüber ist sattsam publiziert und diskutiert worden. Dagegen wurde sehr wenig über die »weibliche Seite des Autoritarismus« gesprochen, über den Autoritarismus der Mütter, über *ihren* Gehorsam, *ihre* Untertanenmentalität etc. Wenn über »Frauen im Faschismus« gesprochen wird, dann sind es meist die Opfer, die im Mittelpunkt stehen – und Frauen, die sich in der Außenwelt, der Welt der Männer bewegten und dort »männliche« Grausamkeiten begingen: berufstätige Frauen, die als Lageraufseherinnen, Fürsorgerinnen, Blockwartin etc. besonders perfide waren[53]. Frauen, die sich das Vertrauen von Frauen erschlichen und sie um so grausamer der Terror- und Vernichtungsmaschinerie auslieferten; Frauen, die andere Frauen aufs brutalste quälten und demütigten; Ärztinnen, die sich an der Selektion »unerwünschten Lebens« beteiligten (und von denen eine, die besonders brutal gewesen war, sich später in ihrem Prozeß dahingehend verteidigte, Frauen seien zu Grausamkeiten doch gar nicht fähig, sie habe doch nur »als Frau helfen« wollen[54]). Frauen eben, die dasselbe taten wie die Männer, nur noch etwas exakter, perfekter und hemmungsloser. Gerechterweise müssen wir hinzufügen: Diese Frauen machten nur einen Bruchteil der Menschen aus, die während des Faschismus aktiven Terror ausübten.

Was jedoch bislang so gut wie gar nicht untersucht wurde, das ist der »häusliche« Autoritarismus bzw. Faschismus von Frauen. Denn es sind ja die Frauen gewesen, die ihre Söhne und Töchter zu den Untertanen erzogen haben, die sich vom Faschismus so angezogen fühlten. Natürlich waren die Schule, die Nachbarn, das Klima auf der Arbeitsstelle, das gesamte gesellschaftliche Umfeld ebenfalls entscheidend. Doch es schien sich – bis auf einige Frauen, die sich dem Thema aus unterschiedlichem Blickwinkel genähert haben[55] – kaum jemand dafür zu interessieren, was sich in den häuslichen vier Wänden abspielte. Gut beschrieben ist auch hier der autoritäre Vater. Aber was haben die Mütter gemacht? Wie spiegelt sich das autoritäre System in ihrem Verhalten, in ihrem emotionalen Umgang mit ihren Söhnen und Töchtern? Hat sich im familiären Erziehungsstil zwischen dem Ende des 19. Jahrhunderts und dem Ende des Zweiten Weltkrieges etwas verändert? Wenn ja, was?

Solche Fragen zu beantworten wäre deshalb besonders wichtig, weil das autoritäre Syndrom immer komplementär ist. Das heißt: Zum männlichen Autoritarismus gehört sowohl die Unterwerfung als auch das Knechten anderer, sowohl das Buckeln wie das Treten. Und es läßt sich vermuten, daß dies für Frauen genauso gilt: Dem bedingungslosen Gehorsam gegenüber äußeren Autoritäten und dem Familienoberhaupt muß ein Herrschaftsverhalten, ein Knechten von Abhängigen entsprochen haben wie zwei Seiten einer Medaille. Wir vermuten, daß der Terror der Mütter in erster Linie auf die Kinder ausgeübt wurde, weil diese in direkter Abhängigkeit von den Müttern standen. Wir vermuten weiterhin, daß der Terror um so schlimmer gewesen sein muß, je schlimmer eine Mutter selbst geknechtet wurde – und daß er anders aussah als der offene Terror der Männer, die unmittelbarere Aggressivität erfuhren und weitergaben. Schuldgefühle zu machen, das könnte ein zentraler Mechanismus gewesen sein, mit dessen Hilfe Mütter auf ihre Kinder – und da, wie beschrieben, besonders auf die Töchter – eine Art autoritäres Regime ausübten. Berufstätige Mütter verfügten noch über die Möglichkeit, in der Außenwelt einen Teil ihrer durch Unterdrückung aufgestauten Aggressionen abzureagieren. Nur-Hausfrauen und Mütter werden wohl von ihren Kindern immer wieder Unterwerfungsgesten erwartet und gefordert haben. Und wenn wir davon ausgehen, daß die Mütter, die im Faschismus bzw. in der 50er Jahren jung waren, zum großen Teil in diesem Geist erzogen worden sind, und da wir wissen, daß ihre Töchter sie heute im Rückblick zu 95 Prozent als »unglücklich« in Erinnerung haben – können wir aus diesen Gründen, ja *müssen* wir annehmen, daß die Mütter diese Unterdrückung an ihre Töchter weitergegeben haben. Das wesentliche Mittel werden Schuldgefühle gewesen sein. Der Tochter wird etwas vermittelt, das sich unbewußt einprägt, auch wenn es selten einer Tochter so deutlich wird: »Mutter hat sich für mich geopfert, ich muß ihr dankbar sein. Weil es Mutter schlecht geht (weil sie sich geopfert hat), darf es mir nicht besser gehen.« Das ist ein nicht unüblicher Vorgang – der »traditionelle weibliche Masochismus« entsteht u. a. auf diese Weise.

Die zweite Dynamik der Schuldgefühle im Kopf der Tochter läßt sich, formuliert man sie einmal aus, etwa so zum Ausdruck bringen: »Wenn ich auf sie böse bin, ist das undankbar und ich bin böse. Um mich nicht als böse zu empfinden, darf ich sie nicht als böse erleben. Wut (auf sie) macht mir Angst. Ich könnte Mutter zum Weinen bringen. Das wäre zu schrecklich, das darf nicht sein. Ich muß Mutter beschützen.« Das ist die unbewußte Dynamik, die sehr häufig der Mutter-Tochter-Beziehung unterliegt.

Überraschend ist, daß viele Frauen der Tochtergeneration heute einerseits ihre Mutter als »schrecklich« und die Beziehung zu ihr – insbesondere ab der Pubertät, dazu kommen wir im nächsten Kapitel – als eine gespannte, schwierige und oft ungute Beziehung in Erinnerung haben. Gleichzeitig aber verehren sie ihre Mutter, ja sie idealisieren sie geradezu. Natürlich lieben sie ihre Mutter auch. Sie müssen sie lieben, das wird verlangt und erwartet. Und sie lieben sie auch tatsächlich. Die emotionale Bindung ist sehr stark. Beides ergibt eine brisante Mischung. Mutterhaß und Mutterliebe, Idealisierung und Abwertung der Mutter hängen für viele Töchter eng zusammen. Es sind die Schuldgefühle, welche die Töchter aus dem Haus treiben und sie dringend wünschen lassen, anders zu werden als ihre Mütter. Schuldgefühle, die sie oft sehr lange oder sogar auf ewig daran hindern, ihre Mutter wirklich so zu sehen, wie sie ist, und sich mit ihr zu versöhnen. Und damit endlich wirklich – ohne Zuckerguß und ohne Schnörkel – anzuerkennen, welche große emotionale Bedeutung beide füreinander haben.

Und Schuldgefühle treiben die Hausfrauen-Mütter dazu, auch noch die letzte lebensunwerte Bakterie zu bekämpfen, um das eigene Lebensrecht immer wieder zu bestätigen. Schuldgefühle vermitteln ihr das Gefühl: »Eigentlich habe ich gar nicht richtig gelebt«, oder »Was hätte alles aus mir werden können«, und hindern sie daran, voll und ganz zu *sein*, sich gesund zu fühlen, ihr Leben zu bejahen.

Viele Mütter und Töchter sind natürlich *nicht* so. Jedenfalls nicht in Reinkultur. Das wollen wir hier auch gar nicht behaupten. Es geht uns lediglich darum, auf den *Mechanismus der weiblichen Aggressivität – das Haben und Machen von Schuldgefühlen* – hinzuweisen. Wieviel davon in den einzelnen Frauen gärt und ihr Verhalten beeinflußt, können wir nicht pauschal sagen. In der Gruppe der von uns befragten Frauen allerdings ist davon eine ganze Menge virulent. Und es bestimmt einen Großteil ihrer Gefühle und ihres Verhaltens anderen Frauen gegenüber: ihrer Mutter genauso wie ihren Freundinnen gegenüber.

Pubertätsschock

Mein Nabel
Von Sandra Bruhn[56]

Mein Nabel blutet
zwar
doch halt dich fest Mutter
ich seil
mich ab.

Pubertät, das ist die Zeit, in der die Frauen, die wir befragt haben, als Mädchen erlebt haben, von den Eltern im Stich gelassen zu werden. Vom Vater, der sich von ihnen zurückzog – oder sich verbale bzw. körperliche Übergriffe leistete. Vor allem aber von der Mutter, die ihre Tochter mit ihren neuen, oft zunächst erschreckenden Körpererfahrungen allein ließ und ihr beim Frau-Werden oft ein negatives Bild des Frau-Seins vermittelte. Die Pubertät ist eine Zeit, in der die erste Freundin, die Mutter, abgelöst wird von der zweiten, der Pubertätsfreundin. Sie wird für ein Mädchen in dieser Zeit existentiell wichtig.

Die ambivalente Haltung der Mütter ihren Töchtern gegenüber wird anhand einer Situation besonders deutlich: wenn die Tochter zum erstenmal ihre Tage bekommt[57]; mit anderen Worten, wenn für sie und die Mutter offensichtlich wird: das Mädchen ist zur Frau herangereift, sie kann jetzt schwanger werden und selbst ein Kind bekommen. Kaum je wird so deutlich, welche Probleme die Mütter mit ihrem eigenen Frausein haben, mit ihrer eigenen Fähigkeit, Mutter zu werden und zu sein, wie an ihrer Reaktion, wenn die Tochter zur Frau wird. Die Mütter der von uns befragten Frauen haben – in deren Erinnerung – auf die ersten pubertären Körperveränderungen und die erste Monatsblutung ihrer Tochter auf drei verschiedene Arten reagiert: Ein sehr kleiner Teil (unter 10 Prozent) bemühte sich darum, *positiv* zu reagieren, wie sich die Töchter heute noch erinnern:

»Als ich mit zwölfeinhalb Jahren meine Regel bekam, hat meine Mutter in sehr ernster Weise reagiert. In aller Ernsthaftigkeit hat sie mir vermittelt, daß das nun zum Frausein dazugehört und daß es nichts Schlimmes ist, aber eben auch eine Belastung... Sie verhielt sich aber auch anerkennend, hat mir oft gesagt, daß ich eine schöne Figur bekommen hätte. Wenn ich es heute rückblickend betrachte, dann denke ich, daß sie gehofft hat, daß ich ihr immer ähnlicher werde, auch als Partnerin, Gesprächspartnerin.«

»Einmal war sie ganz komisch, da war ich beim Baden. Da hat sie mir die Haare gewaschen und war so ganz melancholisch: ›Du bist jetzt eine Frau‹, und sie war so eigenartig berührt. Ich hatte das Gefühl, daß sie mich mochte, aber sie war komisch.«

»Ich habe meine erste Menstruation gekriegt und habe gedacht, ich würde immer kacken, und habe versucht, die Hosen wegzuschmeißen. Meine Mutter hat die dann gefunden und hat gesagt: ›Das ist deine Menstruation, du wirst jetzt eine Frau, das sind die Eier, die ausbluten‹, und sie war überhaupt nicht genierlich, hat gleich den Camelia-Gürtel ausgepackt und diese Binden, und ich weiß noch genau, hinten am Steißbein scheuerte das. Und bevor ich dann später meine Tage kriegte, wurde diese Stelle schon von selbst immer wund. Ich habe das immer daran gemerkt; die Binden waren lästig, und ich mußte lernen, damit umzugehen und sauber zu werden... Ich erinnere mich an eine Einstellung von meiner Mutter; sie hat gesagt: ›Manche Frauen haben immer Schmerzen, und denen tut wer weiß was weh. Aber wenn man nicht will, daß einem was weh tut, dann tut einem nichts weh. Und manche Frauen stellen sich furchtbar an.‹ Ich wollte natürlich nicht zu den Frauen gehören, die sich furchtbar anstellen, und ich hatte allerdings auch keine Krämpfe.«

Diese zwiespältigen Reaktionen waren wirklich das Positivste, was die Frauen uns von den Verhaltensweisen ihrer Mütter in dieser Zeit berichten konnten.

Weitaus mehr, nämlich etwa 30 Prozent, haben eine »relativ natürliche« Mutterreaktion in Erinnerung. Auffällig ist, daß diese Frauen damals wohl schon versucht haben, die Pubertätserscheinungen weitgehend vor ihrer Mutter verborgen zu halten. Und die Mütter reagierten dann manchmal regelrecht beleidigt, weil sie nicht früher ins Vertrauen gezogen wurden. Insgesamt könnte man diese Reaktionsweisen – so problematisch dieser Begriff auch bei näherem Hinsehen erscheinen mag – als *neutral* bezeichnen.

Auf die Frage: »Wie reagierte deine Mutter auf deine pubertären Veränderungen?« haben diese Frauen uns Antworten gegeben wie:

»An den Tag, an dem ich meine Regel bekam, kann ich mich noch hundertprozentig genau erinnern. Erst mal habe ich sehnsüchtig darauf gewartet, sie zu bekommen. Ich weiß nicht mehr, wie alt ich war, ich weiß nur, daß ich an dem Tag die üblichen Regelschmerzen hatte – aber da waren sie natürlich noch nicht üblich. Und dann saß ich auf der Toilette und merkte, daß Blut da war. Dann habe ich mich ganz normal wieder angezogen, mir was davor getan und bin dann freudestrahlend zu meiner Mutter gelaufen, habe es ihr erzählt. Und da kam von ihr nur die Antwort: ›Ja, das ist normal so.‹ Also nicht, wieso und warum, da wurde sowieso gar nicht drüber gesprochen. Was noch zu sagen ist, meine Mutter hat eine totale Abneigung gegen Tampons. Sie hat uns seit frühester Kindheit erzählt – (lacht) Mutter, entschuldige –, daß sie totale Angst davor habe, und davor müsse man auch Angst haben. Sie habe einmal einen Tampon nicht wieder rausbekommen, er habe sich in den Haaren verfangen, und das sei absolut schmerzhaft. Sie hat uns total davon abgeraten, und ich habe eine lange Zeit diese ekelhaften Binden getragen.«

»Mir war das merkwürdig. Ich hatte eine abstruse Phantasie. Ich habe überall so Enthaarungsanzeigen gelesen und habe gedacht: Mit den weiblichen Veränderungen ist etwas falsch, auch mit der Menstruation. Ich dachte, das ist eine dieser mysteriösen Frauenkrankheiten, so geheimnisvoll und gleichzeitig erschreckend fand ich das. Ich war kein bißchen aufgeklärt, null. Meine Mutter hat meine Regel irgendwie mitgekriegt, ich hab's ihr nicht erzählt, das war viel zu geheimnisvoll. Da hat sie mir Binden in die Hand gedrückt und hat gesagt: ›Die sind besonders weich.‹«

»Meine Mutter hat mir erklärt, warum da Blut kommt und wie ich das mit einer Binde machen muß. Aber was mit meinem eigenen Körper passiert, was da abläuft mit einem Freund, was da passiert, gefühlsmäßig passiert, das ist das eigentliche Dilemma gewesen: da bin ich weder in der Schule noch von meinen Eltern aufgeklärt worden. Das habe ich dann erst in meiner ersten sexuellen Beziehung gespannt, was es damit auf sich hat.«

»Da war ich dreizehn. Sie hat keinen großen Zirkus darum gemacht. Sie hat mir erklärt, woher das Blut kommt, hat erklärt, daß man Binden benutzen kann, ich hab noch ein Monatshöschen bekommen. Ich habe das nicht als Schock in Erinnerung. Ich hatte auch keine Schmerzen. Irgendwann kam sie mit einem BH. Ich fand ihn scheußlich und hab ihn in die hinterste Ecke des Kleiderschranks verbannt und nie wieder rausgeholt. Sie war dann rücksichtsvoller meinen Launen gegenüber.«

Es ist offensichtlich: Auch die Mütter, deren Reaktion den Töchtern heute als mehr oder weniger »neutral« in Erinnerung ist, haben nicht sonderlich begeistert, geschweige denn positiv auf das Frauwerden der Tochter reagiert. Eher haben sie es wohl als eine Art regelmäßig wiederkehrender Krankheit behandelt, gegen die bestimmte Mittel (Binden, Monatshöschen, Waschungen...) angewandt werden müssen.

Der Großteil der Mütter – etwa 60 Prozent! – hat deutlich *negativ* auf die erste Blutung und die körperlichen Pubertätsmerkmale ihrer Tochter reagiert. Hier einige Ausschnitte, in denen beispielhaft alles enthalten ist, was Mütter in dieser Hinsicht an Reaktionen aufbrachten:

»Das war erschreckend. Es hat mir furchtbar viel Angst gemacht, als die Regel kam. Das war im Urlaub in Holland, und dann konnte ich nicht mehr mitschwimmen. Ich hab das mei-

ner Mutter gesagt, und die sofort: ›Jetzt darfst du nicht mehr
schwimmen, nicht mehr die Haare waschen…‹ Sie hat mir
vermittelt, das sei eine ganz fürchterliche Sache. Ich fühlte
mich wie aussätzig, krank, dachte, das wird jetzt Schmerzen
geben, war sehr verängstigt. Ich habe dann auch geweint, weil
sie anläßlich dieser ersten Regel mich auch aufgeklärt hat.
Und ich fand das so erschreckend, die ganze ungeschminkte
Wahrheit zu hören, von meiner Mutter, die vorher nie über
sexuelle Dinge gesprochen hatte. Als sie dann so genau und
technisch über den Sex sprach, wie das nun abläuft, war ich
sehr schockiert und habe sehr geweint. Außerdem habe ich
mich in der Zeit nicht wohl in meiner Haut gefühlt, da kamen
Pickel, die Brust wollte nicht wachsen… Sie hat mich immer
lächerlich gemacht, hat sich über mich lustig gemacht, wenn
ich dachte, die Brust ist zu klein, die anderen Mädchen haben
schon einen BH und bei mir wächst nichts. Ich dachte, ich
sehe schrecklich aus. Das hat sie ins Lächerliche gezogen.
Diese Reaktion hat mich sehr wütend gemacht und trotzig
und zornig. Das waren ernste Probleme für mich, und sie hat
mich nicht ernstgenommen, nicht verstanden. Ich wurde immer wütender auf sie und habe mich in der Zeit emotional und
überhaupt von ihr abgenabelt, wollte mein eigenes Leben leben und nicht mehr so viel mit ihr zu tun haben…«

»Das mit der Aufklärung war so mühsam, und irgendwann
fing es an, mir peinlich zu werden, weil ich dachte, das muß
so was Entsetzliches sein, daß sie mit mir nicht darüber sprechen können… Und da hat sie mir gesagt, daß ich in der Zeit
nicht so rumtoben soll. Und ich fand ganz schlimm: Sie sagte,
daß man während der Zeit nicht badet, das war ein Schock,
weil ich dachte, das geht nicht, eine Woche nicht zu baden.«

»Ich habe gedacht, ich bin todkrank, ich sterbe jetzt. Da war
Blut im Bett, und ich habe gemerkt, woher es kam, und das
war mir peinlich. Darum habe ich auch zu meiner Mutter
nichts gesagt… Ich wußte von meiner Mutter, wenn sie Binden im Laden gekauft hatte, die wurden in Zeitungspapier
eingewickelt. Das habe ich nie begriffen, ich dachte, die sind
nicht weich wie Eier, auch nicht tiefgefroren, und wußte

dann: Die Verpackung ist dazu da, daß man die nicht sehen soll. Darum habe ich auch nicht gefragt. Ich hab die Blutung also gekriegt, bin zur Schule gegangen, hab immer wieder nachgeguckt, ob's nicht aufhört, das war ganz schrecklich. Als ich nach Hause kam, lag eine Packung Binden auf meinem Bett. Meine Mutter hat gesagt: ›Das mußt du doch sagen, wenn du deine Regel kriegst!‹ Dann hat sie noch kurz erklärt, wie ich die Binden handhaben soll, und dann war's für alle Zeiten vorbei.«

»Ich war die vorletzte in der Klasse, hab's erst mit 15, 16 gekriegt. Es war schrecklich. Ich hab das niemandem erzählt, jedenfalls nicht meiner Mutter. Und die hat's dann irgendwann mitgekriegt und war ganz beleidigt: ›Das mußt du doch erzählen! Da ist doch nichts Schlimmes dabei! Was stellst du dich so an!‹ Aber aufgeklärt hat sie mich nicht, Binden hat sie mir auch nicht gekauft. Das habe ich alles selber gemacht. Ich wußte ja Bescheid, was weiß ich, woher. Von meiner Mutter jedenfalls nicht.«

»Doof. In meinem Schrank lag bereits einige Zeit ein Gummihöschen mit Schnallen und so ein paar komische Binden. Ich wußte, die sind für mich, aber erklärt wurde nichts. Gut war, daß ich eine beste Freundin hatte, die vor mir die Tage gekriegt hat. Dadurch hatte ich nicht soviel Angst vor dem, was da auf mich zukam. Praktische Gebrauchsanleitung habe ich dann von der Mutter gekriegt – sonst nichts.«

So jedenfalls die Erinnerung der Töchter. Ob die Mütter tatsächlich so oder doch differenzierter reagiert haben, können wir – wie übrigens generell – nicht beurteilen. Entscheidend ist für uns jedoch, daß die Töchter diesen *Eindruck*, einen dauerhaften Eindruck, vermittelt bekommen haben, daß Frausein eine Last ist. Frau zu werden, Frau zu sein ist nichts, worauf eine Frau stolz sein und worüber sie sich freuen sollte. So ließe sich dieser Eindruck in Worte fassen. Da mag die Mutter noch so sehr *verbal* zu erkennen geben, es sei »normal« für eine Heranwachsende, jetzt irgendwann die Periode zu bekommen. Der Ernst, mit dem die Mütter reagieren, ihre

68

geschäftsmäßig technischen Anweisungen verraten, daß sie es für einen harten Schicksalsschlag halten.

Zwei Gründe mag es zur Erklärung dieses Verhaltens der Mütter geben – eines Verhaltens, das die Tochter abstößt, alleine läßt und ihr das Gefühl gibt, ins kalte Wasser geworfen zu werden: zum einen die *reale Erfahrung der Mütter, daß Frausein eine Bürde ist*. Jetzt beginnt für die Tochter wirklich »der Ernst des Lebens«, und der sieht für eine Frau in dieser Gesellschaft weitaus weniger heiter aus als für Männer. Zum anderen sind sicher Verlassenheitsängste eine nicht unbeträchtliche Ursache dafür, daß sich die erste Freundin eines Mädchens, die Mutter, so unschön und wenig verständnisvoll und einfühlend aus dieser Freundschaft verabschiedet. Klar ist: Die Tochter ist zwar jetzt nicht rechtlich, aber doch körperlich erwachsen geworden. Sie kann jetzt schwanger werden, heiraten – aus dem Haus gehen. Manche Mütter stellen es deutlich als harten Schicksalsschlag hin, sagen aber nicht: »Für mich ist es hart«, sondern vermitteln: »Für dich ist es ab jetzt hart.« Frausein sei – das vermitteln die meisten Mütter – ein schweres Schicksal, dessen körperliche Begleiterscheinungen hingenommen und bewältigt werden müssen. *Nur eine einzige der von uns befragten 60 Frauen berichtet, ihre Mutter habe sich uneingeschränkt gefreut, daß sie jetzt ›zur Frau geworden‹ sei.*

Eigentlich müßte es ja anders sein, auch nach dem gängigen Frauenbild: Eigentlich müßte ein Freudenfest stattfinden, wenn ein Mädchen zur Frau wird, wenn sie empfängnisbereit ist, wenn sie ab sofort selbst Mutter werden kann. Wenn Frauen selbst davon überzeugt wären, daß Mutterschaft die wahre Erfüllung des Frauseins ist, müßten sie anders reagieren. Offensichtlich wissen sie es besser.

Es spiegelt das Unglücklichsein der Mütter mit ihrer eigenen Situation, daß sie in der überwiegenden Mehrheit schweigend (Aufklärung gleich Null) oder negativ auf das Frauwerden der Tochter reagieren.

Streit – aber keine Auseinander-Setzung

Streitereien zwischen Mutter und Tochter häufen sich in dieser Zeit. Die Tochter zieht sich zurück, die Mutter auch. Das Schweigen bzw. Aneinander-Vorbeireden spitzt sich zu: Die Tochter steht schweigend vom Mittagstisch auf, schließt sich in ihrem Zimmer ein; die Mutter spricht tagelang nicht mit der Tochter. Jetzt, in der Ablösungsphase, riskieren viele Töchter, was sie weder vorher noch später in dem Maße riskieren: Sie widersprechen, sie schreien die Mutter an, sie bringen sie zum Weinen oder kriegen sich mit ihr wortwörtlich in die Haare. So heftig wie in der Pubertät tobt der Kampf zwischen Mutter und Tochter zu keinem anderen Zeitpunkt. Daß die Schuldgefühle bei den Töchtern nicht außer Kraft gesetzt sind, zeigt sich daran, daß sie später wieder ähnlich reagieren wie vorher. Daß sie sich dennoch so heftig mit der Mutter streiten, muß mit dem verzweifelten Bemühen zusammenhängen, sich endlich so weit von der Mutter ablösen zu können, daß sie hinausgehen, sich anderen Menschen zuwenden, selbständig werden können. Um selbständig zu werden, muß sich die Tochter mit der Mutter auseinander-setzen. Dabei, das soll noch einmal betont werden, ist eine ihrer wesentlichen Erfahrungen, von der Mutter zurückgestoßen zu werden. Da sie in den Jahren zuvor kaum Möglichkeiten hatte, mit der Mutter deren und ihre eigenen Grenzen auszutesten, da sie gewohnt war, mehr oder weniger hinzunehmen, was die Mutter sagte, da sie ein immer noch sehr enges Verhältnis zur Mutter hat – sickert jetzt mit großer Sicherheit trotz aller Gegenwehr eine Botschaft in sie ein: *»Meine Weiblichkeit, meine Sexualität lösen in meiner wichtigsten Bezugsperson negative, heftige, unverständliche Reaktionen aus.«* Die Folgen für das entstehende weibliche Selbstbild, das – gesellschaftlich betrachtet – ja auch nicht gerade vor Selbstbewußtsein strotzt, müssen verheerend sein. Könnte in der Ahnung, was da auf sie zukommt, einer der Gründe dafür liegen, daß sich viele Frauen bis zur Pubertät, wo es eben ging, weigerten, ein »typisches Mädchen« zu sein, und sich statt dessen eher wie ein Junge (»tomboy«) benahmen, kleideten etc.?[58] (Ein anderer wich-

tiger Grund war sicher die Einschränkung der Bewegungs-
freiheit für »typische Mädchen«.) Die Reaktion der Mütter
gegenüber sexuellen Äußerungen der Tochter – wir haben bereits darauf hingewiesen, daß Mütter auch das Onanieverbot
durchsetzen – sind extreme Beispiele dafür, wie schwer es den
Müttern fällt, ihre Tochter als von sich getrenntes Wesen
wahrzunehmen.

Margarete Mitscherlich hat das so ausgedrückt:
»Viele Mütter neigen dazu, die Tochter mehr noch als den
Sohn als Teil des eigenen Selbst zu sehen, und das führt dazu,
daß sie die Eigenart der Tochter und ihre individuellen Bedürfnisse ungenügend wahrnehmen… die Mutter kann in ihrer Tochter auch abgelehnte Teile ihrer eigenen Person unbewußt wahrnehmen, die sie dann in der Tochter bekämpft.«[59]

Und bei der Tochter wird es umgekehrt nicht viel anders
aussehen. Nur: Sie *muß* sich früher oder später von der Mutter lösen. Das weiß sie.

Im Alltagsleben zwischen Mutter und Tochter gibt es Dut-
zende von Situationen, in denen die Tochter mit zunehmen-
dem Alter »eigentlich« etwas anderes will als die Mutter.
Zwei Verhaltensansprüche, die sich in der Umsetzung gegenseitig ausschließen, stürmen von der Mutter auf die Tochter
ein: »Du sollst mir alles sagen!« ist der eine Anspruch. Positiv
betrachtet, bedeutet er: »Du kannst mit allem zu mir kommen.« Und es gibt auch Situationen, in denen die Tochter die
Erfahrung macht, daß die Mutter sie tröstet, daß sie liebevoll,
verständnisvoll und hilfsbereit reagiert. Negativ kann dieser
Anspruch ein inquisitorisches »Alles-wissen-Wollen«, eine
ständige Kontrolle und eine dauernde Überschreitung der
töchterlichen Intimitätsgrenzen bedeuten. Einige Frauen haben uns erzählt, daß ihre Mutter bei jedem ihrer kleinen Geheimnisse, das sie entdeckte, »beleidigt« reagiert hat. Einige
der Zitate, in denen Reaktionen von Müttern auf die erste
Regel der Tochter berichtet wurden, enthalten zum Beispiel
Hinweise darauf, daß die Mutter es als eine Art Verrat erlebte,
wenn die Tochter ihr »das« verschwieg. Der andere Anspruch
der Mutter an die Tochter lautet: »Sei brav!« Bravsein heißt:
alles tun, was die Mutter sagt – mehr noch: sich so verhalten,
wie die Mutter es gut finden würde, auch wenn sie nichts sagt!

In diesem Anspruch steckt die Lektion: »Um es meiner Mutter recht zu machen, von ihr geliebt und anerkannt zu werden, muß ich ihr jeden Wunsch von den Augen ablesen, muß alle ihre Gebote erfüllen.« Pflichteifrig disziplinieren sich daher viele Mädchen selbst, setzen sogar die mütterlichen Gebote gegenüber jüngeren Geschwistern durch, quasi stellvertretend für die Mutter[60].

Bravsein heißt vor allem: die eigene Identität verleugnen, Selbständigkeitsregungen unterdrücken, sich an ausgesprochene und unausgesprochene Erwartungen anderer (der Mutter, später des Partners/der Partnerin) anpassen. Bravsein ist eine Seite des weiblichen Autoritarismus, deren Kehrseite das schweigende Durchsetzen dieser Gebote durch die Mutter darstellt. Bravsein bedeutet: auf Neugier und Spontaneität verzichten – auf Auseinandersetzungen verzichten.

So lernen Mädchen: »Auf direktem Wege kann ich meine eigenen Interessen nicht durchsetzen, sofern sie den Interessen meiner Mutter widersprechen.« Da sie diese Interessen aber nicht vollständig verleugnen können, und da sie sehen, daß ihr Bruder – oder andere Kinder, besonders Jungen – viel leichter und direkter ihre Interessen durchsetzen können, müssen sie andere Mittel und Wege finden. Die direkte Konfrontation vermeiden, heißt die Devise. Statt dessen wird erst einmal »ja« gesagt, um »hintenrum« doch zu versuchen, den eigenen Willen durchzusetzen: sich durchschlängeln, ohne anzuecken. Mit »weiblichem Spürsinn« – der dadurch natürlich ungeheuer geschult wird – die Grenzen erahnen: »Wie weit kann ich gehen, ohne zuviel Aufmerksamkeit darauf zu lenken, daß ich dabei bin, meinen Kopf durchzusetzen?« Das Onanieverbot umgehen die Mädchen zum Beispiel, indem sie sich nur dann berühren oder beim »Doktorspiel« erforschen (lassen), wenn sie wissen, daß die Mutter sie nicht erwischen kann. Diese Heimlichkeit erzeugt jedoch ein schlechtes Gewissen. »Wenn ich das tue, was ich gern tun möchte, muß ich es heimlich tun – oder ich muß lügen.« Folge: Das Mädchen schämt sich, es fühlt sich schlecht. Das aber ist nicht gerade förderlich für eine positiv definierte Identität und ein starkes Selbstwertgefühl.

Im Gegensatz dazu lernen Jungen, selbst wenn auch sie das Onanieverbot ereilt: »Ich kann ohne schlechtes Gewissen mit meinen Freunden gemeinsam onanieren und offen darüber reden. Ich kann direkt meinen Schwanz mit dem der anderen vergleichen. Nur meiner Mutter sag ich besser nichts. Die versteht das eben nicht.« Die Jungen haben sich bis zur Pubertät schon weit von ihrer Mutter »abgenabelt«, die Mädchen beginnen das jetzt erst. Und während für Jungen die Gruppe der Freunde und Gleichaltrigen (peer group) schon lange wichtiger ist als das, was Mutter sagt – im Zweifel ist sowieso das Geschlechtsvorbild Vater viel maßgebender –, verharren Mädchen im Mutter-Tochter-Duo und wechseln von dort zum Freundinnen-Duo. Cliquen werden für Mädchen ab der Pubertät zwar wichtiger, doch sie spielen nicht annähernd die Rolle wie für Jungen[61].

Aus dem ersten dieser »Duos«, der engen Gemeinschaft mit der Mutter, muß sich das Mädchen jetzt lösen, wobei es gezwungen ist, im wesentlichen auf das bisher Gelernte zurückzugreifen: Schweigen und Rückzug als eine Möglichkeit, Erahnen und Umgehen der Grenzen zwecks Durchsetzung der eigenen Interessen als zweite wichtige Strategie. *Mädchen lernen im Umgang mit der Mutter meist nicht, die Grenzen zwischen Erlaubtem und Verbotenem genau auszutesten.* Die Mutter hat ja die gleichen Mechanismen gelernt, zusätzlich hat sie die Möglichkeit, mal so, mal so zu reagieren: einmal einfach anzuordnen, ohne eine Diskussion zu erlauben, ein andermal fünf gerade sein zu lassen. Mal um des lieben Friedens willen oder aus schierer Erschöpfung einzulenken, wieder ein anderes Mal weinend aus dem Zimmer zu gehen und / oder ausdrücklich darauf zu bestehen, daß die Tochter ihren Willen – den der Mutter – erfüllt. Die Tochter laviert sich in der Regel so durch; die Grenzen offen auszutesten, wagt sie erst, wenn sie ohnehin vorhat, mit zu Hause, mit der Mutter zu brechen: gegen Ende der Pubertät, wenn sie die Möglichkeit sieht, auszuziehen. Da sie aber nicht gelernt hat, die Grenzen auszuloten, hat sie auch nicht gelernt, sich den Raum zu nehmen, den sie sich »eigentlich« straflos nehmen könnte. Vielmehr schränkt sie sich freiwillig ein, da sie um die Reaktion der Umwelt (Mutter) fürchtet, wenn sie, bewußt oder unbewußt, eine Grenze überschritten hat, von der sie ja nicht einmal genau weiß, wo sie liegt.

Eine Frau, Mitte Zwanzig, hat das in unserem Interview für sich so auf den Punkt gebracht: Auf die Frage »Was wäre anders, wenn du ein Mann wärst«, sagte sie:

»Ich hätte gern manchmal das Gefühl, ich setze mich irgendwo in einen Raum, und alles kümmert sich um mich, ich bin jetzt die wichtigste Person auf der ganzen Welt. Diese Fähigkeit, sich so viel Raum zu nehmen, wie man braucht, die hätte ich sicher sehr viel mehr, wenn ich ein Mann wäre. Ich bin jetzt gerade an dem Punkt, mir vorzunehmen, mir den Raum zu nehmen, den ich brauche, nicht mehr so lieb und unscheinbar zu sein. Auf die Gefahr hin, daß ich auffalle, vielleicht sogar, daß ich dominant bin. Aber wenn ich das manchmal ausprobiere, habe ich immer ein mieses Gefühl, weil ich ein schlechtes Gewissen dabei habe. Und ich habe faktisch immer noch große Schwierigkeiten, mich mal durchzusetzen. Ja, Aggression hat auch etwas mit ›Raum-Nehmen‹ zu tun. Ich habe zwar ein starkes feministisches Bewußtsein entwickelt, aber immer noch habe ich da so eine reflektorische Unterordnung: Jemand kommt auf mich zu, stellt seine Ansprüche – und ich habe das Gefühl, ich muß das sofort machen. Ich reagiere zwar häufig trotzig und sage nein, aber tief innerlich habe ich das Gefühl, ich muß es jetzt eigentlich machen, wie mache ich das jetzt am besten, daß der oder die andere zufrieden ist.«

Viele Mädchen versuchen beides: Den anderen Menschen – am Anfang: die Mutter – zufriedenzustellen und gleichzeitig sich doch irgendwie durchzusetzen. Aber wie? Nicht offen, nicht geradeheraus, nicht eindeutig, sondern auf Umwegen. So lernen Mädchen, mit gespaltener Zunge zu reden: Einerseits spielen sie die Rolle der braven Tochter, andererseits versuchen sie, statt sich Raum zu nehmen, sich Frei-Räume zu schaffen, in denen sie dann so handeln und sein können, wie sie wollen. Sie sprechen dann einfach über vieles nicht mehr mit der Mutter, verschweigen ihr, welche Interessen sie verfolgen, mit wem sie sich treffen, in welchen

Räumen sie sich bewegen, welche Themen sie wirklich beschäftigen. Der Mutter gegenüber tun sie dann so, als hörten
sie aufmerksam zu, sagen zu vielem ja und amen, suchen gezielt unverfängliche Gesprächsthemen. Dadurch gewinnen
sie auch eine gewisse Macht über die Mutter, die merkt, daß
ihr die Tochter immer mehr »entgleitet«: Sie haben die
Macht, ihr zumindest *manchmal* einen Einblick in ihr Seelenleben zu geben, sie ins Vertrauen zu ziehen. Manchmal aber
lassen sie die Mutter nur spüren: »Da ist noch viel, was du
nicht weißt, das du nicht kennst und nie erfahren wirst.«
*Frauen lernen wieder einmal: Geheimnisse zu haben, bringt
heimliche Macht.*

Macht-Phantasien

Zum Zeitpunkt der Pubertät hat ein Mädchen in unserer patriarchalischen Gesellschaft eine äußerst labile Identität: ein
Gefühl ihrer selbst, das nur zum Teil auf realen Erfahrungen
beruht, zu einem großen anderen Teil aber lediglich auf dem,
was über Sprache, über das Reden, über die Phantasie vermittelt wird. Das ist ja das Seltsame an den red-seligen Beziehungen unter Freundinnen, die meist nach dem Mutter-Tochter-
Vorbild gestaltet werden:

*Die eigene Macht und die der anderen Frau liegt besonders
im Unausgesprochenen, Ungesagten, Unaussprechlichen – im
Nicht-Handeln.*

Deshalb müssen Frauen ihr Leben lang ihre Antennen aus-
fahren. Sie müssen Mutmaßungen anstellen, aus Mimik und
Gestik und Tonfall des Gegenüber ihre Schlüsse ziehen: Ernst
– Scherz? Bedrohlich – harmlos? Ist die Grenze des/der anderen erreicht oder blockt der/diejenige nur ab, weil sie
selbst zu ungeschickt vorgegangen ist? Weibliche Schliche,
feminine Taktik, weibliche List, Intuition, Sensibilität – wie
immer mann es bezeichnet: Frauen lernen es in erster Linie
von ihren Müttern.

Wo Jungen und Männer über hand-greifliche Auseinandersetzungen ihre Identität gewinnen, versuchen Mädchen und

Frauen mit ihrer Vorstellungskraft ihren Platz in der Welt zu be-greifen. Männer können sich mit all ihren Sinnen wahrnehmen und erfahren, ihre Realität ist die Realität des Faktischen. Die Realität der Frauen (jedenfalls in der klassisch-patriarchalischen Sozialisation) ist eine imaginäre Wirklichkeit, ist wie »Der Schatten eines Traumes«[62]. Kein Wunder, daß es Frauen – auch denen, die später feministisch werden – schwerfällt, sich ihrer selbst und ihrer Möglichkeiten in der realen Welt hab-haft zu werden.

Andererseits: die Schulung der Intuition hat auch viel für sich. Frauen entwickeln einen untrüglichen Spürsinn dafür, was in anderen Menschen vor sich geht, ein psychologisches Einfühlungsvermögen, von dem Männer nur träumen können. Sich in die Lage des Gegenüber versetzen, zu verstehen, was in ihm oder ihr vorgeht, verhindert es auch oft, sich hart gegen die Interessen der anderen durchzusetzen. Das drückt sich in einer »typisch weiblichen Moral« aus, wie die amerikanische Forscherin Carol Gilligan herausgefunden hat[63]. Eine dieser weiblichen Moralvorstellungen ließe sich demnach so formulieren: »Du sollst dich nicht selbstverwirklichen auf Kosten anderer.« Umgekehrt aber bedeutet es, daß viele Frauen überhaupt Schwierigkeiten haben, ihrem eigenen Impuls zu folgen:

»Frauen haben offensichtlich gelernt, ›doppelbödig‹ zu denken, sie mußten im Laufe ihrer Persönlichkeitsentwicklung begreifen, daß ihre Erfahrung und ihre Werte nicht zählen. Und sie haben gelernt, diese Erfahrung zu verschleiern, zu unterdrücken, den offenen Konflikt zu vermeiden... Dieser Lehrgang in Selbstverleugnung findet irgendwann zwischen elf und fünfzehn Jahren statt: Mädchen mit elf sind noch sehr selbstbewußt, selbstsicher und direkt. Zwischen fünfzehn und neunzehn Jahren jedoch werden sie zunehmend von Selbstzweifeln gequält, leiden unter ihrer Geschlechtsrolle, und nicht selten drückt sich die Selbstverleugnung in einer psychosomatischen Krankheit (z. B. Magersucht) aus.«[64]

Wenn sich Frauen in andere Menschen hineinversetzen, kommen sie häufig zu dem Ergebnis: »Man kann es so sehen, man kann es aber auch anders sehen.« Das kann Frauen lähmen, ihre eigenen Interessen wahrzunehmen, sie zu formulieren, ganz zu schweigen davon, bei einem »Nein« des Gegenüber darauf zu bestehen, sie durchzusetzen. Frauen in sozialen Berufen zum Beispiel erleben im Laufe ihrer Berufsjahre ein seltsames Symptom: Sie kümmern sich dauernd um die Interessen anderer – und verschwinden als Person fast vollständig dabei.[65]

Der Grundstock für diese weiblichen Probleme ist am Ende der Pubertät bereits gelegt. Die intuitiv-imaginäre Wahrnehmung ihrer Umwelt wird das Mädchen zeitlebens als eine ihrer positivsten Eigenschaften, aber auch als Quell größter sozialer Probleme begleiten. Der zweite, üppig sprudelnde Quell weiblicher Schwierigkeiten ist die negative Einstellung gegenüber Frauen. In der Pubertät wird das besonders deutlich: Mädchen erleben, wie ihr Körper sich zu weiblichen Formen rundet, erleben, wie negativ, bedauernd, ja entsetzt ihre Mutter auf ihre neuerwachte Weiblichkeit starrt, werden von dieser mit technischen Anweisungen abgespeist und ansonsten schweigend allein gelassen.

Die eigene Pubertät haben die von uns befragten Frauen bestenfalls »neutral« in Erinnerung (keine besonderen Vorkommnisse), schlimmstenfalls als eine Zeit, in der sie ihren sich verändernden Körper hassen lernten, von der Mutter lächerlich gemacht, ohne Aufklärung, aber mit Ratschlägen wie: »Komm mir bloß nicht mit einem Kind!« mißachtet, durch den Vater verbalen (»Ganz schön Holz vor der Hütte!«) oder tätlichen Übergriffen ausgesetzt.

Wehe der, die in dieser Zeit keine Freundin hat! Nie in ihrem Leben sind Frauen so abhängig von ihr wie jetzt. Die Gleichgesinnte, das Mädchen in derselben Situation, sie bietet die Möglichkeit, sich von zu Hause zu distanzieren. Sie ist häufig die einzige, die wirkliches Verständnis hat, mit der ein Mädchen sich gemeinsam die Dinge erklären, Zusammenhänge erschließen kann.

Jähzorn und Übergriffe

Durch diese Rückendeckung ist es dem Mädchen möglich, die verlogene Moral im eigenen Elternhaus anzugreifen. Das ist besonders in Familien der Fall, die rigorose moralisch-religiöse Ansprüche haben, zum Beispiel »streng katholisch« sind (wie es bei mehr als der Hälfte unserer Befragten zu Hause der Fall war). Doch jetzt zeigt sich, wie bitter es ist, daß Mutter und Tochter sich nicht konstruktiv auseinanderzusetzen gelernt haben. Statt zu offener Konfrontation kommt es zu Jähzornesausbrüchen der Tochter, nicht selten auch der Mutter; in manchen Familien schreien sich Mutter und Tochter ihren lange aufgestauten Unmut in Form von Haßtiraden entgegen, gefolgt von tödlichem Schweigen, in dem jede der beiden Frauen sich in ihre Ecke zurückzieht und die eigenen Wunden leckt, beleidigt, verletzt. Das dann folgende Schweigen kann lange dauern; und meist ist es die Tochter, die wieder auf die Mutter zugeht: »Sei wieder gut.« Geklärt ist mit dieser Unterwerfungsgeste gar nichts. Und so sehnen sich viele Mädchen nach nichts so sehr wie nach der erstbesten Gelegenheit, endlich von zu Hause fortzukommen. Die meisten fühlen sich zu Hause einsam und gleichzeitig bedrängt. Besonders deutlich wird das wiederum an den Anzeichen ihrer veränderten Körperlichkeit. Dem Vater und den Brüdern gegenüber müssen die meisten auf Anweisung der Mutter soviel wie möglich von sich verstecken: Sie dürfen sich nicht mehr nackt zeigen, müssen die Binden in Zeitungspapier einwickeln und gleich in die Mülltonne bringen usw. Es sind die Mütter, die ihre Töchter wesentlich daran hindern, ihre Weiblichkeit in die Familie »einzubringen«. Wieder muß das Mädchen ein neues Geheimnis hüten. Und sich schämen. Zusätzlich müssen sich viele Töchter in dieser Zeit der Übergriffe ihrer Väter, Brüder, Onkel etc. erwehren – auch da reagieren sie hauptsächlich mit Scham; in der Regel können sie mit ihrer Mutter darüber nicht sprechen. Nur mit ihrer Freundin.

Doch die tiefste sexuelle Demütigung ist meist nicht die durch den Vater oder andere männliche Verwandte zugefügte. Die tiefste Wunde kann die Mutter zufügen, denn sie besitzt das emotional stärkste Verhältnis zur Tochter. So wissen oder ahnen die meisten Mütter, an deren Töchter sich der Vater sexuell heranmacht, was los ist. Doch bis auf wenige Ausnahmen helfen sie der Tochter nicht! Im Gegenteil: Solange es geht, versucht die Mutter, die Tatsachen zu »übersehen«. Ist das nicht länger möglich, beschuldigt sie häufig die Tochter, bezichtigt sie, mindestens mitschuldig zu sein!

Aber auch in Familien, in denen es nicht zu sexuellem »Mißbrauch« kommt (ein schreckliches Wort, signalisiert es doch, es gebe einen angemessenen sexuellen »Gebrauch« von Mädchen bzw. Frauen), auch in solchen Familien kommt es oft irgendwann zu einer besonderen sexuellen Demütigung der Tochter durch die Mutter: Irgendwann in einem der heftigen Streite, die in der Pubertätszeit zwischen Tochter und Mutter üblich sind, bricht es aus der Mutter heraus: »Du bist ja ein Flittchen!« oder »Du mußt dich nicht wundern, wenn du vergewaltigt wirst, wenn du dich anziehst wie eine Nutte!« oder »Du machst doch für jeden die Beine breit!« – eben eine jener zahlreichen sexualisierten Beleidigungen, die sonst nur von Männern kommen.

Eine überraschende, eine erschreckende Wortwahl. Nie zuvor hat das Mädchen seine Mutter so reden hören. Nie zuvor wurde es so direkt, so unmittelbar von ihr als sexuelles Wesen angesprochen. Nie zuvor wurde es so tief unterhalb der Gürtellinie getroffen. So genau, so zutiefst treffen kann nur eine Frau eine andere. Denn nur eine Frau kennt so genau die Schwachpunkte, kann sich so gut in die andere hineinversetzen, daß sie spürt, wo der wundeste Punkt bei der anderen ist. Und nur eine Frau öffnet sich der anderen so weit, ihr die eigenen wunden Punkte zu offenbaren. Wenn ein Mann einen Übergriff wagt, ist klar und schon seit langem klar: Er ist »der andere«, er tritt dem Mädchen bzw. der Frau gegenüber. Wenn es aber eine Frau macht, dann ist es »eine wie ich«. Und wenn es die Mutter macht, mit der die intimste nur denkbare Beziehung bestanden hat, ist es vernichtend. Dieser verbale Tiefschlag erfolgt am Tiefpunkt der Beziehung zwischen Mutter und Tochter. Seit langem ahnt oder weiß die Mutter, daß sie dabei ist, die Tochter zu verlieren: an deren Freundin, an Männer, später an den einen Mann *und* ihre Freundin.

Aber so sehr auch die Tochter ihre verunsichernden neuen Erfahrungen vor ihr zu verbergen sucht – noch kennt die Mutter ihr Töchterchen und weiß, wie und womit sie sich rächen, womit sie sie treffen kann.

Die Reaktion der Tochter ist bezeichnend: Von ihrer Mutter plötzlich und unerwartet derart sexuell beschimpft zu werden, ist das Schlimmste, was ihr passieren konnte. Damit ist das Tabu, als sexuelles Wesen von der Mutter gesehen und ernstgenommen zu werden, mit einem Schlag durchbrochen. Das ist ein Schock. Aber auch eine Befreiung (hat sie es nicht schon immer gewußt, daß die Mutter so heuchlerisch ist?). Wichtiger noch ist der Schock der zweiten Erkenntnis: Die Mutter bringt mit der Beschimpfung (Nutte…) zum Ausdruck, daß sie die Tochter *als Kind* verloren hat, und – verstößt sie.

Nein, sie ist kein Kind mehr, die Tochter, sie ist jetzt eine junge Frau. Oft sogar: eine attraktive Frau. Neid mag eine nicht unwesentliche Rolle bei der jähzornigen »Verwünschung« der Mutter spielen. So wie früher die Tochter nicht selten neidisch auf die Mutter war. In der Ablösephase hat sich das Verhältnis umgekehrt. Und die Heranwachsende spielt die neugewonnenen Reize durchaus auch gegen die Mutter aus – und provoziert sie so zu dem genannten Ausbruch. Die französische Analytikerin Christiane Olivier beschreibt in »Jokastes Kinder« diese Situation folgendermaßen:

»Nichts und niemand ist intoleranter als das Mädchen von vierzehn oder fünfzehn Jahren, was das physische Aussehen und die Kleidung angeht! Hier bricht sichtbar die Opposition gegen die Mutter aus, denn ihre Tochter will eine Frau sein, aber nicht wie die Mutter, auf keinen Fall!… Die offensichtliche Gleichgeschlechtlichkeit existiert in Wirklichkeit zwischen Mutter und Tochter nicht: Die ehemals besser ausgestattete Mutter, als die ›andere Frau‹ abgelehnt, wird von der Tochter weiterhin abgelehnt, während die körperliche Gleichheit immer deutlicher wird. Nur, die besser Ausgestattete ist jetzt die Tochter. Sie ist es, die man jetzt betrachtet, und die Tochter wird sich um so arroganter zeigen, je mehr sie zukünftig die ›Gewinnende‹ ist… Dieses Sich-ihr-Annähern und Sie-Überholen in der Adoleszenz kehrt den Mutter-Tochter-Konflikt um.

›Sie ist boshaft und gemein, wenn Sie wüßten…‹, sagen mir die verzweifelten Mütter. Ja, ich weiß, aber wissen diese Mütter, wie lange Zeit ihre Frauenexistenz eine Bedrohung für den kleinen Mädchenkörper war? Nein, das wissen die Mütter nicht, und sie verstehen ebensowenig, daß die Stunde der Abrechnung unter Frauen geschlagen hat und daß sie sich damit abfinden müssen…«[66]

Oder zurückschlagen. Auf jeden Fall werden auf diese Weise Fakten zwischen Mutter und Tochter aufgetischt, die bislang aus ihrem Diskurs ausgespart waren. Denn im »offiziellen« Dialog zwischen Mutter und Tochter war nichts wichtiger als die weibliche Ehre, wie man es früher nannte: die Bedeutung, sich »aufzuheben« für den EINEN, zu warten auf den RICHTIGEN. Die verunsicherte Heranwachsende hat ihren schwächsten Punkt genau hier, denn hier treffen sich widersprüchliche moralische und soziale Erwartungen, die sie zu zerreißen drohen: Entweder gilt sie als prüde den Männern gegenüber, steht damit vielleicht sogar im eigenen Freundinnenkreis im Abseits. Das gefällt dann der Mutter, ihr selbst aber ganz und gar nicht. Oder sie läßt einen Mann körperlich näher an sich heran, dann gilt sie zwar zunächst etwas in der Klasse und in ihrem Freundinnenkreis – doch es besteht die Gefahr, dann als Nutte abgestempelt zu werden, die »für jeden zu haben« ist – und damit ihre weibliche Ehre verloren hat, nichts mehr wert ist, in der Gosse landen wird… Hier scheint sich in den letzten 20 Jahren einiges zum Positiven verändert zu haben, doch für die Frauen, die heute zwischen 20 und 40 Jahre alt sind – die Frauen, die wir befragt haben –, war das eine typische Situation.

Die Heranwachsende muß dauernd zwischen den widersprüchlichen Anforderungen ihr tatsächliches Verhalten ausrichten: »Wieviel kann ich, muß ich, will ich (von einem Mann) körperlich zulassen, um nicht aufzufallen, schon gar nicht unangenehm – und was darf ich auf keinen Fall tun, um nicht…«

Das vernichtende Urteil der Mutter ist natürlich völlig unberechtigt. Doch es wirkt. Dazu braucht es nicht einmal ausdrücklich formuliert zu werden. Die Mädchen merken ganz genau die Doppelbödigkeit: Schweigen (nicht aufklären, nicht helfen, wenn es um sexuelle Fragen und Probleme geht) und ängstliches Besorgtsein (daß die Tochter nur ja rechtzeitig nach Hause kommt, hinter ihr herspionieren, Sprüche wie »Komm mir ja nicht mit einem Kind« oder »Männer wollen immer nur das eine«). Offensichtlich nimmt die Mutter ihre Tochter als sexuelles Wesen wahr – aber nicht als normal und gesund aktiv, sondern entweder als Sexualtäterin (Nutte…) oder als potentielles Opfer (vergewaltigt, geschwängert…). Die »Heilige« oder die Hure.[67]

Wir haben gesagt, daß dieser schmerzhafte Schlag der Mutter gegen die Tochter für diese auch ein Befreiungsschlag ist. Das kommt daher, daß diese Verletzung so tief, die Demütigung so überdeutlich ist, daß sich die Tochter jetzt schon aus Selbstschutz von der Mutter abwenden muß. Sie erzählt ihr überhaupt nichts mehr von sich, das ihr irgendwie wichtig erscheint, sondern konfrontiert die Mutter in Zukunft nur noch mit fertigen Beschlüssen. Im späteren Leben kann sich das wieder etwas ändern, aber jetzt in der Pubertät ist es die Regel. Jetzt endlich kann sie sich innerlich mit einem Ruck ein gutes Stück von der Mutter lösen – und sei es um den Preis, daß sie den Fluch erfüllt. Denn die Beschimpfung entbehrt zu dem Zeitpunkt, an dem sie erfolgt, meist noch der Grundlage. Vielleicht ist es zu Knutschereien gekommen, aber das Mädchen hat mit großer Wahrscheinlichkeit zu diesem Zeitpunkt noch nicht einmal mit einem Mann geschlafen. Doch die Aggression der Mutter, diese Mischung aus Angst und Eifersucht, provoziert ein »Nun erst recht«. Denn ist der Ruf erst ruiniert, warum sollte das Mädchen sich der Eltern wegen noch vor Männern zurückhalten? Häufig kommt es zu dem verbalen Tiefschlag der Mutter bezeichnenderweise dann, wenn sich die Tochter *noch einmal* hilfesuchend an sie wendet, in der Hoffnung, von ihr aufgenommen, angenommen, beschützt und beraten zu werden. Doch zu diesem Zeitpunkt ist die Entfremdung der beiden schon so groß und die Mutter schon so durch die Demütigungen der eigenen Person – durch den eigenen Mann, vor allem aber durch das gesellschaftlich vermittelte Selbst-Bild – verletzt, daß sie die

Chance nicht mehr nutzen kann. So lange hat sie sich bemüht, Kontakt zur Tochter zu halten, so lange hat sie schon das Gefühl, »ihr eigen Fleisch und Blut« distanziere sich immer weiter von ihr. So aufgestaut hat sich der Groll darüber, daß sie impulsiv die Gelegenheit nutzt, sich noch einmal und ein für allemal an ihr zu rächen. Nicht selten bricht sich in der Beschimpfung auch die Verbitterung darüber Bahn, sich für die Tochter aufgeopfert und dafür auf ein befriedigenderes (Sexual-)Leben verzichtet zu haben.

Eine bittere Lektion hat die Tocher damit gelernt und damit indirekt wieder etwas über ihre Stellung erfahren: Ihre Sexualität ist gefährlich. Und sie enthält etwas Schmutziges, Schlüpfriges. Sie aus eigenem freien Willen mit Männern auszuleben, ist verboten, denn es bedeutet: sich (und damit auch die ganze eigene Persönlichkeit) wegzuwerfen, was immer das auch bedeuten mag, denn so genau kann die Heranwachsende noch nicht ermessen, was das Verdikt bedeutet. Der Dornröschen-Mythos – ein Mädchen soll warten, bis der Märchenprinz es wachküßt – entlarvt sich damit als die andere Seite der sexuellen Frauenunterdrückung. Die jungen Frauen ahnen das zumindest. Dennoch wirkt der Mythos der romantischen Liebe (siehe Seite 118 ff.) auch in der Tochtergeneration, selbst wenn er sich für die Müttergeneration als Fiktion erwiesen hat. Dieser Mythos und die Angst vor der Schwängerung der Tochter und der Deklassierung und »Schande«, die das über sie und die ganze Familie bringen würde, treiben Mütter dazu, der Tochter weiterhin einzubleuen, sie möge alle aufgesparte Sehnsucht nach sexueller Erfüllung erst dann ausleben, wenn der EINE kommt, der diese Empfindungen am stärksten weckt. Dann sei alles gerechtfertigt, auch das Verlassen der Mutter (und der Pubertätsfreundin, wie im zweiten Teil des Buches gezeigt wird). Verliebtheit als romantischer, höchst vorübergehender Zustand, der übergeht in die liebende Hingabe der Ehefrau und Mutter – die Mütter der von uns befragten Frauen suggerierten das ihren Töchtern als ihre Zukunft. Und obwohl sich viele gegen die Mutter und alles, was sie verkörperte, zur Wehr setzten – es sickerte in sie ein.

Ein Grund dafür liegt darin, daß Mutter und Tochter zuvor

in der Regel niemals offen über die weibliche Sexualität gesprochen haben, und es auch später nie tun werden. So viel die Tochter über romantische Gefühle und Mutterliebe von der Mutter lernt, so wenig lernt sie etwas über ihre Sexualität von ihr. Die Psychoanalytikerin Christiane Olivier sieht darin eine Quelle der Eifersucht zwischen Frauen:

»Wenn... die Eifersucht die gleichgeschlechtliche Solidarität verdrängt hat, dann auf jeden Fall deshalb, weil es die ›Mutter‹ als die Frau, die ihr zuerst begegnet, nicht gewagt hat, am Körper ihrer Tochter anzuerkennen oder zu benennen, was diese mit ihr gemeinsam hat. Hat sie sich geschämt? Hat sie Angst gehabt? Keine Frau spricht je von der Klitoris zu ihrem kleinen Mädchen... Und das kleine Mädchen, verzweifelt, weder ein Geschlecht (Klitoris nicht anerkannt) noch ein sexuelles Objekt zu haben (Vater abwesend), wird seine Sexualität nicht, wie Freud es glaubt, verdrängen, sondern es wird diese nicht mögliche Sexualität verlagern. Sexuelles, wenn schon nicht im Geschlecht selbst, wird es aber überall sonst geben. Das Mädchen sexualisiert alles: seinen Körper, den es weiblich will, seine Handlungen, die denen seines Geschlechts entsprechen sollen, seine Sprache, die verführerisch wird. Die Frau wird alles sexualisieren, was an ihr vom anderen gesehen werden kann. Da sie in ihrem Geschlecht als kleines Mädchen nicht anerkannt wurde, wird die Frau es verstehen, den ganzen nicht sexualspezifischen Rest ihres Körpers anerkennen zu lassen. So weit, daß sie gelegentlich ihren ganzen Körper als Sexualsignal verstehen und sich schämen wird, ihn überhaupt zur Schau zu stellen... Die Frau lernt im Laufe ihrer Kindheit, sich ihres Äußeren zu bedienen, um ihr inneres Geschlecht zu kennzeichnen: das kleine Mädchen verbringt seine Zeit damit, äußere Beweise seiner Weiblichkeit zu liefern, die von den Erwachsenen, die es umgeben, verheimlicht wird, und von da an wird es nicht mehr richtig unterscheiden können zwischen dem, was sexuell ist, und dem, was nicht sexuell ist.«[68]

Ist das einer der Gründe, warum heterosexuelle Frauen mit fester Partnerschaft die Bedeutung der Sexualität für sich persönlich in den Interviews mit uns so auffällig heruntergespielt haben, ganz im Gegensatz zu lesbischen Frauen? (Siehe Seite 195 ff.) Sicher gibt es da noch weitere Gründe – sich mit dem Partner sexuell nicht (mehr) so gut zu verstehen, nicht mit ihm über eigene sexuelle Wünsche sprechen zu können zum Beispiel. Doch es könnte gut sein, daß die Verurteilung der weiblichen (Hetero-)Sexualität durch die Mütter – das heißt also, durch *die* Moralinstanz der Herkunftsfamilie – eine große Rolle spielt.

Gerade die häufigen Äußerungen der Art »Männer wollen immer nur das eine« verraten, daß die Mütter der Tochter auch etwas Positives mitgeben wollen. Nämlich den Rat, und sei er damit noch so ungeschickt vorgebracht: »Hüte dich vor Männern; sobald du dich mit ihnen einläßt, ist dein Schicksal besiegelt.« *Mütter sind in unserer Gesellschaft entsexualisierte, aber über Folgen von Sexualität (Kinder gebären) definierte Wesen. In der sexuellen Beschimpfung der Tochter zeigen sich ihre Männerverachtung, ihre Ohnmachtsgefühle, ihre Abhängigkeit von der eigenen Rolle, ihre Resignation* – und das gegenüber der Tochter, die gerade dabei ist, Sexualität als aufregendes Neuland für sich zu entdecken. Der »weibliche Masochismus« wird auf diese Weise unbewußt weitergegeben: »Wehe dir, wenn es dir *besser* geht mit den Männern!« Und natürlich werden viele Töchter alles daransetzen, genau diesen Beweis anzutreten.

Ist es vor diesem Hintergrund ein Wunder, daß 58 von 60 befragten Frauen auf die Frage: »Wolltest du werden wie deine Mutter oder ganz anders?« klar und deutlich geantwortet haben: Anders, ganz anders, bloß nicht so wie die Mutter.

Anders werden zu wollen, zeigt sich auch an den damaligen Vorbildern: Selbstbewußte, berufstätige Frauen stehen im Vordergrund der genannten Frauenvorbilder in der Pubertät. Das konnten Frauen in der Nachbarschaft oder Verwandte sein, Lehrerinnen oder Medien-Stars (Schauspielerinnen, Sängerinnen). Etwa ein Drittel der von uns befragten Frauen nannte auch Twiggy als ihr damaliges Vorbild: das ewige Kind, dünn und flachbrüstig, körperlich vor-pubertär, das Gesicht ein einziges Kindchenschema: hohe Stirn, Kulleraugen, Babymund. Twiggy war offizielles Frauenideal einer Generation von verunsicherten Teenagern, die nicht wußten, wohin sie sich orientieren sollten – und sich dann lieber auf »ewiges Kind« trimmten.

Vater? Negativ

Und welche Rolle spielten die *Väter* in der Pubertät? Das ist kurz abgehandelt: eine geringe oder eine unrühmliche. Hatten sie vorher noch die Tochter auf den Fußballplatz oder in die Kneipe mitgenommen (als eine Art Sohnersatz), hatten sie mit ihr Ausflüge unternommen, gelegentlich sogar persönliche Dinge mit ihr beredet, so ziehen sie sich jetzt entweder völlig von der Tochter zurück, oder sie machen sich sexuell an sie heran. Nicht eine einzige der Frauen, die wir befragt haben, hat den Vater in dieser Zeit als engen Vertrauten oder Ratgeber geschildert![69] Die Enttäuschung oder Verbitterung über sein damaliges Verhalten ist aus ihren Äußerungen noch deutlich herauszuhören. Der Vater war nicht einmal zu provozieren, wie die einzige positiv gemeinte Äußerung nahelegt:

»Meinen Vater fand ich immer sehr gelassen, egal, ob ich gerade eine Jungenbekanntschaft aufgetan hatte und mal spät nach Hause kam, oder wenn Freunde um unser Haus herumfuhren und er das etwas lästig fand, weil die da lange Zeit rumstanden und warteten. Oder als ich sitzengeblieben war, hat er alles mit Gelassenheit und Humor hingenommen.« (Dieselbe Frau berichtet aus dieser Zeit weiter, ein Drogeriebesitzer habe sie »hibbelig und zitterig« begrabscht, sie sei geflüchtet, davon erzählen können habe sie aber niemandem.)

Hier einige weitere Antworten auf die Frage: »Wie hat sich dein Vater in der Pubertät dir gegenüber verhalten?«

»Genauso wie vorher. Es war ja schon längst, was das Körperliche betrifft, sozusagen ein Nicht-Verhältnis. In Sachfragen konnten wir uns schon unterhalten, aber die persönlichen, die Gefühlssachen hat meine Mutter erledigt, er hat da höchstens in ihrem Auftrag gehandelt.«

»Sein Verhalten? Blöd.« (Diese Frau erzählt dann, als auf ihren Wunsch das Mikrophon abgestellt ist, von sexuellen Übergriffen, Busengrabschen etc. sowohl durch den Vater wie von zweien ihrer Brüder.)

»Mit meinem Vater gab's eigentlich immer nur Auseinandersetzungen wegen des Fortgehens. Wenn es also von der Kirche aus übers Wochenende fortging oder ich mal samstags spät nach Hause kommen wollte, gab's ständig Streit. Aber sonst hat sich mein Vater nicht groß um mich gekümmert.«

»Bei meinem Vater begann mit meinem Eintreten in die Pubertät auch die große Zurückhaltung. Er hat sich im Sinne des ›Erziehers‹ mir gegenüber verhalten, aber Probleme wurden nun überhaupt nicht mehr besprochen. Und er erzählte höchstens mal, wie es bei ihm auf der Arbeit gewesen war. Auf mich bezogen konnte ich mit ihm überhaupt nicht mehr reden. Er war für mich nur noch die Autoritätsperson.«

»So typisch Mann eben: ›Guck mal, die kriegt ja 'nen Busen!‹ und ›Die wird ja hübsch‹, und er hat mir auch mal in den Busen reingefaßt, als ich einen engen Pullover anhatte, und da habe ich auch gedacht, ich darf nicht mehr so enge Sachen anziehen, dann tut er das nicht mehr. Ich war damals entsetzt, habe gedacht, das gehört gar nicht zu meinem Bild von meinem Vater. Das war mitten am Eßtisch, wo alle drum herumsaßen. Ich habe sofort geblökt, mich gewehrt. Da kam dann: ›Stell dich doch nicht so an!‹ Ansonsten ist das nicht mehr vorgekommen. Ich weiß nur, daß er eifersüchtig auf meine Freunde war, daß die alle nichts wert waren. Seine erste Frage war immer: ›Was macht der Vater? Katholisch? Was macht er selber?‹ Und wenn er noch Schüler oder Student war, dann war er nichts wert... In Absprache mit meiner Schwester habe ich viel gelogen. Ich wollte mal in den Film ›Zur Sache, Schätzchen‹, und da hab ich ihm erzählt, der Film hieße: ›Der

Schatz‹, da hat er dann gedacht, Karl May und keine Bettge-schichten, da durfte ich rein.«

»Mein Vater verhielt sich noch zurückhaltender. Wie ich mich nun Männern gegenüber verhalten sollte usw., das war alles Sache meiner Mutter, mir so was zu sagen. Er hat sich im Hintergrund gehalten. Wenn was war, hat er sie unterstützt, also in ihrem Sinne gesprochen. Und Mutter hat dafür ge-sorgt, daß die Männerwelt und unsere Frauenwelt getrennt waren: BH und Schlüpfer durfte ich nicht rumliegen lassen, durfte nicht mehr nackt baden…«

»Er hatte so die BdM-Mädchen im Hinterkopf und wollte mir seine Kniestrümpfe und die Gesundheitsschuhe weiter-hin aufreden. Da hat sich dann aber meine Mutter auf ihre typische liebevolle, gefühlvolle Art durchgesetzt.«

Vor dem Hintergrund dessen, was wir über die Mutter-Toch-ter-Beziehung zu dieser Zeit gesagt haben, ist das schon er-staunlich: Die Mütter stellen sich vor die Tochter gegen den Vater. Allerdings tun sie es nicht bei offenen sexuellen Über-griffen des Vaters. Die Mütter sind es auch, die den Rücken breit machen, damit die Tochter *etwas* anders sein darf, als es der Vater verlangt. Oder auch: Sie stehen zwischen dem Vater und der Tochter. Ob mehr schützend oder mehr eifersüchtig, läßt ich im einzelnen heute nicht mehr entscheiden.

Auch der Vater reagiert eifersüchtig: auf die ersten Freunde der Tochter. Dennoch, der Vater fällt, so kann man es viel-leicht zusammenfassend sagen, als Liebesobjekt in der Puber-tät aus. Entweder er zieht sich auf eine Weise von der Tochter zurück, daß diese sich verlassen fühlt, oder er wird zudring-lich, was sie entsetzt und anekelt.

Etliche Frauen haben uns auch davon berichtet, daß der Vater verbal verletzend war: Mit sexuellen Anspielungen (»Wie breitbeinig du schon wieder rumläufst, hast wohl deine Tage?«) oder mit Äußerungen, die die Persönlichkeit der Heranwachsenden angriffen (»Mein Fräulein Tochter möchte also wieder mal…«, »Wenn du dir das Geschmiere nicht aus dem Gesicht wischst, kommst du mir nicht aus dem Haus!«

und häufig auch: »Das ist doch nichts für dich!« oder gar: »Das schaffst du doch nicht!«).

Die Väter scheinen durch ihre pubertierende Tochter sehr verunsichert zu werden: Ihr kleiner, niedlicher »Junge«, ihr »süßes« Mädchen wird auf einmal geschlechtsreif. Vielleicht sprechen sie, die Väter, sogar sexuell auf die Tochter an. Um diese Verunsicherung zu überspielen, reagieren sie abwehrend bis anzüglich. Manche Töchter bemerken, trotz aller Abgrenzungsbedürfnisse gegenüber der Mutter, wie sehr sie mit ihr sozial in einem Boot sitzen: »Mein Vater hat mich und meine Mutter gemeinsam oder abwechselnd immer abgewertet, mit Äußerungen wie: ›So dick, dumm und wasserdicht.‹«

Lernen die Mädchen von der Mutter die Männerverachtung (»Die wollen immer nur das eine!«), so lernen sie vom Vater die Frauenverachtung – sofern sie die nicht ohnehin schon durch die Mutter lernen (»Flittchen!« – »Komm mir bloß nicht mit 'nem Kind!«)[70].

Angesichts der Verständnislosigkeit, die viele Heranwachsende zu Hause erleben, angesichts der Tatsache, daß die Mutter als »beste Freundin« in dieser Zeit (oder sogar endgültig) ausfällt, wird eine Person immer wichtiger: die Pubertätsfreundin.

Teil 2

Die Pubertäts-Freundin:
die zweite große Liebe

Freundin

Wir haben uns gesehn
auf der Scene
wo jeder alleine steht.
Kein Typ dabei
für die Einsamkeit
und keine Lust zu Hause fernzusehn
und wo soll ich sonst hingehn?

Die ersten Worte
waren schwer
»Dich hab ich hier
schon oft gesehn
und du – du mußt wohl auch nicht
morgen früh aufstehn –
ja – und wo soll man sonst hingehn?«

Freundin – Freundin
neues Wort
Freundin – Freundin
– wie das klingt –
lange nicht gehört

und heute
ist sie einfach da
Freude, sich zu sehn
teilen so viel
und helfen uns hoch
und es ist so egal
ob die denken, wir sind nicht normal

Freundin – Freundin
langer, langer Weg
zu dir, Freundin – Freundin
bei dem man sich braucht
tiefer See, in den man taucht.

Jasmine Bonnin

Wirklich eine, die mich kennt?

Stille Wasser gründen tief. Wer weiß das besser als zwei pubertierende Freundinnen. Die eine hört der anderen zu, hütet ihr
Geheimnis, schweigt wie ein Grab. Redet sich selbst von der
Seele, was sie bewegt; sie berät sich, tuschelt und kichert mit
ihr. Beide »Busenfreundinnen« kleben zusammen wie Pech
und Schwefel. Die Pubertätsfreundin ist zum erstenmal seit
langem »Eine, die mich wirklich kennt« (so ein Buchtitel[1]).

Und vor der Pubertät? Gab's da keine Freundinnen? Doch,
natürlich. Unsere Befragten haben allerdings einhellig zum
Ausdruck gebracht: Die Freundinnen vorher, die waren »einfach da«: Oft waren es Nachbarskinder oder das Mädchen,
das in der Schulbank neben ihr saß, oder Verwandte (typisch
sind die Kinderfreundschaften von Cousinen, deren Mütter
sich gegenseitig besuchten oder in der Kinderbetreuung ab-
wechselten).

Die Pubertätsfreundin aber – bis auf eine Frau hatte jede
der von uns Befragten eine –, sie sucht sich das Mädchen bewußt aus. Wieso wird gerade jetzt eine beste Freundin so
wichtig?

Wir haben im vorhergehenden Teil zu zeigen versucht, daß
die Mutter, die – wenn man so will – erste beste Freundin
eines Mädchens, von der Pubertätsfreundin abgelöst wird.
Zu sehr entfremdet haben sich Mutter und Tochter in der Regel, als daß die Mutter die Funktion der »besten Freundin«
noch übernehmen könnte. Im Gegenteil: Das Mädchen muß
sich jetzt von der Mutter lösen, muß endlich eine eigene Identität finden, muß sich abgrenzen und darf gar nicht im sym-
biotisch-engen Verhältnis zur Mutter bleiben.

Die Pubertät ist eine Zeit existentieller Verunsicherung für das Mädchen: Es erlebt ständig Neues an sich, nimmt die Umwelt umfassender wahr als vorher und stellt sie in ihrem So-Sein auf eine Weise in Frage wie nie zuvor im Leben. In dieser Zeit der Unsicherheit, der Auseinandersetzung und der Neugier ist es für das Mädchen auf nie gekannte Weise wichtig, eine Vertraute in ähnlicher Situation zu haben. Die Straßenspiel- oder Schulkameradin muß dieses veränderte Interesse entweder mitmachen, oder das Mädchen verläßt sie und sucht sich eine neue Freundin. In zwei Drittel der Fälle sucht sie sich eine neue Freundin – nämlich dann, wenn die »alte« ihr zu brav erscheint, körperlich oder seelisch noch nicht so weit ist wie sie selbst etc. Die meisten Frauen hatten in der Zeit eine Freundin, die älter und »reifer« war als sie. Im Laufe der Pubertät kann es dann sein, daß sie sich wiederum mit einer etwas jüngeren angefreundet haben, für die *sie* dann die Ältere, Reifere darstellten.

Warum ist »die beste« Freundin so entscheidend? Zwar schließen sich Mädchen in der Pubertät – ähnlich wie die Jungen, die damit schon sehr früh anfangen – zu gleichgeschlechtlichen Cliquen zusammen. Doch im Gegensatz zum anderen Geschlecht spielt für das weibliche die Mädchenclique keine Rolle, die auch nur annähernd der ihrer besten Freundin gleichkäme. Denn die Clique ist dazu da, »eine gemeinsame Definition der Sexualität« in der Gruppe herzustellen, wie die Soziologin Carol Hagemann-White ausführt[2]. Die Gruppe kann aber niemals so »privat« sein, so intime Gespräche ermöglichen. Diese aber sind genau jetzt – als Übergang von der Mutter-Tochter-Dualität zur Frau-Mann-Dualität – von großer Bedeutung. Diese enge, intime Beziehung scheint verläßlicher, vertrauenerweckender zu sein; wahrscheinlich können es sich die verunsicherten Mädchen nicht leisten, so viel Zeit und Energie in so flüchtige Gruppierungen zu stecken, wenn sie doch eine Antwort auf ihre drängenden, sehr persönlichen und zum Teil als »peinlich« erlebten Fragen suchen[3].

Da die Freundin eine solch enorme Bedeutung hat, muß das Mädchen sich ihrer versichern – muß wissen, daß die andere zuverlässig, treu und verschwiegen ist. Zu Beginn der

Pubertät steht denn auch oft eine Phase des Ausprobierens unterschiedlicher Freundinnen: Mit der einen kann sie gut über alles reden, die empfindet es so ähnlich und ist auf einem vergleichbaren Entwicklungs- und Wissensstand.

Die andere, die wichtigere aber, das ist eine, die noch nah genug ist, um nicht als Vorbild, sondern als Busenfreundin in Frage zu kommen. Das ist die körperlich und seelisch reifere, die einer Heranwachsenden viel von dem beibringen kann, das sie zu Hause nie gelernt hat: Wie das mit der Sexualität nun genau funktioniert, welche Gefühle dabei beteiligt sind usw. Gerade in diesen Bereichen war das Schweigen der Mutter für die Tochter besonders belastend gewesen, fühlte sie sich besonders verunsichert. Hier zeigt sich, wie verhängnisvoll es sich ausgewirkt hat, daß Frauen seit Jahrhunderten keine eigene Sexualität zu »haben« hatten: Das Sprechen über Sexualität ist für Frauen besonders schwer, weil die Sprache an der männlichen Sexualität orientiert ist[4]. Aber jetzt muß es sein, jetzt muß das Mädchen sich mit ihrer eigenen *und* der männlichen Sexualität auseinandersetzen und – so schwer es auch sein mag – eine eigene Identität gewinnen[5]. Das kann sie jetzt nur mit der Freundin, die möglichst erfahrener sein soll als sie selbst. Diese Freundin, von der das Mädchen sich »an die Hand nehmen« läßt, bedeutet für die Heranwachsende: Mit ihr gemeinsam schafft sie es, das »brave Mädchen« in sich hinter sich zu lassen, aus- und aufzubrechen. An diese Freundin konnten sich viele Frauen, die wir befragten, noch genau erinnern:

»Sobald ich einen ersten Freund hatte, mit dem ich ›ging‹, hatte ich bald auch eine neue Freundin. Die war frecher als ich, war attraktiv, und meine frühere Freundin war immer noch schrecklich brav, mit Schottenrock und Sicherheitsnadel – furchtbar. Die neue Freundin war früher bei uns auf der Schule gewesen und jetzt im Internat. Die habe ich oft besucht, das wurde eine ganz enge Beziehung, parallel zu dem Typ. Das hatte fast die gleiche Qualität, obwohl ich das damals nie so benannt hätte. Das war eben meine Freundin, und den Typen habe ich ›geliebt‹. Die Freundin hatte ich viel länger als den Typen.«

»Ich habe sie kennengelernt, da hatte sie schon einen Freund. Geredet haben wir über Freunde oder solche Jungen, die wir gern als Freunde hätten, in wen wir uns verliebt haben, ob man miteinander schlafen soll oder nicht, über die Pille, über meine Schwierigkeiten zu Hause; auch über ihre mit den Eltern. Ich weiß noch, als sie dann das erste Mal mit ihrem Freund geschlafen hat, haben wir vorher unheimlich viel darüber geredet, wie und was. Und am nächsten Tag hat sie mich gleich angerufen.«

»Eine richtige beste Freundin habe ich erst gefunden, als ich 16 war; da hatte ich schon einen Freund. Die war zwar ein Jahr jünger als ich, aber die hat sich alles getraut, was ich mich nicht getraut habe. Die hat mir irrsinnig gefallen; sie war so – heute würde ich sagen – hysterisch, also irrsinnig übertrieben in allem, in ihrer Gestik usw., hat sehr nach außen gelebt, verrückte Klamotten gehabt und 'ne irre Frisur. Sie wohnte in einer anderen Stadt, wir haben uns nur in den Ferien gesehen. Aber alle paar Tage kam ein Brief von ihr in allen Farben, oder sie hatte etwas draufgemalt oder einen heißen Spruch draufgeschrieben. Ihre Briefe hab ich erwartet wie Liebesbriefe. Die hat meinen Freund nie kennengelernt. Ich hab ihr ein Bild geschickt, da hat sie gesagt: ›Der paßt überhaupt nicht zu dir.‹ Und ich hab bald darauf mit ihm Schluß gemacht. Was sie sagte, war mir sehr wichtig.«

Die Freundin ist so herrlich parteilich, daß sie in allen Fragen als maßgebende Meinungsquelle zitiert wird. Sie lebt ihre Körperlichkeit, ihre erwachende Sexualität. So kann die Heranwachsende ihre eigenen, durch die Eltern – besonders die Mutter – vermittelten Schuldgefühle zu überwinden versuchen. Dieser Freundin gegenüber fühlt sich das Mädchen aber auch etwas unterlegen. Sie nimmt viel von ihr an: Von ihr lernt sie, sich äußerlich zurechtzumachen[6] und sich innerlich auf die ersten Jungens-Verliebtheiten und die ersten sexuellen Erfahrungen vorzubereiten. Und sie selbst lernt viel aus den Erfahrungen und den Fehlern der anderen: Sie ist Beichtmutter, Vertraute, Ratgeberin, die Zuverlässige, der unter dem Siegel der Verschwiegenheit (und Schweigen haben die Mädchen bis dahin ja wahrlich gelernt) die intimsten Geheimnisse anvertraut werden. Mit der Freundin erobert sie sich ein Stück der Welt »da draußen«: Mit ihr geht sie ins Café, in Diskotheken, in die gemischte Clique.

Sehr wichtig wird, sich als ähnlich zu erleben wie die andere. Das ist eine Rückversicherung der eigenen Empfindungen. Beide gleichen ihre Meinungen über »die Alten« und »die Penne« aneinander an und bemühen sich, auch in anderen weltbewegenden Fragen Übereinkunft zu erzielen, wie Mode, Kosmetik und welcher »Typ« für die eine oder andere »richtig« ist.

Auch körperlich vergleichen sie sich – nicht ohne Neid: Wer bekam die Menstruation zuerst, welche von beiden hat die stärkeren Monatskrämpfe, welche die größeren Brüste, den dickeren Po, die schlankeren Beine. Vergleiche führen dazu, daß beide sich entweder aneinander angleichen oder komplementäre Rollen übernehmen. Darin sind sie Zwillingen nicht unähnlich, die häufig in eine Uniform gesteckt werden, deren Persönlichkeitseigenschaften aber aufgespalten werden: Die eine ist die Freche, die andere die Stille; die eine ist klug, die andere hübsch; die eine ist leichtsinnig, die andere die Moralische... Im Gegensatz zur Zwangsgemeinschaft der Zwillinge, denen soziale Ähnlichkeiten und Unterschiede von außen (von den Eltern) aufgedrückt werden, finden sich die Freundinnen aber freiwillig zusammen. Und da muß schon eine Grundübereinstimmung in den wichtigsten Fragen da sein. Das betrifft sowohl einen ähnlichen modischen Geschmack als auch ähnliche Ansichten. Schließlich will sich in dieser Zeit, in der ohnehin so vieles als »peinlich« erlebt wird, nicht auch noch die eine mit der anderen blamieren.

Und was noch nicht ähnlich ist, wird in der Freundschaft ähnlich gemacht: Die beiden tauschen ihre Klamotten, lassen sich ähnliche Frisuren machen, gehen zum gleichen Gynäkologen und probieren die gleiche Sorte »Pillen« aus. *In dem Maße, wie eine Heranwachsende ihre Freundin als sexuelles Wesen wahrnehmen kann, nimmt sie auch sich selbst wahr.*

Das ist gleichzeitig ein Fortschritt für die Pubertierende –

und die Grundlage für ein zwiespältiges Verhältnis zur Freundin. Denn einerseits besteht eine starke Anziehung zwischen beiden, andererseits spielen Neid, Eifersucht, Rivalität eine große Rolle. Betrachten wir beide Seiten genauer. Zunächst das Anziehende an der Freundin.

»Das Ewigweibliche zieht sie an«

Die eigene Sexualität und die der Pubertätsfreundin mit all ihren emotional irritierenden Einzelheiten schafft ein spannungsgeladenes, nicht selten erotisches Klima zwischen den Freundinnen. Erinnern wir uns: Bis zur Pubertät hatten viele Mädchen sich geweigert, das zu sein, was sie für »ein typisches Mädchen« hielten. Viele hatten auch mit Jungen gespielt, hatten kurze Haare und Hosen getragen, hatten ihren Körper verhüllt und ihre keimenden Brüste so lange wie möglich vor der Umwelt verborgen gehalten.

Nun, mit Unterstützung ihrer Freundin, beginnen sie zögernd, ihre Weiblichkeit zu bejahen und auszuprobieren, was es damit auf sich hat. Plötzlich interessieren sie sich brennend dafür, andere Mädchen – etwa im Umkleideraum – nackt zu sehen, sich körperlich zu vergleichen, Erfahrungen auszutauschen.

Die Beziehung zur Freundin stellt da ein ideales Experimentierfeld dar: Alle Veränderungen des eigenen Körpers kann ein Mädchen endlich mit jemandem besprechen, und zwar ganz un-verschämt: Was tun gegen Pickel, Ausfluß und Menstruationskrämpfe? Welche Teile meines Körpers sind hübsch, welche könnten besser aussehen, wie kann ich das überhaupt erreichen, mich hübsch zu machen?

Hinzu kommt die körperliche Attraktivität der Freundin, die nicht ohne Wirkung bleibt. Viele heranwachsende Mädchen verbringen zum Beispiel gelegentlich die Nacht bei der Freundin zu Hause, einige schlafen mit ihr in demselben Bett. Da ergeben sich viele Gelegenheiten auch für sexuelle Annäherungen. Das ist zwar tabuisiert, wird aber unter das Deckmäntelchen gehüllt: Ausprobieren, um es später mit Männern

zu können (»Da haben wir Zungenküsse geübt, damit wir das
bei Jungen können«). Oder es wird einfach als Spaß abgetan,
als Provokation vielleicht:

»In den Ferien, als ich bei ihr war, haben wir in einem Bett
geschlafen und uns umarmt. Aber auf den Mund geküßt haben wir uns eigentlich selten. Einmal am Bahnhof, da haben
wir uns verabschiedet, haben laut gelacht und gesagt, wir machen jetzt 'ne Show – aber es war doch für uns, das mit den
Leuten kam nur dazu –, da haben wir uns richtig geküßt.«

»Ich stand total auf Jungens. Nur erinnere ich mich an einen
Traum, da habe ich meine Freundin ganz heiß und innig geküßt, aber nur, um zu üben.«

»Wir haben sexuelle Spiele miteinander gemacht, immer nur
zu zweit. Petting miteinander gemacht. Geredet haben wir
über die Schule und über Jungens. Als sie dann ihren Freund
kennenlernte, hat sich unsere Beziehung sehr verändert. Wir
haben uns kaum noch getroffen, und nach der Schule gingen
unsere Wege endgültig auseinander. Mir war damals wichtig,
daß meine Freundin schon sexuelle Erfahrungen hatte. Von
ihr habe ich einiges gelernt, sie hat mir erklärt, wie man mit
einem Mann schläft. Wir hatten immer nur Freundschaften
mit Männern, die auch befreundet waren. Und dann kam der
Freund, den sie dann heiratete.«

»Eine beste Freundin hatte ich ab 14. Wir haben täglich was
unternommen. Das war eine Frau, mit der eine Beziehung
möglich war, in der auch Zärtlichkeiten abliefen, sei es, daß
man sich gestreichelt hat, sei es, daß man sich geküßt hat. Ich
kann mich auch erinnern, wie es an meinem 17. Geburtstag
war. Wir beide waren ganz erpicht darauf, ›es‹ mal auszuprobieren. Aber wir hatten es nie geschafft, es hat uns immer
wieder jemand überrascht, leider Gottes. An meinem 17. Geburtstag haben wir uns überlegt, daß das so mein Geburts-
tagsgeschenk sein sollte. Wir sind um kurz nach zwölf, nachdem wir in den Geburtstag reingefeiert hatten, in ihr Zimmer
hoch. Die Tür haben wir nicht abgeschlossen. Wir lagen ge-

rade auf dem Bett und waren dabei, uns zu küssen, da kam plötzlich ihr Freund rein. O. k., er hat zwar nichts gesagt, er hat ein bißchen komisch geguckt, aber sauer war er nicht. Bei uns war natürlich alles abgetötet. Das war das letzte Mal, daß wir einen Versuch in bezug auf intensivere Zärtlichkeiten überhaupt gemacht haben. Danach ist das mehr oder weniger eingeschlafen.«

»Wir haben es bewußt ausgenutzt, wenn die Eltern nicht da waren. Da haben wir es uns dunkel gemacht, haben uns ins Bett gelegt und uns angefaßt. Mit Genuß.«

Alle diese Zitate stammen von Frauen, die heute ihre Sexualität mit Männern leben. Etwa zwei Drittel aller heterosexuellen Frauen haben von intensiveren Zärtlichkeiten dieser Art mit ihren Freundinnen erzählt. Aber: *Über die erotischen Empfindungen füreinander sprechen die Pubertätsfreundinnen nicht.* Dieses Prickeln, diese Aufregung im Zusammensein mit der Freundin wissen sie nicht anders zu deuten, als daß es ein Vorgeschmack darauf ist, was sie in »wirklichen«, sprich: heterosexuellen Liebesbeziehungen erwartet.

An der Verdrängung der Homoerotik wird etwas deutlich, das Jutta Brauckmann in ihrer Studie »Die vergessene Wirklichkeit« ebenfalls festgestellt hat:

»Trotz der unübersehbaren Bedeutung ihrer Freundschaft mit Mädchen sind einige Mädchen / Frauen offenbar nicht in der Lage, deren Eigenwert, ihre unmittelbare Bedeutung, wahrzunehmen. So wie sie sie später zugunsten eines Jungen oder Mannes hintanstellen, geschieht dies bei einigen im vorab schon in der Phantasie... Dies ist die konsequente Folge der erlernten Wertehaltung. Die Erwartung der Ich-Abrundung durch den Mann kann bei solchen Mädchen jegliche noch so tiefen Erlebnisse mit anderen Mädchen aus dem Bewußtsein verdrängen und zur Unbedeutsamkeit verdammen.«[7]

Nur wenige Heranwachsende können den Gedanken zulassen, daß die Freundin selbst das Ziel ihrer Begierde ist. Offenbar haben die Mädchen die Abwertung ihres eigenen

Geschlechts und die gesellschaftliche Ablehnung der Homoerotik schon weitgehend verinnerlicht. Eine heute lesbische Frau erinnert sich, wie »unmöglich« ihr und ihrer Freundin damals eine gemeinsame Erotik erschien:

»Ich hatte in der Pubertät zwei beste Freundinnen. Mit der ersten hatte ich durchaus ein zärtliches Verhältnis. Ich kann mich an Spielchen erinnern, die hatten etwas eindeutig Sexuelles: Der Matrose kommt nach Hause, und die Freundin erwartet ihn. Und ich war der Matrose. Das war aber sehr ungeschickt, denn wir wußten gar nicht, was wir miteinander anfangen wollten. Und konnten. Aber es war ein Bedürfnis von uns beiden da, uns auch anzufassen. Das ist aber ziemlich tabu geblieben, das Anfassen. Es war ein Versuch da, aber es ging nicht so recht. Dann ging die Freundschaft irgendwie auseinander. Mit der zweiten Freundin gab es auch einen Austausch von Zärtlichkeiten. Es gab aber eine Grenze; und zwar hatten wir beide einen Freund – das war die Grenze. Es ging einfach nicht, daß wir Frauen miteinander ins Bett gingen. Es ging einfach nicht. Wir haben uns beide nicht getraut. Einmal haben wir rumgeschmust und haben festgestellt, daß wir überhaupt nicht wußten, was wir miteinander anfangen sollten. Auch aufgrund der Erfahrungen, die wir mit Männern hatten. Was sollen zwei Frauen miteinander anfangen? Da war die Grenze. Wir haben dann eine Nacht miteinander verbracht, aber jede brav auf ihrer Bettseite. Streicheln, Zärtlichkeit, aber mehr ging nicht.«

Eine enorme Verunsicherung muß das Gefühl des Hingezogenseins zur Freundin mit sich bringen. So erinnern sich mehr als die Hälfte der von uns befragten Frauen – gleichgültig, ob sie sich heute als heterosexuell, bisexuell oder lesbisch bezeichnen – an einen von zwei unangenehmen Vorfällen. Entweder haben sie selbst in dieser Zeit »mehr« von der Freundin gewollt und sind von dieser zurückgewiesen worden; oft aus heiterem Himmel und mit dem Signal, sie hätten eine unsichtbare Grenze überschritten, seien »zu weit« gegangen. Oder sie selbst wiesen eine Freundin zurück, die »mehr von mir wollte«. Aus den Erzählungen wird deutlich, daß es meist nicht zu genitaler Sexualität gekommen war, sondern daß sie oder die andere in der körperlichen Nähe irgendeinen Punkt überschritten, an dem diese Nähe als bedrohlich und »unanständig« erlebt wurde.

Wieder einmal erfährt die Heranwachsende, daß es zwischen ihr und einer anderen Frau unauslotbare Grenzen gibt, daß sie sich dauernd unklar definierten Regeln fügen muß. Und daß die Regelverletzung fürchterliche Folgen hat: Die Freundin zieht sich zurück, oder sie selbst fühlt sich plötzlich von ihr abgestoßen und muß sich wieder eine neue Vertraute suchen. Die jungen Frauen wissen gar nicht, welche sexuellen Möglichkeiten es zwischen Frauen gibt. Sie wissen nur, daß ihre sexuellen Empfindungen dazu da sind, eines Tages »da unten« den Penis eines Mannes in sich aufzunehmen. Schon sich selbst anzufassen und zu untersuchen, gilt seit dem Onanieverbot als unanständig. Um wieviel unanständiger muß es dann erst erscheinen, eine andere Frau sexuell zu erforschen?! Daß es lesbische Liebe gibt, haben die meisten höchstens munkeln gehört, ohne sich irgend etwas darunter vorstellen zu können. Da ihnen eine eigene, autonome Sexualität versagt wurde – die »Erfüllung« soll ja der Mann bringen –, sexualisieren Mädchen ihren ganzen Körper. Einmal dadurch, daß sie ihn für Männer attraktiv gestalten und zur Schau stellen – sich selbst so zum Objekt für andere (Männer) machen. Zum anderen dadurch, daß sie – direkt oder indirekt – durch die Mutter auch eine, wie Becker-Schmidt und Knapp[8] schreiben,

»positive Identifikation mit Weiblichkeit erleben: der Bauch..., die Brust, die Haut, die Genitalien: das sind symbolische und wirkliche Bezugsdimensionen eines – auch sexuellen – Selbstbewußtseins, das sich mütterlicher Zuneigung verdankt... Die Mundregion, erste Stätte der Lust, könnte eine besonders wichtige erogene Leitzone sein, die unbewußt-imaginäre Übertragungen von der oralen auf die anderen erogenen Zonen möglich macht. Libido wäre dann ein *Strömen über den ganzen Körper*, so wie man ja auch die Mutter in der Berührung nicht nur als Partialobjekt, sondern auch als ganzen Körper erfahren hat. Dieses Fließen von erotischen Besetzungen, das den Besonderheiten des weiblichen Körpers folgt, läßt wenig Raum für eine Vorstellung von Partialtrieben, die sich auf isolierte erogene Zonen (Mund, Anus, Genital) beziehen. Wenn Frauen mit dem ganzen Körper lieben, wenn Klitoris und Vagina zusammengehen und die Lippen doppelt mitspielen und die orgastische Kontraktion das Körperinnere erfaßt, dann ist die Erfahrung dieses Überströmtwerdens... sinnlicher Ausdruck der eigenen, weiblichen *Körpertotalität*.«

Ganz anders die männlichen Heranwachsenden: Sie haben ihre konkreten, direkten genitalen Erfahrungen mit anderen Jungen oder Männern, »bringen das hinter sich« und werden zu einem hohen Prozentsatz später eindeutig heterosexuell. Es gibt wohl kaum einen heterosexuellen Mann, der sich vorstellen kann, (noch einmal) sexuelle Erfahrungen mit Männern zu machen – das können nur Männer, die sich als bisexuell oder schwul definieren. Ganz im Gegensatz zu den Frauen, wie nicht nur der neue Hite-Report[9] zeigt. Auch unsere Interviews bestätigen: Von den Frauen, die sich nicht als lesbisch oder bisexuell, sondern eindeutig als heterosexuell definieren, können sich fast die Hälfte gut vorstellen, mit einer Frau eine »Liebesbeziehung« zu haben. Wenn sie dann aber erklären, was sie unter »Beziehung« verstehen, wird deutlich, daß sie vor allem eine enge, vertrauensvolle, zärtliche Bindung meinen; von genitaler Sexualität, von sexueller Befriedigung durch und mit einer anderen Frau traut sich kaum eine zu sprechen – auch wenn die Frauen auf andere Fragen zu ihrer Sexualität durchaus offen antworten. So sehr wirkt das Homoerotik-Tabu, daß sie sich genitale Sexualität mit einer Frau nicht einmal vorstellen können.

Uns hat zunächst überrascht, wie tolerant sich viele heterosexuelle Frauen zu der Möglichkeit äußerten, nicht nur andere Frauen, sondern auch sie selbst könnten sexuelle Beziehungen mit einer anderen Frau haben. Und uns fiel auf: *Aus der Familiengeschichte lassen sich keine eindeutigen Hinweise darauf finden, welches Mädchen später lesbisch und welches heterosexuell wird.* Es scheinen uns im wesentlichen zwei Faktoren zu sein, die eine entscheidende Rolle spielen: Individuelle (sexuelle) Erfahrungen mit Müttern und Vätern, Frauen und Männern; und der Grad, in dem die gesellschaftliche Zwangsheterosexualität, die »Heterosozialität« verinnerlicht ist. Beides gibt den Ausschlag, wenn es darum geht, ob eine Frau sich erotische Empfindungen einer anderen Frau gegenüber eingesteht und versucht, sie auszuleben, oder ob sie es nicht tut. Auch die Ideologie von der »romantischen Liebe« zu einem Mann spielt hier sicher eine große Rolle.

Die eben erwähnten, zwischen Frauen ewig unklar definierten Grenzen, die innerlich ausgelotet werden müssen, um sich »richtig« verhalten zu können, sind ebenfalls von entscheidender Bedeutung: Da es Frauen von Kindesbeinen an verwehrt ist, direkte, handfeste Erfahrungen aggressiver und/oder sexueller Art zu machen, müssen sie die verschwommenen Umrisse des Terrains erahnen, auf dem sie sich sicher bewegen können bzw. auf dem sie agieren müssen. Sie lernen, sich selbst Grenzen zu setzen, und zwar so, daß diese möglichst noch innerhalb dessen liegen, was »letztlich doch möglich ist«.

Mit anderen Worten: *Frauen lernen, sich selbst einzuschränken, um nicht anzuecken.* Da die Folgen einer Regelverletzung so gefürchtet sind (das Frausein steht auf dem Spiel, die Freundin, die »Unschuld« etc.), trauen sich die Heranwachsenden nicht, ihre Bedürfnisse voll auszuleben. Und da sie – wie wir noch einmal betonen wollen – schon lange und stets aufs neue in ihrer Weiblichkeit verunsichert sind, bemühen sie sich darum, sich in der Äußerung gerade ihrer sexuellen Bedürfnisse zurückzunehmen. Denn die Sexualität ist der Bereich, in dem sich ihre Weiblichkeit am deutlichsten äußert. In ihrer Zurückhaltung auf diesem Gebiet bemühen sie sich, keines der unsichtbaren Verbotsschilder zu übersehen, jenseits dessen die Sanktionen dafür lauern, »zu weit« gegangen zu sein.

Im Land des Möglichen

Dies hat enorme Auswirkungen auf ihr Phantasieerleben: Was möglich scheint, bleibt möglich, auch wenn es nie gelebt wird. An dieser Stelle wollen wir schon einmal auf eine zentrale Funktion von Frauenfreundschaften hinweisen, die uns im weiteren noch ausführlich beschäftigen wird: *Im Land des Möglichen sind Frauengespräche zu Hause.*

Wenn das Mögliche möglich bleibt, könnte das eine Erklärung dafür sein, warum sich später heterosexuelle Frauen trotz ihrer eindeutigen Selbstdefinition oft durchaus lebhaft vorstellen können, mit einer Frau eine »Liebesbeziehung« zu haben, wie ungefähr und vage diese Vorstellungen auch immer bleiben mögen. Zumindest aber gestehen sie sich ein mögliches Begehren gegenüber anderen Frauen zu.

Die sexuelle Identität von heterosexuellen Frauen ist nicht eindeutig bestimmt, auch wenn sie eindeutig leben. Immer wieder läßt sich bei heterosexuellen Frauen feststellen, daß sie ihr Leben aufspalten in eine umgrenzte faktische Lebensweise – deren äußere Grenze das Patriarchat definiert, die innere Grenze sie selbst – und eine üppig wuchernde Phantasiewelt, die gerade dadurch bestimmt ist, daß das darin Vorhandene *nicht* ausgelebt wird, ja gar nicht dazu bestimmt ist, ausgelebt zu werden. Das unterscheidet die weibliche Phantasiewelt von der männlichen, so behaupten wir: Denn in jedem Menschen gibt es Raum für Phantasie. Das Patriarchat als übergreifendes Gesellschaftssystem hat den Männern die ausgelebte Welt des Faktischen zugewiesen und eine grenzüberschreitende Phantasie, die der Realität immer nur ein kurzes Stück voraneilt. Anders die Phantasiewelt der Frauen: Sie blüht grenzenlos – und steht in keinerlei unmittelbarem Zusammenhang damit, von ihren Inhalten her verwirklicht zu werden. Ja, die Phantasie erhält oft den Stellenwert einer Ersatz-Wirklichkeit, die neben der Realität oder sogar *komplementär* zu ihr existiert und erhalten wird. Von klein an lernen Mädchen, sich in dieser Phantasiewelt zurechtzufinden, die gespeist wird von der Wirklichkeit und kaum anders als besänftigend auf sie zurückwirkt. Erinnern wir uns: Das Mädchen, von der Mutter als Gesprächspartnerin herangezogen,

lernt, daß diese Gespräche (der Vater hat schon wieder...,
wie schrecklich, es ist kaum auszuhalten) wesentlich dazu da
sind, »Dampf abzulassen«. Praktische Konsequenzen (sich
wehren, den Vater verlassen...) schlägt das Mädchen, wenn
sie überhaupt so »naiv« ist, meist nur einmal (oder nur in
einer bestimmten Zeitspanne seiner Entwicklung) vor, dann
hat es diese Lektion gelernt. Ähnlich ist es mit der Pubertätsfreundin: Träume vom anderen Leben, vom Flüchten, vom
Starruhm, von blendender Schönheit, vom aufregenden Berufsleben... spielen eine große Rolle in ihren Gesprächen.
Aber die Gespräche steuern nicht auf ein reales Umsetzen zu.
Dies ganz im Gegensatz zu den Gesprächen in den Jungen-
cliquen, in denen es früh um konkrete (z. B. Leistungs-)
Aspekte geht, um Grenzauslotungen, um Vergleiche, in denen jeder feststellt, was er *wirklich* kann und will. Jungen-
cliquen gehen nahtlos über in die realen Männerbünde, in
denen Männer Berufs- und andere mächtige Positionen untereinander verteilen (Old Boys Network).

Demgegenüber bereiten sich die weiblichen Heranwachsenden »in Wirklichkeit« direkt oder indirekt auf den Heiratsmarkt vor. *Es geht nicht darum, sich mit der anderen Frau
zu messen, sondern von ihr bestätigt zu werden – gleichgültig,
wie »real« die Grundlage für diese Bestätigung ist.* Die Probe
aufs Exempel wird in einer patriarchal ausgerichteten Welt
immer der Mann sein. Er ist das »Andere«, das eines Tages
kommen wird. Das Gefährliche, Bedrohliche und Begehrte,
auf das sich die Heranwachsende gut vorbereiten muß. Aber
auch Inbegriff der Verlockungen, ohne eigene »Leistungen«
im männlichen Sinne eine gesellschaftlich anerkannte Position zu bekommen: eine bessere Schichtzugehörigkeit, einen
gehobenen Lebensstandard, vielleicht die Möglichkeit, nicht
mehr berufstätig sein zu müssen... *Nichts ist erotischer als
Macht – und die liegt in den Händen der Männer –* so das
patriarchal geprägte Frauenbewußtsein.

Die fiktive Welt der typisch weiblichen Phantasie ist in der
Ergänzung zur reduzierten Frauenwelt im Patriarchat eine
notwendige, unverzichtbare – aber eben im patriarchalen Ge-
sellschaftsverständnis »unwirkliche« Welt, in der sich viele
Frauen letztlich »zu Hause« fühlen. Und genau darin liegt eine

große, beinahe selbstzerstörerische Gefahr: Durch die mangelnde Auseinandersetzung mit den realen Möglichkeiten kommen diese Frauen nicht dazu, sich jemals die Hälfte der (realen) Welt zu erobern, die ihnen zusteht. Sie begnügen sich mit ihrer Vorstellungskraft, beschränken sich freiwillig auf das, was ihnen zugewiesen wird, nutzen ihre Phantasie eben *nicht* dazu, gedanklich mehrere Möglichkeiten durchzuspielen, sich für die eine und gegen die andere zu entscheiden, *um sie dann auszuleben*; sondern belassen sie in der Phantasie, als beruhigenden, irrealen Fluchtpunkt (die Gedanken sind frei...).

Es ist dies die Mentalität von unterdrückten Minderheiten, die Phantasiewelt von Sheherazade, dem Stolz des Harems. In der Pubertät haben Mädchen ihre Sklavenmentalität bereits tief verinnerlicht. Das läßt sich an einem kleinen Beispiel illustrieren: Nur Mädchen lachen in dieser Zeit das typische »Sklaven-Kichern«, das man überall auf der Welt bei unterdrückten Minderheiten findet: Kein befreiendes, lautes Lachen, sondern das leise, oft hinter vorgehaltener Hand oder bis zum Herausprusten unterdrückte Lachen, das sich nicht in einem Atemzug, sondern in vielen winzig kleinen Stößen dem nach oben gedrückten Kehlkopf (d. h. mit ganz hoher Stimme) entringt. Das Kichern ist ebenso wie das Tuscheln Ausdruck davon, wie klein die Ventile schon sind, die sich noch gelegentlich öffnen, um vitale Lebensäußerungen (andere Meinung, sich lustig machen...) herauszulassen.

Dieses Kichern und Tuscheln findet seine Fortsetzung in Verhaltensweisen, die bis heute als »typisch weiblich« gelten: tratschen, klatschen, hinter dem Rücken anderer reden. Frauen tauschen miteinander Intimitäten aus, auch über andere Menschen. Unter Freundinnen beginnt das in der Pubertät: Die intimsten Details aus der Beziehung zum Freund und zu den Eltern werden der Freundin erzählt, ihre Empörung über Dinge, die der Erzählerin »angetan« wurden, als solidarische Haltung erwartet. Jawohl, wozu hat eine Frau schließlich eine Freundin, wenn die sich nicht aufregt über das zugefügte Unrecht. Und so erzählen Freundinnen auch von dritten, erzählen *über* sie, werden ihren Ärger los. Die Freundin bekommt dann häufig das ab, was an Wut oder Ärger eigentlich einen unmittelbareren Adressaten hätte, nämlich den Menschen, der den Ärger wirklich ausgelöst hat. Statt sich also direkt mit der Mutter, dem Vater, dem Freund, der Lehrerin oder irgendeinem Mädchen aus der Klasse zu streiten, heißt es: »Stell dir bloß mal vor, was der (die) vorhin zu mir gesagt hat!« Das beinhaltet einerseits ein Umgehen von Auseinandersetzung mit dem »wirklichen« Gegenüber. Und im »Reden anstatt« liegt eine beinahe voyeuristische Intimität: Jede läßt zu, daß die andere tiefe Einblicke in privateste Bereiche nehmen kann. Ist es auch eine »Intimität anstatt...«? Denn die Anziehung zwischen den Freundinnen ist ja vom Handeln nur zum Teil, vom darüber Reden aber vollständig ausgeschlossen.

Die Homophobie später lesbischer Mädchen

Frauen, die heute lesbisch sind, können einige Auskünfte über die widersprüchliche Intimität geben: Denn ihnen ist (zumindest heute, also im nachhinein) häufig bewußt, wie schwierig es für sie war, sich erotisch zur Freundin hingezogen zu fühlen, sich aber statt einer körperlichen Annäherung nolens volens damit begnügen zu müssen, sich ihre Freuden und Leiden mit Jungen anzuhören und ihr Ratschläge zu geben. Das ist natürlich auch ein enges, intimes Verhältnis, allerdings ein ganz anderes als das, was sie sich vielleicht insgeheim wünschten. Viele empfanden es damals allerdings nur als dumpfe, ungenaue Ahnung oder Sehnsucht. Das geht einerseits aus ihren Erzählungen hervor, andererseits aus der Tatsache, daß viele heute lesbische Frauen erst einmal Beziehungen zu Männern eingegangen sind, bevor sie von einer Frau »wachgeküßt« wurden. Letzteres fand dann aber meist erst einige Jahre nach der Pubertät statt.

Doch in den Beschreibungen der Pubertätszeit heute lesbischer Frauen fällt auf, daß sie schon jahrelang vor ihrer ersten Sexualität mit Frauen Schwärmereien und mehr oder weniger deutliche, fühlbare erotische Empfindungen gegenüber Frauen hegten. Dazu gehörte nicht selten schon die Pubertätsfreundin. Mit ihr haben sie viel unternommen und wohl das Bedürfnis gehabt, ihr »irgendwie« näherzukommen.

Beim gemeinsamen Übernachten in einem Bett bekam die eine oder andere dann Schweißausbrüche und/oder Schlafstörungen. Oder sie erinnern sich daran, sich nach gemeinsamen sportlichen Aktivitäten gegenseitig massiert und dabei »so ein komisches Gefühl« bekommen zu haben. Oder sie teilten eine Schwärmerei für eine Sportlehrerin, der sie nachstellten, anonyme Liebesbriefe schrieben etc. (Auch hier wieder: der häufige Weg über dritte.)

Drei Viertel aller Frauen erwähnen, daß sie mit der Freundin körperlich eng zusammen waren, zum Beispiel in einem Bett schliefen; aber weit mehr lesbische als heterosexuelle Frauen geben heute an, damals ein »Prickeln« empfunden zu haben. Ob das daran liegt, daß Lesben sich gern in einer »geradlinigen sexuellen Entwicklung« sehen möchten, können wir dabei nicht beurteilen. Hier einige Zitate von lesbischen Frauen, die zeigen, wie schwierig es für sie aus heutiger Sicht war, ihre vagen erotischen Empfindungen der Freundin gegenüber zum Ausdruck zu bringen:

»Ich war 14, als ich einmal meine Freundin besuchte, die krank im Bett lag. Ich wollte ihr was Gutes tun, wollte sie in den Arm nehmen – ob küssen, weiß ich nicht. Ich wollte halt zärtlich sein. Das hat die ganz schnell abgebügelt, ohne zu sagen: ›Das will ich nicht.‹ Ich habe dann keine Versuche mehr unternommen. Das Verhältnis zu ihr hat sich dadurch nicht verändert... Sie hatte einen Freund. Ob sie mit dem geschlafen hat, weiß ich nicht. Der jüngere Bruder dieses Freundes wurde dann mein Freund... Ich sehe das heute so, daß ich mir den als Ersatz gekrallt habe dafür, daß ich mit der Frau nicht zusammensein konnte.«

»Ich habe mein Leben lang immer Busenfreundinnen gehabt, sehr gute, sehr enge Freundschaften. Ich bin aber nie auf die Idee gekommen, daß ich lesbisch bin... Gefühle von Verknalltsein hatte ich nicht gegenüber der Freundin. Mit Männern hatte ich dann auch was, aber nur sporadisch. Wären da nicht Frauen in meinem Leben gewesen, es hätte sich mit Sexualität nicht viel bei mir abgespielt. Auf die Idee, daß es mit einer Frau auch eine Sexualität geben kann, auf die Idee mußte man mich erst bringen. Und dann war's gut.«

»Man kann nicht sagen, daß das nur meine beste Freundin gewesen sei. Es war da ein Mädchen in meiner Klasse, in das ich mich heftig verliebt habe, gleich zu Anfang in der Sexta. Das hat sich auch gehalten bis zum Abitur. Wobei sie unter bester Freundin wohl etwas anderes verstanden hat als ich... Wir hatten leider Gottes kein zärtliches Verhältnis zueinander. Ich hätte es mir sehr gewünscht, aber es kam nicht dazu. Es war im Grunde wie zwischen meiner Mutter und mir. Das heißt: Diese Freundin erzählte mir so ab zwölf von ihren Erfahrungen mit Jungen; die habe ich mir dann angehört und gedacht: ›Oh, wenn du wüßtest, daß ich genau dasselbe viel lieber mit dir machen würde, als daß ich's mir hier anhöre von dir.‹ Ich habe ihr auch, als ich 13 war, meine Liebe gestanden, und das war ab dem Moment für die Freundschaft eine enorme Belastung. Sie hat das dann ignoriert und mich weiterhin mit ihren Jungengeschichten eingedeckt, wobei ich sie auch beraten habe. Aber es kam nie zu einem zärtlichen oder weitergehenden Kontakt. Der kam später, mit 17, zu einem anderen Mädchen aus meiner Klasse und entwickelte sich ohne diese freundschaftliche Vorgeschichte. Sie war die beste Freundin von der ersten. Dadurch wurde es insgesamt gespannter und schwieriger, weil wir beide, die wir sexuell etwas miteinander zu tun hatten, versuchten, das in der Klasse geheimzuhalten. Mit der ›Sprechfreundin‹ konnte ich also nicht über meine Erfahrungen mit der anderen sprechen.«

Soweit lesbische Frauen sich an eigene Annäherungsversuche an ihre Freundin erinnern können, wurden diese zunächst meist abgewiesen. Und das scheinen die Mädchen akzeptiert und sich einem anderen Liebesobjekt zugewandt zu haben, das sie allerdings im Umfeld der besten Freundin suchten und fanden. Im Vergleich zur ausdauernden Schwärmerei von Mädchen für einen Jungen oder Mann, im Vergleich zu der Hartnäckigkeit, mit der sie »dranbleiben«, bis sie ihn »endlich soweit haben«, ließen sich die heute lesbisch empfindenden Frauen als Mädchen recht schnell abweisen und gaben dann auch gleich auf. Da es keinen Grund gibt, anzunehmen, daß die Stärke der Empfindung weniger ausgeprägt war als bei einem Mädchen, das für einen Mann schwärmte, spielte offenbar die Verunsicherung eine große Rolle: Ist mein Gefühl berechtigt, oder ist etwas falsch daran? Schließlich sehen Mädchen täglich im Fernsehen, lesen in Büchern, Zeitschriften und auf Plakatwänden, hören im Radio, wie das so ist mit der Liebe: Ein Mädchen verliebt sich in einen Jungen, eine Frau sich in einen Mann. Daß ein Mädchen sich in ein Mädchen verliebt und auch noch glücklich damit wird – das dürfte wohl keine unserer Befragten in ihrer Pubertät je gelesen oder gehört haben. Im Gegenteil: Bei einigen Mädchen kommt zur allgemeinen Verunsicherung körperlicher und psychischer Art, die Mädchen in der Pubertät ohnehin erleben, die Verunsicherung durch die Gefühle für die Freundin hinzu: Bin ich vielleicht krank, stimmt etwas mit mir nicht, bin ich möglicherweise »andersrum« – ein Begriff, unter dem sich damals kaum eines der Mädchen etwas vorstellen konnte, der aber sicherlich beängstigend war.

Sollte ein Mädchen in Aufklärungsbüchern nach Rat und Hilfe suchen, konnte es da in einem durchaus fortschrittlich gemeinten Ratgeber zum Beispiel lesen:

»Wichtig zu wissen ist folglich, daß die lesbische Phase nur eine Übergangserscheinung ist, ein Problem, das sich mit der *ersten Liebe* meist von selbst löst. Kein Grund also zu Befürchtungen, man sei wirklich lesbisch. Fast alle Menschen, und zwar beiderlei Geschlechts, machen diese Erfahrung in dieser oder jener Form.«[10]

Nur selten jedenfalls waren die Pubertierenden so hartnäckig, ihre Schwärmerei gegen alle Widerstände auch ausleben zu können, wie diese Frau:

»Mit 15 habe ich sie kennengelernt; dann habe ich sie erst einmal elend lange umworben. Erst mit 19 hatte ich sie soweit, daß sie mit mir geschlafen hat. Es war Liebe auf den ersten Blick. Ich weiß heute noch, wie sie in die Klasse kam, wie sie aussah. Als sie die Tür aufmachte und wieder hinter sich zumachte, da habe ich mich in sie verliebt. Ich habe sie hingebungsvoll umworben und war auch öfter bei ihr zu Hause. Dann ist ihre Mutter eingeschritten, weil ich ihr (der Freundin) verliebte Briefe in den Urlaub geschickt hatte und ihre andere Freundin das ihrer Mutter gepetzt hat. Ihre Mutter hat dann meine Mutter einbestellt, und das war für meine Mutter das Furchtbarste: daß so eine schreckliche Frau sie zu sich nach Hause bestellte, um ihr zu sagen, ihre Tochter möge doch bitte die Finger von ihrer eigenen Tochter lassen. Ich habe dann meine Freundin – zu Recht oder zu Unrecht, das weiß ich heute nicht mehr – für das ganze Theater verantwortlich gemacht; sie hat sich auch sehr halbherzig dazu verhalten. Wir haben dann anderthalb Jahre lang, obwohl wir in dieselbe Klasse gingen, nicht miteinander gesprochen. Dann haben wir uns ganz allmählich wieder aneinander angenähert, wobei das überwiegend von mir ausgegangen ist. Also ich habe sie umworben, was das Zeug hielt, habe ihr kleine Geschenke gemacht und mich mit allem Charme, den ich damals zur Verfügung hatte, ihr angenähert. Und dann mit 19, auf der Klassenfahrt, habe ich alles aufgeboten, was mir zu Gebote stand, ich bin sogar krank geworden. Sie durfte mich daraufhin in ein Hotelzimmer begleiten; und in der zweiten Nacht, nachdem ich einigermaßen von meiner Gallenkolik genesen war, habe ich sie verführt.«

Diese Geschichte zeigt: Auch solche Mädchen, die sich ihrer Liebesempfindungen für ihre Freundin bewußt sind, sich eindeutig und zielstrebig verhalten, müssen gegen massive *Schuldgefühle* ankämpfen, so daß ein Ausleben der Gefühle nicht ohne K(r)ampf im eigenen Körper stattfindet.

Etwa ein Viertel der lesbischen Frauen waren gerade in der Pubertät in ihrer Körperlichkeit so gehemmt, daß sie sich als eine Art »Neutrum« betrachteten; die meisten dieser Frauen fühlten sich damals von Mädchen angezogen, die bereits sexuelle Beziehungen mit Jungen oder Männern hatten. Heute äußern die Frauen, sie hätten damals noch gar nicht erkennen können, was in ihnen selbst »ablief« und welche Bedürfnisse hinter dem Interesse für die »erfahrene« Frau steckten. Diese Mädchen hatten in der Pubertät noch keine sexuellen Beziehungen. Um so mehr bewunderten sie die körperlichen Attribute von Weiblichkeit (großer Busen...) bei anderen. Hier soll ein Zitat für viele stehen:

»Die Tanzstunde fiel in einen Zeitraum, wo ich noch ein Neutrum war; das war eine Pflichtübung, bei der ich zu den Mauerblümchen gehörte und mit einem kleinen, verklemmten Jungen den Abschlußball hab machen müssen. Nachdem diese Sachen vorbei waren, bin ich auf ein Mädchen gestoßen, das sexuelle Erfahrungen mit Jungs hatte und ganz gut aussah, ganz viel Brust hatte, und an der habe ich mich ein wenig orientiert. Geschwärmt habe ich noch für eine Schulsprecherin, die mir wegen ihrer großen Klappe gefallen hat und die ich sehr schön fand. Im nachhinein würde ich sagen, daß die mich erotisch sehr angezogen hat. Neben der saß ich, und die hatte schon mit einem Jungen geschlafen, das war mit 14, und das war etwas ganz Besonderes. Die habe ich einerseits bewundert, andererseits auch verachtet, war stille Teilhaberin ihrer Sexualität...«

Übrigens war der erste Mann, mit dem diese Frau dann ihre ersten eigenen sexuellen Erfahrungen machte (im Alter von 25 Jahren) – der ehemalige Freund ihrer Freundin.

In diesen und anderen Geschichten zeigt sich, wie schwierig es für die Pubertierenden war, sich mit und in ihrer Weiblichkeit zurechtzufinden. Schließlich waren viele früher halbe »Jungs« gewesen: Bis zur Pubertät waren etwa 80 Prozent *aller* Mädchen – jedenfalls in unserer Stichprobe – nicht das, was man sich unter einem typischen braven Mädchen vorstellt; sie trugen kurze Haare und Hosen, kletterten auf Bäumen herum, spielten gelegentlich auch mit Jungen, gingen mit dem Vater auf den Fußballplatz... Und plötzlich sollten sie das alles sein lassen und zur Frau heranwachsen. Und eine Frau klettert nicht auf Bäumen herum, wie sich viele von ihren Eltern, von Lehrern und anderen Autoritätspersonen haben sagen lassen müssen. Zwar war für viele der Sport eine »legale« Form, sich noch weiter körperlich auszutoben. Doch dem Druck, sich in eine bestimmte Richtung – dem Klischee der »typischen Frau« und Mutter entsprechend – zu entwickeln, konnte sich kaum eine entziehen. Viele haben es jedoch offenbar versucht, was sich in der Art ihrer damaligen *Vorbilder* zeigt.

Vorbilder und Idealisierung von Frauen

Viele orientierten sich damals an Männern, besonders an männlichen Philosophen, von denen einige – etwa Nietzsche und Schopenhauer – sich nicht gerade freundlich über Frauen geäußert haben. Männliche Helden aus Abenteuerfilmen (Winnetou, Ivanhoe…), die häufig im Straßenspiel nachgeahmt wurden, männliche Showstars von der Vaterfigur Johannes Heesters bis Rex Gildo werden genannt. Dabei zielte die Frage ausdrücklich auf weibliche Vorbilder: »Welche Mädchen oder Frauen in deiner Umgebung, in Filmen, Fernsehen etc. haben damals dein Frauenbild beeinflußt?« Wenn wirklich Frauen genannt wurden, dann vor allem starke und unabhängige ältere Frauen; entweder Politikerinnen wie Rosa Luxemburg und Clara Zetkin oder Frauen aus dem Bekanntenkreis, die mit Eigenschaften beschrieben wurden wie mutig, stolz, kämpferisch, laut… Emma Peel, die in »Mit Schirm, Charme und Melone« mit Karateschlägen, Köpfchen und weiblichen Reizen gewann, war ein Beispiel aus dem Fernsehalltag. Nur zwei Frauen haben sich (unter anderem) ihre Mutter zum Vorbild genommen; die anderen wollten ausdrücklich ganz anders werden als sie. Besonders lesbisch empfindende Frauen hatten offenbar Probleme, entsprechende weibliche Vorbilder zu finden. Denn bei ihnen fehlen die Idole aus Film, Funk und Fernsehen, die von heterosexuellen Frauen oft genannt wurden: von Marilyn Monroe bis Liz Taylor. Nur ein Vorbild nannten sie genauso oft wie die heterosexuellen Frauen: Twiggy, das ewig geschlechtslose Kindchenschema.

Einige der heute lesbischen Frauen lösten das Problem, sich Vorbilder für die eigene weibliche Entwicklung suchen zu müssen, indem sie Frauen idealisierten. Alles war gut, wenn es nur eine Frau tat. Konsequenterweise schwärmten viele – ganz im Sinne der »romantischen Liebe«, deren wesentliches Merkmal die unerfüllbare Sehnsucht ist – für Lehrerinnen, Mitschülerinnen, Sportvereinskameradinnen etc. Eine Erfüllung der Sehnsucht war meist von vornherein ausgeschlossen und wurde von den wenigsten aktiv gesucht. Damit war es auch unmöglich zu überprüfen, was es mit dem Objekt der eigenen Begierde auf sich hatte. Ein Beispiel:

»Mein Mädchen- oder Frauenbild wurde eigentlich immer bestimmt von den Frauen, in die ich mich gerade verliebt hatte. Das waren recht viele nacheinander: Lehrerinnen oder Mitschülerinnen aus höheren Klassen. Das waren aber immer Schwärmereien... Mein Leben als Frau habe ich mir damals im großen und ganzen als unglücklich vorgestellt. Ich hatte das Gefühl und die Erfahrung, daß Frausein oder Mädchensein immer hieß, unglücklich verliebt zu sein und mit diesem Verliebtsein alleine dazustehen, es weder mitteilen zu können, noch es erfüllt zu bekommen... Heute ist mein Frauenbild differenzierter geworden. Es ist nicht mehr so, daß ich eine Frau nur anschwärmen kann. Ich kann manche auch beschissen finden. Das kam durch meine Erfahrung, meine konkrete Beziehungserfahrung mit ihnen.«

Eine Idealisierung von Frauen als Geschlecht war auch kennzeichnend für die Anfangsphase der »Neuen deutschen Frauenbewegung« ab Anfang der 70er Jahre; möglicherweise hat es etwas damit zu tun, daß viele junge lesbische Frauen in der Frauenbewegung eine innere Heimat fanden? Erst durch zahlreiche konkrete Erfahrungen mit »guten« *und* »bösen« Frauen in politischer Arbeit, in Liebesbeziehungen und vielfältigen Freundschaften veränderte sich die Idealisierung von Frauen, die ja die Kehrseite des Frauenhasses ist. So relativierten sich die Anklagen gegen die Müttergeneration und wichen einem stärkeren Verständnis; entsprechend wurde die radikale Ablehnung jeglichen »weiblichen Verhaltens« in ein Experimentieren mit Formen »Neuer Weiblichkeit« verwandelt – da, wo es mißlang, allerdings auch in einen neuen Mütterkult. Gleichzeitig konnte die Idealisierung von Frauen und ihre Stilisierung zu hilflosen »Opfern des Patriarchats« aufgegeben werden; die Solidarität aus Schwäche, die falsche, Widersprüche übertünchende »Schwesterlichkeit«[11]. Die Journalistin Erika Wisselinck, von Anfang an in der Frauenbewegung dabei, schreibt dazu 1984:

»Wir sagen zum Beispiel nicht mehr, wie in der ersten Begeisterung unseres Bewußtwerdungsprozesses: alle Frauen sind schön, alle Frauen sind gut. Wir stellen die Frage nach der Integrität und nach den gleichen Zielen. Das bedeutet nicht etwa Zersplitterung, sondern Konzentration unserer Kräfte, da wir sie nicht mehr in allgemeiner Fraueneuphorie gegen alles Patriarchale generell richten, da wir unsere – o wie berechtigte – Wut nicht mehr in diffusen Rundumschlägen (einsetzen), sondern gebündelt einsetzen – unterscheidend...«[12]

Davon waren die von uns befragten Frauen als Heranwachsende allerdings noch weit entfernt. Als sie merkten, daß sie sich zu anderen Frauen hingezogen fühlten, lag ein großes persönliches Unglück in der Unerfüllbarkeit ihres Verlangens. Dennoch, oder gerade deshalb, haben lesbische Frauen ihre früheren Empfindungen Frauen gegenüber offenbar ernster genommen (ob das nur in der Retrospektive so erscheint oder tatsächlich so war, läßt sich natürlich heute nicht mehr beurteilen). Auch die heterosexuellen Frauen können sich erinnern, daß sie in der Pubertät und der Folgezeit erotische Empfindungen für Frauen hegten, die sie auch zum Teil auslebten: vom Austausch kleiner Zärtlichkeiten bis hin zum, allerdings seltener vorgekommenen, Miteinander-Schlafen. Das waren für sie heute im Rückblick kurze Episoden, die sie durchaus in »netter Erinnerung« haben, die also nicht traumatisch waren, die aber auch nicht die Motivation verstärkten, sich erotisch intensiver auf Frauen einzulassen.

Demgegenüber haben die meisten lesbischen Frauen auch sexuelle Erfahrungen mit Männern gemacht. Diese Erfahrungen sind ihnen oft nicht in bester Erinnerung – allerdings auch selten in traumatischer. Die sexuellen Erfahrungen mit Männern trugen dazu bei, daß sie ihrer Zuneigung zu Frauen und ihrem Wunsch nach erfüllter Sexualität mit ihnen ein stärkeres Gewicht beigemessen haben – allem sozialen Druck in Richtung auf eine heterosexuelle Lebensführung zum Trotz.

In der Idealisierung der anderen Frau, die pubertierende Mädchen gern betreiben, liegt jedoch auch noch etwas anderes. In dem Gefühl für die Pubertätsfreundin: »Da ist eine, die hat etwas von dem, wie ich gern sein möchte«, steckt sehr häufig auch ein gewisses Quentchen Neid, Eifersucht bzw. Konkurrenzdenken. Bewunderung und Neid liegen dicht beieinander. Was an der anderen bewundert wird – sie ist schöner, klüger, kommt aus einem reicheren Elternhaus etc. –, enthält ein wenig vom eigenen Wunschtraum: »Ich wär so gern wie du.« Doch da Mädchen in der Regel nicht gelernt haben, sich offen mit »negativen« Gefühlen auseinanderzusetzen, dürfen sie den Neid nicht als solchen empfinden. Neid entsteht aus einem Gefühl des Mangels, der Minderwertigkeit und ist daher traditionell vor allem ein weibliches Problem. Jungen kennen Neid im narzißtisch gekränkten Sinne weniger, für sie ist ein bewunderter Anderer in erster Linie der Ansporn, es ihm gleichzutun. Mädchen ist das Gefühl schon in Fleisch und Blut übergegangen: »So werde ich nie sein.« – »Das kann ich nicht schaffen.« Es ist Ergebnis all der entmutigenden Sprüche, die Eltern und Lehrer für Mädchen bereithalten (»Das ist nichts für dich«). Zur weiblichen Sozialisation gehört außerdem, daß den Mädchen eingeimpft wird, sie selbst seien für sich nicht vollständig, nicht perfekt, nicht schön: »Eine Frau wird erst schön durch die Liebe« – zum Mann. Sie werden darauf eingestellt, einen »Ernährer« zu brauchen, jemanden, der sie finanziell unterhält und ihnen zeigt, wo's langgeht. Aus diesem Gefühl, nicht vollständig zu sein, aus dem Gefühl des Mangels heraus sind einige der typischen Verhaltensweisen von Pubertätsfreundinnen zu erklären: Da sie bereits genau zu wissen glauben, daß sie aus sich selbst heraus nicht »schön«, sprich: nicht attraktiv genug sind, müssen Mädchen sich »herrichten«. Oder auch: zurichten. Die Heranwachsenden geben sich dazu wechselseitig Anleitungen und Unterstützung. Damit führen sie die Tradition der Mutter-Tochter-Beziehung fort. Denn schon die Mutter hatte damit begonnen, das Mädchen für den »Markt« – in erster Linie für den Heiratsmarkt, in zweiter für den Arbeitsmarkt – herzurichten. Es war die Mutter, die ganz wesentlich zu dem Gefühl des Mädchens beigetragen hat, daß sie als Frau nicht um ihrer »inneren Werte« willen geliebt werden wird, sondern nur, wenn sie bestimmte Verhaltensweisen beherrscht: brav ist, sich anpassen lernt, charmant flirtet, ihre weiblichen Reize geschickt in Szene setzt, den Mann liebevoll umsorgen kann, alle Arbeiten im Haushalt beherrscht – und sich auf bestimmte Weise äußerlich zurechtmacht. Da die Mutter aber selbst in der Regel vor der Ehe keine sexuellen

Erfahrungen gemacht hat und ihr eigenes »Umworbenwer-
den« Jahrzehnte zurückliegt, braucht die Tochter ein aktuel-
leres Vorbild. Hinzu kommt, daß viele Pubertierende ihre
Mütter als »altmodisch«, »rückständig« und moralisch »verklemmt« wahrnehmen. Und daß sich Mutter und Tochter inzwischen einander entfremdet haben, wie bereits beschrieben.

Doch der Freundin öffnet die Heranwachsende ihr Herz
und erlaubt ihr, auf eine Weise an ihr herumzumäkeln und zu
-stylen, wie sie das ihrer Mutter oder anderen Erwachsenen
niemals erlauben würde. Äußerlichkeiten spielen eine große
Rolle in dieser Zeit. Um so heftiger werden die Neidgefühle,
wenn die Freundin hübscher, schlanker, begehrter ist, weniger Pickel hat etc. In solchen Augenblicken wird die schon
eingefleischte Selbstabwertung zum Haß gegen die Freundin.
Dieser Haß darf aber auf keinen Fall deutlich empfunden
werden, und in den seltensten Fällen sind die Mädchen auch
nur in der Lage, sich einzugestehen, daß sie neidisch sind auf
die Freundin. Denn das wäre eine Bedrohung, ist die andere
doch so existentiell wichtig: zum Reden, zur Orientierung,
als emotionale Stütze. Da die Freundin so unendlich wichtig
ist, muß die Heranwachsende ihre aggressiven Empfindungen auf irgendeine Weise auflösen. Dies geschieht, indem sie –
eine noch größere, noch intimere Nähe zur anderen herstellt,
ja an ihrem Leben partizipiert. Indem sie sich so nahekommen, daß sie sich einander schier einverleiben, ist die eine tatsächlich in Teilen so »wie« die andere; daß sie so wie sie
denkt, handelt und oft auch aussieht, versteht sich da von
selbst. Manche scheinen sogar nach dem Motto vorzugehen:
»Ich versuche, mich mit der am meisten Bedrohlichen, am
meisten Beneideten, am meisten Gefürchteten – am meisten
Bewunderten anzufreunden.«[13]

Ein Beispiel:

»Die einzige und erste weibliche Person, die für mich eine
wichtige Rolle als Vorbild übernommen hat, das war eine
Frau, mit der ich zusammen die Lehre gemacht habe. Sie war
zwei Jahre weiter als ich; sie war für mich das extreme Vorbild: durch ihre absolute Selbstsicherheit, durch ihre Super-

Arroganz, durch ihre Erfahrungen bezogen auf die Männerwelt und überhaupt: Sie war eine Frau, die kam an und wurde geliebt. Sie war ein ganzes Jahr lang meine beste Freundin. Wir haben jeden Tag miteinander verbracht, haben unwahrscheinlich viel miteinander gemacht – und sie war das ganze Jahr lang mein absolutes Vorbild.«

Mit ihr zusammen, mit der bewunderten und beneideten besten Pubertätsfreundin, macht eine Heranwachsende die ersten Schritte auf Jungen zu. Die Männerwelt muß ihr als aufregendes, faszinierendes und gleichzeitig bedrohliches Neuland erscheinen. Denn bis dahin lebten die Geschlechter jahrelang in verschiedenen Welten; jetzt begegnen sie sich, neugierig, schüchtern, verlegen. Die Mädchen müssen sich ein Stück weit in dieses Neuland hineinbewegen: in die Öffentlichkeit, in Lokale zum Beispiel. Jeder einzelne Schritt wird da mit der Freundin geprobt.

Es ist für die Heranwachsende von äußerster Wichtigkeit, sich »richtig« zu verhalten. Jeder falsche Schritt kann den Ruf – und damit die typisch weiblichen Zukunftsaussichten auf sozialen Aufstieg durch den »richtigen« Mann – zerstören. Und so ist jedes Zugehen auf das andere Geschlecht und jedes Gewährenlassen eines Jungen an ihrem Körper, jede Nicht-Abwehr, jede Hingabe mit gemischten Gefühlen verbunden: Einerseits Neugier: die Heranwachsende will vorwärts, auf etwas zu, das ihr als Teil des Erwachsenenlebens erstrebenswert erscheint, das sie lockt, ihr Lust bereitet – und gleichzeitig hat sie Angst. Denn das, was sie lockt, bedeutet auch große Gefahr: Die Mutter hat's verboten, der Vater darf's möglichst gar nicht wissen, der Pfarrer hat's verboten – und die innere, anerzogene, mehr oder weniger laute Stimme des »braven Mädchens« widerspricht auch. Doch in Begleitung der Freundin kann sie die Schwelle überschreiten.

Exkurs: Frauen, Freundinnen und die Fiktion der romantischen Liebe

> »*Minnesang*… für den eigentlichen hohen Minnesangtypus ist der (vermutlich von der Marienverehrung beeinflußte) höfische Frauendienst, der die Frau zu einem für den Ritter unerreichbaren Ideal stilisierte…«
> (Meyers Großes Taschenlexikon, 1981)

Das, was wir heute »romantische Liebe« nennen, hat in der mittelalterlichen »Minne« seinen Beginn; diese wiederum entspringt der christlichen Mystik, besonders dem Marienkult.

Was muß es für Frauen bedeutet haben, was bedeutet es heute noch für sie, zu einem unerreichbaren Ideal stilisiert zu werden?

In erster Linie hat es für viele Frauen – zunächst die höfischen, zunehmend auch die Frauen aus den »niederen« Ständen – wohl bedeutet, einzusehen: Nicht sie selbst als konkrete Personen sind es, die geliebt werden. Liebenswert, anbetungswürdig sind sie als Ideal. Als Verkörperung der Reinheit, der Schönheit, der Anmut… Mit anderen Worten: Sie sind nicht aus sich selbst heraus liebenswert. Die romantische Liebe stellt bis heute die für Frauen entscheidende Liebesvorstellung dar. Sie prägte das Verhältnis der Geschlechter vor allem da, wo Männer und Frauen in geschlechtsgetrennten Welten lebten. Denn je konkreter die unmittelbare Alltagserfahrung des anderen Geschlechts, desto weniger läßt sich das Ideal halten.

Seit Mitte der 60er Jahre dieses Jahrhunderts hat sich – angefangen bei der Einführung der Koedukation – in dieser Hinsicht zwischen den Geschlechtern mehr Normalität einzubürgern begonnen, so daß man heute schon vom neuen Ideal des Androgyn, des männlich-weiblichen Wesens spricht, der eine Angleichung der Geschlechter in physischer und psychischer Hinsicht vorausgegangen sei[14]. Wäre das so, müßte die romantische Liebe aussterben. Auf die Dauer mag das geschehen. Doch noch wirkt die Fiktion der romantischen Liebe in den Köpfen und Herzen mindestens der Erwachsenengeneration nach. Und sie stellt bis heute Frauen vor die unlösbare Aufgabe, einem Ideal zu entsprechen, um Liebe (von einem Mann) zu bekommen.

Die romantische Liebe ist die ewig unerfüllte Liebe. Sie muß unerfüllt bleiben, da sie idealisiert. Sie muß sich in Sehnsucht äußern, die ein Ziel hat, das niemals verwirklicht werden kann.

Für Frauen hat das bedeutet: Sie stilisierten sich selbst, um der Fiktion in den Köpfen der Männer (und sicher auch in ihren eigenen) möglichst nahe zu kommen. Sie wurden die »rätselhafte Frau«, sie spielten die »femme fatale« oder das engelsgleiche Wesen, die »junge Naive«. Ein ewiges Streben mit zwangsläufig vergeblicher Annäherung. Denn als Inkarnation dessen, was sie idealerweise verkörpern sollen – wären sie zum Alleinbleiben verurteilt. Sie müssen sich also »herablassen«, müssen den Mann irgendwann »erhören«, sich also irgendwann als Mensch hinter der Stilisierung zu erkennen geben. Je weiter beides auseinanderklafft, desto unglücklicher ist die Frau.

Und wie ist es umgekehrt? Ja, auch Männer wurden zum Ideal stilisiert, das unerreichbar ist. Man könnte sagen: Besteht der Ursprung der romantischen Männerliebe im Marienkult, dann der Ursprung der romantischen Frauenliebe im Erlöserkult: Der Mann als Erretter, als Inbegriff und Angebot der Lebensbewältigung. Heute wird diese Fiktion ironisch als »der Märchenprinz« bezeichnet.

Der Zauber des Märchenprinzen liegt in seiner Macht, die Angebetete aus ihrem tristen Dasein, oder in der romantisierenden Märchensprache: aus dem Dornröschenschlaf, zu erwecken und in ein besseres Leben zu entführen. Aufgabe der Frau ist es zu warten, bis sie »wachgeküßt« und mitgenommen wird in eine bessere Zukunft.

Doch während des Wartens darf sie nicht untätig sein. Auch ein Aschenputtel muß die Aufmerksamkeit auf sich lenken, wenn es vom Königssohn gefunden und ins Schloß geholt werden will. Jede Frau muß anziehend, attraktiv sein. Doch was ist »attraktiv«? Sie muß Männern gefallen oder wenigstens dem EINEN. Dazu muß sie möglichst weit den Vorstellungen, die ihr beigebracht wurden (»Das erwarten Männer von einer Frau, in die sie sich verlieben könnten«), nahekommen. Das bedeutet vor allem: sich äußerlich zurechtmachen. Es bedeutet weiterhin: beim Warten die Er-wartung erfüllen und dezent auf sich aufmerksam machen. Frauen müssen also ein reichhaltiges Repertoire an Verhaltensweisen entwickeln, mit denen sie Männer »anlocken« können. Da die Fiktion der romantischen Liebe aber verlangt, Frauen sollten madonnengleich sein, müssen sie die Köder geschickt auslegen und immer wieder vertuschen, daß sie sie überhaupt ausgelegt haben. Sorgfältig üben sie also Blicke, Gesten, Worte und Verhaltensweisen, die als »Lockruf« gemeint sein *können*, es aber nicht sein *müssen*. Kann eine Frau das zu wenig, bleibt sie »sitzen«, wird zum »Mauerblümchen«. Übertreibt sie mit ihren Lockungen, gilt sie als »Flittchen«, das sich »ranschmeißt«. Erfolgreich ist die Frau, die ihre natürlichen Gaben (Schönheit, Klugheit...) raffiniert einsetzt, um Männer auf Distanz zu halten, sie aber immer wieder bezaubert mit ihrem rätselhaften Verhalten.

Eine enorme Leistung, die Frauen nicht in der Schule, sondern in der Schule des Lebens lernen – wesentlich von anderen Frauen: von Mutter, Schwestern, weiblichen Verwandten und Vorbildern – und von Freundinnen sowie aus der Beobachtung anderer Frauen und deren Selbstinszenierungen.

Viel hat sich in den letzten Jahrzehnten verändert, auch an der Selbstdarstellung von Frauen und dem jeweils gängigen Frauenideal. Doch die Prinzipien der romantischen Liebe sind keineswegs außer Kraft gesetzt; sie überleben nicht nur in der Trivialliteratur und im Schlager.

Verändert hat sich, wie Frauen und Männer über die romantische Liebe empfinden. Eine wesentliche Veränderung trat hier mit der Industrialisierung ein. Auch in bezug auf Liebesvorstellungen »bestimmt das Sein das Bewußtsein« (Marx). Zunächst spalteten sich mit der Industrialisierung die Geschlechter noch weiter auf: Männer gingen einer Arbeit außerhalb des eigenen Hauses nach. Demgegenüber verbreitete sich das Ideal der bürgerlichen Hausfrau / Mutter, die für Harmonie, Sauberkeit (in besseren Kreisen noch Schönheit, Eleganz und Glanz) sorgt, zunehmend in allen Bevölkerungsschichten. Heute träumt auch die Fabrikarbeiterin vom

»Märchenprinzen«, obwohl sie natürlich – wie auch alle anderen Frauen – im Grunde ihres Herzens weiß, daß er eine Fiktion ist.

Für Frauen war die Begrenzung auf das Haus wesentlich: Ihre Tugenden, die sie liebenswert machen sollten, erwarben sie hier und übten sie hier aus. In ihrer kleinen, beengten häuslichen Welt wußten Frauen lange sehr wenig von dem, was Männer in der Welt »da draußen« wirklich erlebten, welche Verhaltensweisen und Regeln dort wichtig waren. Das Frauenideal bestand bis Mitte der 60er Jahre dieses Jahrhunderts darin, möglichst tugendhaft von einem Haushalt (Elternhaus) in den anderen (den mit dem Mann gegründeten Haushalt) zu wechseln. Was »da draußen« vorging, blieb der Phantasie überlassen. *Männer dagegen kannten beide Welten: die außerhäuslich-industrielle und die häusliche. So konnten sie eine Doppelmoral entwickeln*: Ihr madonnenhaftes Frauenideal, dem die eigene Ehefrau nicht standhalten konnte, wurde verändert: Zu Hause die verehrte, oft asexualisierte »Mutter«figur, die der Mutter Maria noch am nächsten kam. Und zur notwendigen Ergänzung die – ganz und gar sexualisierte – Hure, die sie in der Welt »da draußen« trafen und auch dort beließen: auf der Straße.

In den letzten Jahrzehnten hat die Geliebte die Prostituierte ergänzt, mit der allgemeinen Lockerung der Sexualmoral sogar in ihrer Bedeutung verdrängt.

Die Industrialisierung als Gestaltungsprinzip der äußeren Welt hat sich bei Männern auch in einer »Industrialisierung der Psyche« ausgedrückt. Die Gesetze und Moral des industrialisierten Lebens vertrugen sich nicht mehr mit der überkommenen streng christlichen Moral. Männer lernten: Moral ist gut und schön – vor allem für die Daheimgebliebenen. Aber verwirklichen läßt sie sich im Leben nicht. Das »wirkliche Leben«, die »harte Realität« besteht aus Konkurrenzkampf, Verdrängungswettbewerb, Aufspaltung immer weiterer Er-Lebensbereiche (Taylorisierung). Industrialisierung der Psyche beinhaltet ein Fortschrittsdenken, nach dem der tüchtige, mit möglichst wenig moralischen Skrupeln behaftete Mann am schnellsten, höchsten, weitesten kommt. Geradezu anachronistisch sind demgegenüber die Moralvorstellungen der Frauen, die sie an ihre Kinder weitergaben. Dies wiederum war und ist Grundlage für Generationskonflikte: spätestens bei den ersten längeren Kontakten mit der Welt »da draußen« merkten die Jungen (seit Mitte der 60er Jahre vermehrt auch die Mädchen), daß die Moral ihrer Herkunftsfamilie nicht paßt für die äußere Welt. Verlogenheit und Bigotterie wurden den Eltern vorgeworfen; harte Konflikte gab es zwischen Söhnen und Vätern um Verhalten und Moral zu Hause. Bei den Töchtern kam der große Knall, kamen die harten Auseinandersetzungen erst, als auch sie vermehrt Zugang zu Bereichen der Außenwelt hatten, die vorher Männern vorbehalten waren: die Welt des öffentlichen Lebens, insbesondere die Berufswelt auch außerhalb der wenigen weiblichen »Enklaven«, in denen »typisch weibliche« Moral und Verhaltensweisen gefragt waren, unter dem Schlagwort: Helfen, Pflegen, Heilen.

Da diese Veränderung für Frauen gerade erst seit gut zwanzig Jahren stattfindet, kann noch nicht erwartet werden, daß sich die romantischen und moralischen Vorstellungen – die über Jahrhunderte von einer Frauengeneration an die andere weitergegeben wurden – schon deutlich verändert haben. Und so scheint heute folgende Situation zu bestehen: *Männer haben die Fiktion der romantischen Liebe so verändert, daß sie mit ihr zurechtkommen (z. B. durch Aufspaltung ihres Frauenbildes in »die Mama und die Hure«). Frauen haben diese Aufspaltung in ihrem Männerideal nicht vorgenommen. Für sie hat die Fiktion weiterhin Gültigkeit, auch wenn sie durch die Teilnahme der Frauen am öffentlichen Leben dabei ist, sich zu verändern.*

Fiktionen über das andere Geschlecht, wir sagten es vorhin schon, können sich besonders dann lange halten, wenn eine Gesellschaft eine strikte Geschlechtertrennung praktiziert. Wenn Mädchen mit Jungen zusammen in die Schule gehen, wenn Mädchen und Jungen zusammen Sport treiben, studieren, arbeiten, in die gleichen Kneipen gehen..., dann lernen sie sich besser kennen. Am deutlichsten zeigt sich die Veränderung in der Erhöhung der Scheidungsziffern, die – sicherlich kein Zufall – mit der zunehmenden Berufstätigkeit und damit ökonomischen Unabhängigkeit von Frauen korrelieren. An Terrain gewonnen haben die Frauen auch, was ihre Lebensalternativen angeht: allein zu leben, mit und ohne Kinder, gilt heute als ernsthafte Alternative zur Kleinfamilie. Es ist längst nicht mehr selbstverständlich, nur »eine große Liebe« im Leben zu erleben. Für Frauen heißt das: Sie müssen sich nicht klammern an die Vorstellung oder die Verkörperung des EINEN, dem sie eines Tages begegnen, in den sie sich unsterblich verlieben und mit dem sie, bis daß der Tod sie scheidet, zusammenbleiben. Doch wie gesagt: Die Fiktion der romantischen Liebe hält sich hartnäckig. Um dies zu verstehen, müssen wir einen Blick darauf werfen, welche Gedanken und Empfindungen die romantische Liebe enthält.

Zunächst und wesentlich: das Ideal ist etwas, auf das hin das eigene Leben orientiert werden kann. Das Ideal des Mannes, in den sich eine Frau verliebt, enthält all ihre Träume vom besseren Leben: von der starken Schulter zum Anlehnen, dem Aufgehen in Zweisamkeit, der Gründung einer Familie (und Loslösung aus der Herkunftsfamilie), dem sozialen Aufstieg... Bei der männlichen Fiktion ist es umgekehrt: die Frau ist hier Refugium, Inbegriff der Wärme, Schönheit, Verehrungswürdigkeit und Harmonie, die es ihm ermöglicht, aufzutanken, auszuruhen – aber auch zu begehren, sich selbst ihretwegen zu Höchstleistungen anzustacheln: dann weiß er, wofür er so hart arbeitet.

Beide Ideale können nur so lange bestehen, solange jedes Geschlecht nicht »beides« hat: Zugriff auf und Aktion in der Welt da draußen *und* sinnliches, harmonisches Leben zu Hause.

Doch die romantische Liebe funktioniert nur *als* Fiktion: Sie *muß* unerreichbar sein, Sehnsucht ist ihr wesentliches Moment. Und genau hier liegt der Grund, warum sie sich so hartnäckig halten kann: keine schnöde Wirklichkeit kann sie erreichen; sie lebt in höheren Sphären, ihre Reinheit kann durch alltägliche Gewöhnlichkeit nicht beschmutzt werden.

Sich in schmerzhafter Sehnsucht nach dem/der Geliebten zu verzehren, der/die nicht einmal eine konkrete Person sein muß, ist gleichzeitig energieverschlingend und energiefreisetzend. Denn sie mobilisiert die Phantasie, die höheren Strebungen (Madonnen- und Erlöser-Mythos) *hier auf Erden verwirklichen* zu können. Die Sehnsucht ist auf diese Verwirklichung gerichtet – ein von Anfang an zum Scheitern verurteiltes Unterfangen. Aber den Abglanz des romantischen Ideals eines Tages in den Armen zu halten, in Gestalt einer ganz konkreten Person, dafür reißen sich Frauen und Männer sämtliche Beine aus. Gleichzeitig *muß* ihre Anstrengung immer vergeblich sein, da ihr Ursprung das Ideal, die Fiktion ist. Sie ähnelt einer Fata Morgana: Man müht sich, sie zu erreichen, doch wenn man näherkommt, rückt sie in weitere Ferne, die aber immer noch erreichbar scheint. Und selbst wenn im Laufe des eigenen Lebens deutlich wird: »Ich selbst kann das Ideal nicht mehr erreichen« oder: »Ich habe gedacht, *das* ist sie/er, aber bei Lichte betrachtet...«, bedeutet das keineswegs, das Ideal in Frage zu stellen. Es besteht weiter, gilt für die nachfolgende Generation. Und es gibt immer genug Mitmenschen, die den Anschein erwecken, sie hätten es erreicht.

Liebe – diese irrationalste aller Empfindungen, erleben die meisten Menschen irgendwann in ihrem Leben. Tief empfundene Liebe, die aus dem Kennen der anderen Persönlichkeit erwächst, ist allerdings zu unterscheiden von der romantischen Liebe. Letztere ist vor allem Triebfeder junger Frauen und Männer, wenn sie noch nicht desillusioniert sind und/ oder wirklich zu lieben gelernt haben. Romantische Liebe ist zu spüren in der Verliebtheit: in dem irritierenden Körpergefühl einem bestimmten Menschen gegenüber, den man noch gar nicht kennt, aber zu dem man sich magisch hingezogen fühlt. Welcher konkrete Mensch solche Empfindungen auszulösen vermag, ist dabei nicht ganz so zufällig, wie oft angenommen wird. Entscheidend ist, ob es dem Menschen gelingt, in der eigenen Person die Phantasie anzuregen: DAS IST ER (SIE): Das ist die Person, die dem Ideal für mich am nächsten kommt, ja, es verkörpert. Genau das ist der Irrtum; deswegen halten Beziehungen, die nur auf der romantischen Liebe füreinander gründen, nicht lange.

Traditionell sind der ideale Mann und die ideale Frau komplementär: Der ideale Mann verkörpert Stärke, Macht, Potenz, Geld, Zielstrebigkeit, Rationalität. Alter und Schönheit spielen nur eine sekundäre Rolle. Die ideale Frau dagegen muß schön sein, jung, weich, nachgiebig, vieldeutig-rätselhaft, emotional. Erst wenn beide zusammenkommen, werden sie ganz, rund, vollkommen, glücklich. So die Fiktion. Jede einzelne Person kann hoffen, die eigenen Unzulänglichkeiten durch die ersehnte Ergänzung nicht mehr so zu erleben, ja sogar: sie verlieren zu können. Wenn dieses Ziel im Leben auch nur für Momente erreicht wird, fühlt man sich aus der eigenen erbärmlichen Existenz herausgehoben, transzendiert die Begrenztheit des eigenen Lebens, erreicht nicht nur Vollkommenheit, sondern einen Zustand, in dem alle Grenzen aufgehoben sind. In geglückten Momenten sexueller Vereinigung ist das zum Beispiel spürbar.

Doch der romantischen Fiktion genügen die seltenen Augenblicke des Glücks nicht. Sie nährt sich aus der Phantasie des Absoluten, Ewigen, Immergültigen. Profane irdische Verschmelzungserlebnisse erscheinen ihr ähnlich, wie Oscar Wilde die Zigarette – als »perfektes Vergnügen« – beschrieben hat: »Sie ist köstlich und läßt unbefriedigt.«

Frauen halten im Gegensatz zu Männern wesentlich stärker an der romantischen Liebe fest. Sie, die traditionell ohnehin als das emotionale, das romantische Geschlecht gelten; sie, die jahrhundertelang in einer eng umgrenzten häuslichen Welt lebten, aus der sie nur mit Hilfe der Phantasie entfliehen konnten. Sheherazade, der Stolz des Harems, klammerte sich an die romantische Liebe als Erlösungsphantasie.

Dies und die rigorosen Anforderungen, sich selbst als »liebenswertes Geschöpf« zu stilisieren, das auf einen Mann warten, ihn auf sich aufmerksam machen und subtil verführen soll, hat Frauen über viele Jahrhunderte hinweg zu Konkurrentinnen gemacht – und zu Freundinnen, die *real die Emotionalität austauschen, die auch Voraussetzung für das Weiterträumen von der romantischen Liebe ist.*

Jede Freundin muß – in diesem, traditionellen Frauenleben – potentiell auch eine Konkurrentin sein; es sei denn, beide sind verheiratet (und selbst dann, schließlich gibt es die bekannten Ängste, die eine Frau könne der anderen »den Mann wegnehmen«). Da die äußere Attraktivität zum »Anlocken« des potentiellen Liebesobjektes wesentlich ist für Frauen und sich die Anforderung an diese Attraktivität (etwa durch die

Mode) dauernd verändern kann, ist ein permanentes Beobachten anderer Frauen von existentieller Bedeutung für solche Frauen, die noch auf der Suche nach einem Mann sind. *Neid, Eifersucht und Konkurrenzdenken unter Frauen sind wichtige Begleiterscheinungen der Fiktion von der romantischen Liebe.* Gleichzeitig aber ist jede Frau auf Ratschläge anderer Frauen angewiesen; gemeinsam beraten sie »hinter den Kulissen«, welches Styling, welches Verhalten, welche Worte... bei wichtigen öffentlichen Auftritten angemessen und erfolgversprechend sind. Natürlich können Frauen das nur untereinander lernen. Untereinander auch trösten sie sich, tauschen ihre Phantasien und Träume aus. *Durch die Kooperation von Frauen konnte sich der Mythos von der romantischen Liebe so lange halten.* Denn trösten müssen sich Frauen immer wieder: darüber hinweg, daß der wirkliche Mann wenig Ähnlichkeit mit dem erträumten hat. Und darüber, daß dem wirklichen Mann, selbst wenn er dem Ideal recht nahe kommt, etwas Entscheidendes fehlt. Denn zur Fiktion von der romantischen Liebe gehört, daß die geliebte Person ebenfalls romantisch-emotional ist. Liest man Zeugnisse romantischer Dichter aus früheren Jahrhunderten, so scheinen Männer damals diese Seite tatsächlich in sich gehabt zu haben: ein reiches – sich auch in stark emotionalen Männerfreundschaften ausdrückendes – Gefühlsleben, das zu intensiven Schwärmereien und zartesten Regungen fähig war. Die Industrialisierung der männlichen Psyche hat auch ihre Psyche – vor allem aber ihre Außendarstellung verändert. Heute sind in Männerfreundschaften die Gefühlsregungen beider Männer weitgehend tabu; Männer reden wenig miteinander über private Empfindungen[15]. Umgekehrt bleiben Frauen für Frauen ihr Leben lang die emotional entscheidenden Personen; mit der Emotionalität zwischen Frauen und Männern scheint weniger von seiten der Frauen als von seiten der Männer einiges im argen zu liegen[16]. *Dadurch, daß Frauen die emotional entscheidenden Personen für Frauen sind, gelingt es ihnen, sich mit der Enttäuschung abzufinden, daß die romantische Liebe als Lebensziel nicht erreicht werden kann – und so kooperieren sie darin, die Fiktion weiterhin aufrechtzuerhalten.*

Heterosexuelle Frauen spalten die Welt auf in die real – mit dem Mann – gelebte und in die imaginäre: die Welt der Phantasie, die sie mit der Freundin teilen: die Welt der Träume, der Möglichkeiten, der Grenzüberschreitungen, der imaginierten Vollkommenheit. *Im Diskurs unter Freundinnen bestärken sich beide in ihrer romantischen Fiktion; ja dieser Diskurs macht einen wesentlichen Teil der ambivalenten (heterosexuellen) Frauenfreundschaften aus*: Das Reden über den konkreten Partner und über die Wünsche, wie es »eigentlich« sein soll; das Sich-Ausklagen über die schlechten Verhältnisse und das Träumen von der besseren Welt nehmen in einer heterosozialen Welt einen Großteil dessen ein, was Freundinnen miteinander bereden. *Die romantische Liebe dringt nicht in die Frauenfreundschaft selbst ein.* Beste Freundinnen sind keine romantischen Liebesobjekte füreinander. Im Gegenteil. Die Freundin kann und darf nicht angebetetes Objekt werden. Das wäre eine Gefährdung für die Fiktion, die auf den Mann bezogen ist, auf etwas Unerreichbares, Komplementäres hin. Freundinnen – auch wenn sie vom Wesen her noch so unterschiedlich sind – erleben sich jedoch als »das Gleiche«: 1 + 1 = 1. Die Freundin ist das Alter ego, die notwendige, reale Ergänzung des eigenen Selbst. Der (romantisch geliebte) Mann dagegen ist »das Andere« jenseits der eigenen Person, die allein im doppelten Sinne unvollständig ist: Für die Abrundung des Selbst braucht eine Frau die Freundin. Für die Transzendenz der eigenen Existenz in einen erträumten besseren Zustand die (Fiktion der) romantische(n) Liebe, sprich: den Mann. Kein realer Mann kann das Ideal erfüllen. Was bleibt, ist die Frau und ihr Alter ego (Freundin), die von einer besseren Welt träumen – die sie selbst nicht verwirklichen können. *Die romantische Liebe besiegelt auf psychischer Ebene die Ohnmacht der Frauen.*

»Wenn die Liebe losgeht…«

Mit der Freundin an ihrer Seite (oder im Rücken) nähert sich
das Mädchen dem anderen Geschlecht. Auch wenn sie dann
auf der Tanzfläche, im Kino, im Auto mit dem Jungen die
Situation allein bewältigen muß: ihr Herzklopfen, die Entscheidung, wieviel lasse ich zu, wie nahe darf er mir kommen,
was lasse ich zu… Denn schließlich ist klar, daß (in der traditionellen Mädchenerziehung) meist »Er« der Aktive, sie dagegen die Gewährende oder Versagende ist. Es geht also für
das Mädchen weniger darum, selbst zu entscheiden, wie sehr
sie die Nähe eines Jungen sucht – so, wie sie sich für die Nähe
zur Freundin entscheiden kann. Sondern auf diesem fremden
Territorium herrschen andere Gesetze, da bestimmen die
Männer, wo's langgeht. Dennoch: so lange es nicht zu einer
festen Bindung zu einem Mann kommt, so lange muß die
Heranwachsende auf ihre »Ehre«[17], auf ihren »Marktwert«,
auf ihre »Unschuld« achten. (Dies scheint sich glücklicherweise in den letzten Jahrzehnten etwas verändert zu haben.
Doch, nur zur Erinnerung: Wir sprechen hier von der Spät-
pubertät heute erwachsener Frauen, d. h. vom gesellschaftlichen Klima im Zeitraum Mitte der 60er bis Ende der 70er
Jahre. Bis auf die Jüngsten unserer Befragten haben die meisten die Auswirkungen einer Liberalisierung durch Pille und
neue Sexualmoral erst zu späteren Zeitpunkten ihres Lebens
kennengelernt.)

Wenn zwei Freundinnen gemeinsam losziehen, um Erfahrungen mit jungen Männern zu machen, besteht natürlich die
Möglichkeit, sich gegenseitig ins Gehege zu kommen. Wie
schaffen es die Heranwachsenden, die Rivalität im Zaume zu
halten? Die Antworten unserer Befragten waren recht ein-
heitlich: Sie arrangieren sich nach dem Motto: »Wenn du an
dem interessiert bist, lasse ich die Finger von ihm.« Und umgekehrt. Diese gegenseitige Absprache geht nicht selten so
weit, daß die beiden sich zwei Brüder oder Freunde als
Freunde suchen; die eine der anderen »ihren« überläßt, wenn
der ihr besser gefällt; oder daß sogar beide gleichzeitig oder
kurz hintereinander mit ihrem Freund Schluß machen.

Hier ein paar Zitate dazu:

»Wir hatten immer gleichzeitig Freunde, konnten das aber immer ganz gut besprechen. Die eine hat gesagt, daß sie sich für den und den interessiert, und die andere hat das respektiert, deshalb ging das ganz gut.«

»Wir hatten eine Doppelpartnerbeziehung. Wir waren ein Pärchen, und unsere Freunde waren auch ein Pärchen, und wir haben uns zu viert zusammengetan. Das war auch eine gemeinsame Erfahrung, daß wir beide zusammen recht intensive Beziehungen zu Männern angefangen haben. Das gab endlosen Stoff zum Reden. Was hinzu kam: die Freundin ist zwei Jahre älter als ich und hatte vorher schon Erfahrungen mit Jungen. Die war entschieden weiter als ich. Das war zu diesem Zeitpunkt eine parallele Entwicklung, die uns ziemlich aneinandergekittet hat.«

»Unser Verhältnis war immer das engere, unsere Freunde waren auch immer befreundet. Es konnte uns nicht passieren, daß wir auseinandergerissen wurden, indem wir in verschiedenen Cliquen landeten, und wir haben auch immer über kurz oder lang die Schnauze von denen voll gehabt, weil wir zusammen sein wollten. Wir brauchtes es, zusammen wo hinzugehen. Wir haben viel über die Typen geredet, also so richtig kichernde alberne Teenager. Wenn das uns zu nah ging mit diesen Typen, daß die uns zu Hause besuchen wollten, dann war Schluß. Das wollten wir nicht. Wenn ich zum Beispiel die Schnauze voll hatte, also es wurde langweilig mit dem; und der wollte in der Regel mit der Zeit zu viel, zu nah, dann habe ich mich nachmittags, bevor wir weggegangen sind, mit ihr getroffen, und wenn der Typ anfing zu sagen: ›Wir können uns ja schon am Nachmittag treffen‹, dann war mir das zuviel. Das wollte ich nicht. Ich hab dann immer mit denen Schluß gemacht. Ich hab also einen Freund gehabt für ein paar Wochen, und dann hab ich gesagt: ›Ich will nicht so nen Festen.‹ Und das hat sie genauso gemacht. Das lief ohne Absprache.«

Das alles sind erkennbar Versuche, der Konkurrenz und möglichen Rivalität aus dem Wege zu gehen. *Zu Beginn der heterosexuellen Kontaktversuche wird die Freundin wesentlich wichtiger genommen als der Junge oder Mann, mit dem ein Mädchen »geht«.* Nur selten kommt es zur offenen Rivalität. Auch bei den Berichten der von uns befragten Frauen war das die absolute Ausnahme. Und wenn es vorkam, dann legt die Schilderung nahe, daß da noch etwas anderes eine Rolle gespielt hat. Wie zum Beispiel in folgender Erzählung einer heute heterosexuell lebenden Frau, die ein wohl uneingestandenes erotisches Verhältnis zu ihrer Freundin hatte:

»Die einzige, mit der ich damals Körperkontakt hatte, war extrem hübsch und hatte Freunde, da war ich dann bald Nebensache, da war das aus. Durch sie habe ich in der Clique dann auch Jungens kennengelernt; dann kam da so eine Rivalität auf, daß wir gern den gleichen Jungen gehabt hätten, und dann war die innige körperliche Beziehung schlagartig vorbei. Wir haben uns dann immer seltener gesehen und kamen in verschiedene Cliquen.«

...wird die Freundin verraten

Die Trennung scheint vorprogrammiert: Irgendwann kippt das Verhältnis um. Hat eine von beiden erst einmal einen Jungen oder Mann gefunden, den sie festhalten will, verändert sich ihr Verhältnis zur Freundin schlagartig, oft von einem Tag auf den anderen. Plötzlich sieht das Mädchen seine Zukunft, die Aufregungen des Verliebtseins haben nichts Schmetterlingshaftes mehr, sondern verankern sich bei einem Menschen. Und mit größter Selbstverständlichkeit verbringt die junge Frau ihre Zeit jetzt vor allem mit ihrem neuen Freund, immer weniger unternimmt sie mit der Freundin. Schweigend, ohne jede Erklärung, demonstriert sie der anderen, daß diese nicht mehr wichtig ist für sie. Und sie hat ja auch – zunächst – nur Augen für ihre neue Liebe.

Und die Freundin? Sie wird auf sich selbst zurückgeworfen. Sie bekommt zu spüren, was mehr oder weniger unausgesprochen ohnehin von allen Seiten an Erwartungen an sie herangetragen wurde: »So eine Mädchenfreundschaft ist ja ganz nett, aber doch nicht das Eigentliche, worauf es ankommt.« Denn zur »natürlichen« Entwicklung gehöre nun mal, daß sich Mann und Frau zusammenfinden. Und hatten die Freundinnen nicht auch sogar darauf hingearbeitet? Hatten sie es nicht durch ihr Zurechtmachen, ihre gemeinsamen Café- und Kneipenbesuche etc. darauf abgesehen, endlich »den Richtigen« zu finden? Ja, waren sie beide nicht am Ende sogar überhaupt nur zusammen gewesen, um nicht allein in die Disco gehen zu müssen? Und jetzt heißt es für die Übriggebliebene, sich ranhalten, um nicht als Mauerblümchen zu enden…

Bis zu diesem Zeitpunkt haben die Heranwachsenden längst diese Moral verinnerlicht – auch wenn sie ihren *tatsächlichen* Erfahrungen oft widersprochen hat. Schließlich sind offiziell *Männer* das einzig Wichtige im Leben einer Frau. Im Zusammensein mit einem Mann liegt ihre Zukunft. Daraufhin soll sie sich orientieren. Diese gesellschaftliche Norm und Erwartung ist verbunden mit der moralischen Rechtfertigung, ja Aufforderung, die Freundin zu verlassen. Es ist in Ordnung, wenn deine Freundin dich verläßt, um mit einem Mann zu schmusen, ins Bett zu gehen, jeden Abend zusammenzusein, in Urlaub zu fahren – kurz, das meiste von den Dingen zu machen, die vorher ihr beide zusammen getan habt, heißt es. Die eigene Wahrnehmung: »Ich werde von ihr im Stich gelassen«, muß eine nach gängigen Normen »gesunde« junge Frau also beiseite schieben und schnell kompensieren – am besten damit, daß sie sich selbst schnell einen festen Freund »anschafft«. Zwei Beispiele dafür:

»Unsere Freundschaft veränderte sich schon, weil das Hauptthema dann ihr Freund war, von dem sie mir viel erzählt hat. Zeitlich hat sich's auch verändert. Der hat oft Zeit mit ihr verbracht, die vorher ich mit ihr verbracht hatte. Die haben dann Sachen miteinander geteilt, die vorher ich mit ihr geteilt hatte. Vorher hatte ich manchmal bei ihr gepennt, das ging dann auch nicht mehr, weil er da geschlafen hat. Spannend wurde das erst wieder, als ich meinen ersten festen Freund hatte, mit dem ich zwar nicht geschlafen habe, aber Petting gemacht habe. Das war nämlich der Bruder meiner Freundin...«

»Wir (ihre Freundin und sie) hatten vorher auch sexuelle Spiele, Petting und so, miteinander gemacht... Geredet haben wir hauptsächlich über die Schule und über Jungens... Als sie ihren Freund kennenlernte, ihren jetzigen Mann, hat sich unsere Beziehung sehr verändert. Wir haben uns kaum noch getroffen und gesehen – wenn, dann in der Schule, und dann gingen unsere Wege auseinander. Verlief einfach so im Sande...«

Und umgekehrt:

»Geredet haben wir, vor allem über meinen ersten Freund, den hatte ich ja schon, als ich noch in der Schule war. Das war meine erste große Liebe, da haben wir viel drüber gesprochen. Es hat sich unser Verhältnis dann geändert, weil ich weniger Zeit für sie hatte. Weil es vorkam, daß ich mit ihm weggegangen bin, daß er gesagt hat: ›Komm, wir gehen ins Schwimmbad, aber laß die zu Hause, damit wir mal allein sind.‹ Da hatte ich Probleme, weil ich meine Zeit aufteilen mußte für meinen Freund und für sie. Wir haben auch schon mal alle drei was unternommen, aber dann ist es doch immer öfter passiert, daß ich allein mit ihm sein wollte. Das war das Gravierende. Die Freundschaft lief noch weiter, aber sie war nicht mehr so intensiv. Die hat sich dann irgendwo verlaufen..., mein Freund hatte andere Bekannte, und dann hast du dir 'ne neue Clique aufgebaut.«

»Ich habe mich im zarten Alter von 14 in einen Jungen verliebt. Da meine Freundin und ich bisher ein Gespann gewesen waren, hat das einen ziemlichen Einbruch gebracht. Ich bin ein Jahr hinter dem Typ hergelaufen, und dann hatte ich ihn. Mit 13 war ich verliebt, ab 14 war ich dann fest vergeben auf Schulfeten. Meine Freundin und ich haben nicht darüber geredet, das war für mich schwierig. Ich hatte meine tolle neue Erfahrung, ich wollte nicht mit Problemen belastet werden, nicht darüber reden. Sie hat mir dann mal einen Brief geschrieben, aus dem hervorging, daß sie sich zurückgesetzt fühlte, daß sie das zwar verstand, daß ich auch mit ihm glücklich sein sollte, aber daß sie sich mies fühlte, weil sie keinen Freund hatte. Trotzdem blieb das an der Oberfläche hängen, wir konnten nicht genauer darüber reden. Wir haben uns nicht richtig entzweit deswegen, saßen immer noch in der Schule nebeneinander. Aber ich bin dann in dem Jahr hängengeblieben, wegen meiner neuen Liebe und meiner Trägheit, Faulheit. Da brach der Kontakt dann allmählich ab. Erst trafen wir uns noch in den Pausen; das änderte sich aber auch, als wir uns in den Pausen immer zu den Jungen hingestellt haben. Die Freundschaft schlief dann ein...«

Die meisten Frauen, die wir befragt haben, sahen sich in der Position der »Verlassenen«. Doch beide Gruppen – diejenigen, die wg. Freund die Freundin verließen *und* die »Verlassenen« – haben *nicht* miteinander über diese veränderte Situation gesprochen. Meist blieb es bei Andeutungen, aber eine direkte persönliche Konfrontation blieb aus. (Eine Ausnahme, aber auch bezeichnend ist, daß in dem o. g. Zitat die eine der anderen ihre Enttäuschung in einem *Brief* gestanden hat – obwohl sie doch nebeneinander die Schulbank drückten!)

Die Beiseitegeschobene macht in der Regel keine »Szene«, drückt ihre Wut und ihre Verlassenheitsgefühle nicht offensiv aus, vor allem: Sie fordert nicht. Sie findet sich ab. Nun könnte man annehmen, daß die Freundinnen die Situation gar nicht als Verrat empfinden. Doch das Gegenteil läßt sich beweisen: Es muß ein tiefer Einschnitt gewesen sein, weil die meisten Pubertätsfreundschaften (bis dahin sind es oft schon Spätpubertäts-Freundschaften) an dieser Stelle zerbrechen. Und: obwohl der Zusammenhang bei unseren Fragen und Nachfragen deutlich wurde, bestehen die meisten Frauen auch heute noch darauf, die Freundschaft habe sich »irgendwie verlaufen«. Das heißt: Sie können bis heute nicht begreifen, wie das eigentlich geschehen konnte. Sie mußten es verdrängen. Und sie nehmen das Ende der damals für sie wichtigsten Beziehung überhaupt heute noch schicksalhaft hin.

Man könnte weiter argumentieren, daß die Frauen dieses Ereignis für sich heute bagatellisieren, weil sie sich nur ungern an ein Ereignis erinnern wollen, das sie gedemütigt, geschockt oder (als diejenige, die ihre Freundin verläßt) mit Schuldgefühlen beladen hat. Gegen diese Interpretation sprechen nicht nur einige Selbstbeschreibungen und Erinnerungen von Frauen (etwa in Sammelbänden wie: »Eine, die mich wirklich kennt« oder »Unbeschreiblich weiblich«). Dagegen spricht auch die Tatsache, daß die Frauen in unseren Interviews durchaus in der Lage waren, sich an andere dramatische oder gar traumatische Ereignisse ihrer Kindheit und Jugend zu erinnern – etwa im Zusammenhang mit ihren Eltern. Die Erklärung muß also anderswo gesucht werden. Wir vermuten, *daß die jungen Frauen das Zerbrechen ihrer Pubertätsfreundschaft schon damals für sich bagatellisierten*. Die Mädchenerziehung, die Zu- und Ausrichtung auf eine heterosoziale Welt, muß bereits damals funktioniert haben. Die Selbstverständlichkeit, mit der in unserer Kultur Mutter und Vater verlassen werden, umfaßt genauso das Verlassen der (Pubertäts-)Freundin. So wie ein Mädchen der Mutter gegenüber trotz aller verbalen Nähe, trotz all der geteilten Geheimnisse immer hintansteht – weil die Beziehung zum Vater die wichtigere ist, weil ohne ihn nur selten Entscheidungen stattfinden, schon gar nicht gegen ihn –, so steht auch die Freundin hintenan. Die Minderwertigkeit von Frauen als Geschlecht ist zu diesem Zeitpunkt bereits verinnerlicht. Selbstverständlich kann eine junge Frau nicht mit einem jungen Mann um die Gunst der Freundin rivalisieren. Sie hat zurückzustehen, muß gute Miene zum bösen Spiel machen.

Und die andere, die ihre Freundin verläßt, hat zwar Schuldgefühle. Doch sie kann sich auch im Recht fühlen: So, wie sie sich verhält, ist es richtig, normal und erwünscht. Und endlich gehört sie auf diese Weise dazu, zu den (Halb-)Erwachsenen mit »ernsthafter« Beziehung; endlich hat sie die »albernen Backfische«, die »kichernden Teenager« – so das gesellschaftliche Bild von Mädchenfreundschaften – hinter sich gelassen. Das ist zwar alles neu, verwirrend und zum Teil beängstigend. Doch sie ist glücklich, weil sie verliebt ist. Und sie kann sich aufgewertet fühlen: als »Freundin von« einem

Jungen oder Mann hat sie einen weit höheren Status, als wenn sie allein oder mit Freundin auftaucht. Denn eine Freundin zu haben, zählt nichts im öffentlichen Raum.

Uns ist aufgefallen, daß etwa die Hälfte der Frauen, die selbst die Freundin verlassen haben, später versuchten, wieder Kontakt mit ihr aufzunehmen. Für die meisten ist es eher ein Schockerlebnis: Die beiden haben sich völlig anders entwickelt und heute buchstäblich nichts mehr zu sagen.

Andere Frauen schwärmen heute noch von ihrer Pubertätsfreundin: Wie schön, wie klug… sie damals war. Doch sie unternehmen vorsichtshalber nichts, um ihr damaliges Bild nicht zu zerstören:

»Es ist einfach auseinandergelaufen, ohne Abschied, ohne alles. Dadurch, daß wir uns auf Männer eingelassen haben, das war schon klar. Wir haben uns nie wiedergesehen, und das tut mir schrecklich leid. Ich denk heute noch viel an sie.«

»Ich würde sie unheimlich gern wiedersehen. Ich denke oft an sie. Und ich trau mich nicht. Ich habe Angst davor, sie wiederzusehen, davor, daß wir uns dann nicht mehr verstehen, da will ich das lieber in der Erinnerung so lassen… Ich weiß, daß ich sie sehr schön fand. Wenn wir zu zweit aufgetreten sind und ein Typ sich für mich und nicht für sie interessiert hat, habe ich immer gedacht: Der muß ein Depp sein. Die ist doch viel schöner. Und sie hat einen unheimlich schönen, federnden Gang gehabt und ganz lange Beine. Wenn ich jetzt an sie denke, dann seh ich sie immer laufen… Heute weiß ich, daß sie mich wesentlich mehr angezogen hat als die Typen. Aber bewußt habe ich mir das nie gemacht. Sie wäre entsetzt gewesen, wenn so was von mir gekommen wäre…«

Aus manchen dieser Schwärmereien im nachhinein ist die damalige Homoerotik noch deutlich herauszuhören.

Bezeichnend ist, daß beide – die »Verlassenden« wie die »Verlassenen« – sehr schnell wieder neue Freundinnen fanden. Das ist zunächst nicht erstaunlich. Schließlich ist die Pubertät eine Zeit großer äußerer und innerer Veränderungen: Viele wechseln die Schule oder beginnen eine Lehre, verlassen damit ohnehin einen guten Teil ihres alten Freundeskreises. Und der Wildfang macht die Metamorphose durch – zum Mauerblümchen oder zur langbeinigen Schönen, je nachdem, ob aus dem Entlein ein Schwan wird oder nicht. Auch seelisch ist es eine Umbruchphase. Alle Emotionen sind ebenso momentan wie absolut. Ein neuer Freund – ein neues Glück, ein neuer Bekanntenkreis, eine neue Clique – eine neue Freundin. Und selbst diejenige, die noch keinen »festen« Freund hat, kann in dieser Umbruchzeit vielen potentiellen neuen Freundinnen begegnen – oder sich an die bislang nur »zweitbesten« wenden, die ja die ganze Zeit schon da waren, wenn sie auch nie die Bedeutung der »besten« erlangen konnten. Und mit diesen kann sie nun losziehen und hoffen, daß das nächste Mal *sie* diejenige ist, die zuerst einen festen Freund hat und sich von der anderen zurückzieht.

Die Botschaft

Zusammenfassend wollen wir hier festhalten: Pubertätsfreundinnen trennen sich in der Regel, ohne sich gegenseitig je ihre Empfindungen füreinander eingestanden zu haben. In der gesamten Dauer ihrer Freundschaft waren weder das Bedürfnis nach (körperlicher) Nähe noch die Aggressionen zwischen beiden Thema. Aber ansonsten haben die zwei über alles, wirklich alles geredet, schamlos und ohne ein Blatt vor den Mund zu nehmen. Sie haben sich geholfen, von den Müttern loszukommen, sie waren »Übergangsobjekt« füreinander, bis dann der (vorläufig) »Richtige« kam. Ihr Verrat und ihr »irgendwie« Auseinandergehen ist nie Gesprächsthema, auch dann nicht, wenn – wie es allerdings nur in Ausnahmefällen geschieht – nach einer Weile (»Sendepause«) beide ihre Freundschaft wiederaufnehmen.

Erinnern wir uns: Dies ist jetzt das zweite Mal im Leben der jungen Frau, daß sie von einer Frau verraten wurde und dieser Verrat als natürlich dargestellt wurde. Das erste Mal war es die ungeheuer intime verbale Nähe zur Mutter, die nicht nur folgenlos blieb, sondern auch verraten wurde, da den Worten in der Regel keine Taten folgten. Mehr noch: das Mädchen hatte gelernt, daß die Mutter zwar große Probleme mit dem Vater hatte, dennoch mit ihm, dem wesentlich Wichtigeren, eine Intimität teilte, von der das Mädchen ausgeschlossen war. Und schon damals war der eigentliche Verrat die Nicht-Auseinandersetzung mit der anderen Frau (der Mutter mit der Tochter) über diese Punkte. Auch diesmal, und diesmal noch direkter: die doppelte Botschaft: *»Du bist für mich die wichtigste Person, emotional und zum Reden. Und du bist im Vergleich zu meinem männlichen Partner nebensächlich.«* Diese Botschaft wird unter Frauen weiterhin ausgetauscht; sie ist und bleibt ein wesentliches Merkmal von (heterosexuellen) Frauenfreundschaften.

Anders ist es bei lesbischen Beziehungen – oder, wie wir später sehen werden, im Erwachsenenalter bei Frauen, die sich sehr bewußt darum kümmern, ihre Frauenbeziehungen zu überdenken. Bei Frauen also, die andere Frauen für sich an die erste Stelle setzen wollen. Aber auch sie, also die lesbischen und die feministisch-heterosexuellen Frauen, haben mit diesem »Erbe der Mütter« ihr ganzes Leben lang zu kämpfen.

Ein weiteres Ergebnis scheint uns wichtig: In der Pubertät entscheidet sich für viele der sexuelle Lebensweg noch nicht eindeutig. Die meisten später heterosexuellen Frauen erleben zumindest eine Phase zärtlicher, durchaus auch erotischer Beziehungen zu ihren Freundinnen. Und die meisten der später lesbischen Frauen orientieren sich zunächst (zumindest auch) heterosexuell. Es sind lebensgeschichtliche Ereignisse, die im Sinne einer »Selbstsozialisation« den späteren weiblichen Lebensweg entscheiden.

»›Ein Ganzes werden!‹ war ihrer beider Bedürfnis«
Die Freundschaft zwischen
Karoline von Günderode und
Bettina von Brentano

Viel ist geschrieben worden über diese berühmte Frauen-freundschaft der Romantik[18]. Wir möchten sie einmal unter einem etwas anderen Blickwinkel nacherzählen, nämlich als eine besondere Frauenfreundschaft; eher eine nicht ausge-lebte lesbische Beziehung – die für eine der beiden mit dem inszenierten Selbstmord endet. Nämlich für die Günderode.

Karoline von Günderode wurde 1780 als älteste von sechs Geschwistern in Karlsruhe geboren. Ihr Vater, Kammerherr am badischen Hof, stirbt früh. Die Mutter schreibt Gedichte und Aufsätze und liest – damals revolutionär – Fichte. Karo-line lebt in stürmischen Zeiten: Als sie neun Jahre alt ist, bricht die Französische Revolution aus. Sie ist 19, als Napo-leon mit einem Staatsstreich der Revolution ein Ende setzt. Zu diesem Zeitpunkt zieht sie in ein Stift für adelige Damen in Frankfurt. Dieses Stift ist zwar religiös gebunden, doch kein Kloster; Karoline darf, wie alle Schülerinnen, ein- und ausge-hen. Sie muß allerdings vorher um Erlaubnis fragen. Und sie darf auch Besuch empfangen. Dennoch ähnelt ihr Leben mehr dem einer Nonne; sie lebt still und zurückgezogen. Dort schreibt sie Gedichte, Dramen und Prosa, mit einer sprachlichen Kraft und Konzentration, die ihre Autorin heute noch als literarische Berühmtheit gelten lassen.

Sie ist eine Weile unglücklich verliebt in Friedrich Carl von Savigny, der Bettina von Brentanos Schwester Gunda heiratet und die Günderode zu ihrer Enttäuschung als »lieben Freund« tituliert, die »wahrhaft ohne Koketterie« sei. In einem Brief an Bettinas Schwester schreibt sie wütend: »Warum ward ich kein Mann! Ich habe keinen Sinn für weib-liche Tugenden, für Weiberglückseligkeit. Nur das Wilde Große Glänzende gefällt mir. Es ist ein unseliges, aber unver-besserliches Mißverhältnis in meiner Seele; und es wird und muß so bleiben, denn ich bin ein Weib und habe Begierden wie ein Mann, ohne Männerkraft. Darum bin ich so wech-selnd, so uneins mit mir.«

Durch Savigny lernt sie im Alter von 21 Jahren die 16jährige Bettina von Brentano kennen. Die Brentano-Familie gehört zu einem lockeren Kreis von Literaten und Wissenschaftlern, der die Günderode zwar nicht zum Zentrum, wohl aber zu einer wichtigen Figur wird. Für Bettina wird die Beziehung zu Karoline zur wichtigsten Frauenfreundschaft ihres Lebens. Karoline ist nicht nur die Ältere, sondern auch die Reifere, die emotional Zurückhaltendere, die Bettina, den Feuerkopf, zu erziehen und zu bilden versucht. Umgekehrt ist die Günderode fasziniert von der lebendigen, naiven, spontanen Bettina – und macht sie zu ihrer intimen Vertrauten, der sie ihre geheimsten Gedanken preisgibt.

Die Freundschaft wird für Bettina aber auch bald zum Anrennen gegen Karolines Todeswunsch. »Recht viel wissen, recht viel lernen, und nur die Jugend nicht überleben. Recht früh sterben«[19], das ist das Lebensmotto der Günderode. Wenn beide nicht zusammen sein können, schreiben sie sich eine Flut von Briefen. Darin schwärmt Bettina Brentano in den leuchtendsten Farben von all dem, was sie Karoline sehen lassen will: die Schönheit ewiger Jugend, die Liebe zu den Gestirnen und so weiter. Es ist eine reichhaltige Freundschaft, die fast alle Bereiche des geistigen und emotionalen Lebens einschließt:

Karoline »bespricht Fragen der Poesie mit der Freundin, diktiert ihr Gedichte, wenn ihre Augen den Dienst versagen, geht mit ihr vor der Stadt spazieren, liest mit ihr oder nimmt die Geschichte durch; ernsthaft geht sie auf die eigenartigen Vorschläge der Bettina, die Welt zu verbessern, ein; denn nichts Geringeres als der verkehrte Zustand der Welt ist es, den sie oft und oft erörtern... ›Ein Ganzes werden!‹ ist ihrer beider Bedürfnis.«[20]

In ihren Begegnungen und Briefen teilt Karoline Bettina immer wieder mit, wie einsam sie sich fühlt. Und manchmal nennt sie auch einen Grund: »Die Welt wird nie mit Dir zusammenhängen«, schreibt sie der Freundin einmal, »Du wirst keinen anderen Ausweg haben als zurück durch diesen Brunnen in den Zaubergarten Deiner Phantasie; es ist aber keine Phantasie, es ist eine Wahrheit, die sich in ihr spiegelt.«[21] Eine Aussage, die nicht in erster Linie an die Adressatin gerichtet ist, sondern ihr selbst gilt. Wie denn Bettina überhaupt zu ihrem Alter ego wird, dem Spiegel ihrer Phantasie: In ihren Briefen stellen sie sich abstrakte Rätsel, sie schreiben zusammen ein erfundenes Reisejournal etc.

Inzwischen hat Karoline eine Liebesaffäre mit einem verheirateten Professor aus Heidelberg begonnen, der um einiges älter ist als sie. Über diesen Mann, welcher der Brentano-Familie, insbesondere Bettina, mit »eifersüchtiger Ablehnung« begegnet[22], spricht sie mit ihrer besten Freundin – nicht. Doch sie zeigt der Freundin etwas anderes: ihre Verzweiflung. Und sie zeigt ihr in einer Schlüsselszene einen Dolch, den sie immer bei sich trägt – und die Stelle unter dem Herzen, den ihr ein Arzt für den Einstich im Falle einer Selbsttötung angegeben hat.

Der Heidelberger Professor Creuzer macht Karoline lange Zeit Hoffnungen, er werde sich eines Tages scheiden lassen. Und er bemüht sich sehr darum, daß Karoline ihre Freundschaft zu Bettina aufgeben solle. Eines Tages erhält Creuzer die Aussicht auf eine Stelle in Moskau, und die Günderode überlegt, mit ihm – in Männerkleidern – nach Moskau zu fliehen. Er nährt lange Zeit ihre Hoffnung, doch letztlich schafft er es nicht, seine Frau zu verlassen, sondern wendet sich von Karoline ab. Sie begreift es – und tötet sich auf die angegebene Weise. Nicht ohne zuvor Bettina in aller Ausführlichkeit mit ihrer Selbstmordneigung zu konfrontieren (aber ihr jede Einsicht in die Gründe zu verweigern). Bettina ist verzweifelt, entsetzt und traurig. In einem Bericht über die Freundschaft mit Karoline schreibt sie unter anderem: »...einmal kam sie mir freudig entgegen und sagte: Gestern habe ich einen Chirurg gesprochen, der hat mir gesagt, dass es sehr leicht ist, sich umzubringen; – sie öffnete hastig ihr Kleid und zeigte mir unter der schönen Brust den Fleck; ihre Augen funkelten freudig; ich starrte sie an, es ward mir zum erstenmal unheimlich; ich fragte: Nun! – und was soll ich denn tun, wenn du tot bist? – O, sagte sie, dann ist dir nichts mehr an mir gelegen, bis dahin sind wir nicht mehr so eng verbunden, ich werd mich erst mit dir entzweien...; nachdem ich sie eine Weile beobachtet hatte, konnte ich mich nicht mehr fassen, – ich brach in lautes Schreien aus, ich fiel ihr um den Hals und riss sie nieder auf den Sitz, und setzte mich auf ihre Knie und weinte viele Tränen und küsste sie zum *erstenmal* auf ihren Mund und riss ihr das Kleid auf und küsste sie an die Stelle, wo sie gelernt hatte, das Herz zu treffen; und ich bat mit schmerzlichen Tränen, dass sie sich meiner erbarme.«[23]

Doch Karoline wendet sich ohne Erklärung immer mehr von Bettina ab und begibt sich allmählich in die innere Emigration. Als letzten Versuch, die Freundin von der Selbsttötung abzuhalten, nachdem sie sieht, daß sie selbst nicht genügen kann, versucht Bettina, der Freundin einen Liebhaber zuzuführen: »einen jungen französischen Husarenoffizier mit hoher Bärenmütze«[24]; den bringt sie ihr persönlich. »Ich sagte: da hab ich dir einen Liebhaber gebracht, der soll dir das Leben wieder lieb machen.«[25] Doch auch dieser Versuch scheitert.

Bei ihrer letzten Begegnung mit Karoline versucht Bettina noch ein letztes verzweifeltes Mal, die Freundin zu erreichen – und wird von ihr, wie sie später erkennt, planvoll und genau, wie vorhergesagt, zurückgewiesen: »Ich lief ins Stift, machte die Tür auf: siehe, da stand sie und sah mich an; kalt, wie es schien; Günderrod, rief ich, darf ich hereinkommen? – Sie schwieg und wendete sich ab. Günderrod, sag nur ein Wort, und ich lieg an deinem Herzen (Anm. d. A.: Wie der Dolch). Nein, sagte sie, komme nicht näher, kehre wieder um, wir müssen uns doch trennen. – Was heisst das? – So viel, dass wir uns in einander geirrt haben, und dass wir nicht zusammen gehören. – Ach, ich wendete mich um! Ach, erste Verzweiflung, erster grausamer Schlag, so empfindlich für ein junges Herz! Ich, die nichts kannte wie die Unterwerfung, die Hingebung in diese Liebe, musste so zurückgewiesen werden.«[26]

Wir möchten uns hier der für Psychoanalytikerinnen auf der Hand liegenden sexuellen Deutungen enthalten. Statt dessen der Anfang eines Gedichtes von Karoline von Günderode:

Die Einzige

Wie ist ganz mein Sinn befangen,
Einer, Einer anzuhangen;
Diese Eine zu umpfangen
Treibt mich einzig nur Verlangen;
Freude kann mir nur gewähren,
Heimlich diesen Wunsch zu nähren,
Mich in Träumen zu bethören,
Mich in Sehnen zu verzehren,
Was mich tödtet zu gebähren...[27]

Die Freundschaft zwischen Karoline von Günderode und
Bettina von Brentano ist glücklicherweise durch ihren erhalten gebliebenen Briefwechsel, durch Gedichte und Prosa der
beiden heute noch nachvollziehbar. Für uns enthält diese
Freundschaft viele Elemente, die wir in unserer Befragung bei
Frauen gefunden haben, die sich als heterosexuell bezeichnen: Die eine wird von der anderen in persönlichsten Fragen
zu Rate gezogen, erfährt viele ihrer intimsten Geheimnisse; es
ist eine reichhaltige emotionale und phantasievolle Bindung.
Deutlich wird bei Karoline und Bettina auch die homoerotische Seite der Frauenfreundschaft, ohne daß diese Liebe je
ausgelebt worden wäre – ja, wir können fragen: War sie vielleicht gar nicht dazu da, ausgelebt zu werden? Die Freundin
war ja das Andere, das Wichtige, Intime, Vertraute – und zum
Selbsthaß der Günderode gehört auch, ihr »Alter ego« nicht
als Anker zu sehen; eher als Begleitung auf ihrem Weg in den
Untergang, nachdem sie den gesuchten »Ankerplatz« nicht
erreichen konnte – den verheirateten Mann nicht bekam. Gerade in jener Zeit, die wir heute euphemistisch die Romantik
nennen, war eine Liebe zwischen Frauen anders denn romantisch, sprich platonisch, nicht denkbar.

In Karoline sucht diese Liebe sich dunkle Kanäle: Sie sagt
ihrer Freundin, wie sie sich umbringen wird, zeigt ihr die
Stelle an ihrem Herzen – an dem Bettina so gern liegen würde,
wie sie in ihrer Naivität herausschreit! –, die Stelle, an der sie
das Messer einstechen wird. Karoline empfindet es sicher als
einen letzten Freundschaftsdienst, die andere wegzustoßen,

denn sie will ihr den Abschiedsschmerz damit leichter machen. In kaum etwas hat sie sich so geirrt. Bettina von Brentano (verheiratete von Arnim) hat ihr Leben lang dieser Freundin nachgetrauert.

Teil 3

Freundin und / oder Geliebte?
Frauenfreundschaft im
Erwachsenenleben

»Kerstin! Kerstin, die mich, das heißt, meine Annonce, vor 15 Jahren in einem Mickymaus-Heft entdeckt hatte. In einem geschmuggelten Exemplar, versteht sich, denn bis vor kurzem lebte Kerstin noch in Leipzig. Kerstin, die im Laufe der Jahre ein paarmal ihren Nachnamen, niemals aber ihre Heimatstadt wechselte... Wie viele Briefe der Postbote in ihre Straße geschleppt haben mag, die den Namen eines sozialistischen Widerstandskämpfers trägt? Der Name dieses Helden der Nation hat mir niemals etwas gesagt. Kerstins Geschichtsbild ist nicht das meine. Dafür kenne ich alle ihre Liebesgeschichten. Die Auseinandersetzungen mit der Mutter, das schwierige Verhältnis zur Schwester, ihr Kleider- und Lesegeschmack, ihr Zigarettenkonsum – all das ist mir vertraut. Über Jahre hinweg habe auch ich jedes neue Herzflimmern sofort in ein Kuvert an sie gesteckt. Jeden Traummann haben wir uns bis zum letzten Pickel genau beschrieben und ihn später ebenso gewissenhaft als schiere Zeitvergeudung entlarvt. Unsere Distanz, die Mauer, die man zwischen uns hochgezogen hatte, gab uns die Chance zu einer eigentümlichen Nähe und Offenheit. Keiner anderen Freundin gewährte ich so tiefen und so beständigen Einblick wie ihr.« [1]

1. Die Freundin als Begleiterin

Die Mauer, die zwischen Frauen errichtet ist, das ist zwar im oben zitierten Fall eine wirkliche, die Berliner Mauer. Doch die »eigentümliche Nähe und Offenheit« zwischen Freundinnen mag auch im übertragenen Sinne durch eine zwischen ihnen stehende Mauer gefördert werden: Jede lebt ihr eigenes Leben, ganz verschieden von dem der anderen. Sie können zueinander nicht kommen – nicht im wirklichen Leben. Aber in Form ihrer emotionalen und verbalen Nähe können sie dafür eine Intimität miteinander eingehen, die unvergleichlich ist. Wir werden uns in diesem Teil des Buches sowohl diesen, den heterosexuellen Frauenfreundschaften, widmen, wie den Frauenfreundschaften lesbischer Frauen; wobei wir bei den lesbischen Frauen unterteilen werden in diejenigen, für die Partnerin und beste Freundin ein und dieselbe Person sind, und diejenigen, die außer der Partnerin noch eine beste Freundin haben.

Was tun, was reden erwachsene Freundinnen, wenn sie zusammen sind, telefonieren, sich Briefe schreiben? Worin bestehen die Bereicherungen, worin die Gefahren und die »schwarzen Seiten« der Freundschaftsbeziehung? Welche Bedeutung hat die Freundin im Leben einer erwachsenen Frau? Und wie finden sich »beste Freundinnen« eigentlich? Fangen wir mit der letztgenannten Frage an.

Die Auserwählte

Nur wenige lernen, wie im Beispiel, das wir oben zitiert haben, ihre Freundin über eine Anzeige oder durch eine Brieffreundschaft kennen. Die meisten begegnen ihr am Arbeitsplatz (bzw. in der Uni). Nicht berufstätige Frauen haben in der Regel große Schwierigkeiten, eine Freundin kennenzulernen, da sich keine zwangsläufigen Kontakte ergeben. Da Frauen, die nicht berufstätig sind, meist Kinder haben, finden sie am ehesten Frauen in derselben Situation. Sie treffen sich am Spielplatz, in Kindergartenversammlungen, bei der Einschulung ihrer Kinder. Leider können wir nur wenig über die sich daraus ergebenden Frauenfreundschaften erzählen, da weitaus die meisten Frauen, die wir befragt haben, berufstätig sind oder studieren[2].

Die Freundin im Erwachsenenleben wird meist sorgfältig ausgesucht. Denn das ist eine Freundschaft, die viele Jahre halten wird, manchmal sogar das ganze restliche Leben. Zwar gibt es die »Liebe auf den ersten Blick«: »Sie kam zur Tür herein, und ich dachte sofort: Die willst du kennenlernen.« Doch dann wird es erst eine lange Phase des Kennenlernens, bevor beiden wirklich klar ist, daß sie füreinander jetzt die besten Freundinnen sind. In dieser »Probezeit« wird die andere Frau beobachtet, sie wird abgeklopft auf Gemeinsamkeiten (»Was hältst du von…« – »Hast du den Film gestern gesehen? Wie fandest du den denn?« etc.). Anders als in der Pubertät ergibt sich die Nähe also selten »wie von selbst«; dennoch enthält die Annäherung immer eine starke, rein emotionale Komponente. Äußerungen wie: »Ich mochte sie einfach gleich«, »Sie hat über dieselben Dinge gelacht wie ich« oder »Sie hat so eine erfrischende Art« weisen auf diese kaum benennbaren atmosphärischen »Vibrations« hin, die schlicht »stimmen« müssen, damit eine geschätzte Kollegin, Kommilitonin etc. zur Freundin wird.

Betrachten wir zunächst die Freundschaften heterosexueller Frauen.

Beide haben einen gemeinsamen »Anker« in der Berufswelt, jede hat ihren eigenen, anderen »Anker« (Partner, Freund…) im Privatleben. Beide Bereiche sind wichtige Gesprächsthemen. Und was die Berufswelt angeht, so stützen sie sich da oft gegenseitig in ihren Ansichten – und sind nicht auf die Unterstützung durch den Mann angewiesen, der ohnehin meist Schwierigkeiten hat, nachzuvollziehen, welche besonderen Probleme seine Frau bzw. Freundin *als Frau* im Berufsleben hat. Zwar spielt auch unter berufstätigen Freundinnen das Klönen, Reden, Schnacken, Quatschen – das private Gespräch eine entscheidende Rolle. Doch wenn sie in einem ähnlichen Bereich arbeiten, haben sie darüber hinaus auch noch gemeinsame Aktivitäten: Sie engagieren sich zusammen (in der Gewerkschaft, in berufspolitischen Gruppen etc.), sie besuchen gemeinsam Fortbildungen, sie entwickeln zusammen ein (z. B. Alternativ-)Projekt oder arbeiten einfach Hand in Hand an derselben Arbeitsstelle.

Die meisten (etwa 80 Prozent) der von uns befragten Frauen arbeiten in den klassischen Frauendomänen »Helfen, Pflegen, Heilen«: Sie sind (oder werden) Erzieherin, Sozialarbeiterin bzw. -pädagogin, Psychologin, Krankenschwester, Lehrerin, Assistentin, Sekretärin etc. Das heißt: Sie sind im Beruf ohnehin sehr viel mit Frauen umgeben. Das macht die Auswahl leicht: Jede kann unter zahlreichen Kolleginnen diejenige aussuchen, die am besten zu ihr paßt bzw. die das ideale »Gegenstück« zu ihr ist. Bei den Frauen, die in Männerdomänen arbeiten – wie gesagt, es waren wenige –, hatten wir den Eindruck, daß Freundschaften weniger nach der Ähnlichkeit bzw. guten Ergänzung der Persönlichkeiten entstehen, sondern manchmal den Charakter von »Notgemeinschaften« hatten.

Die Freundschaft berufstätiger Frauen bietet diesen die Möglichkeit eines Erfahrungsaustausches jenseits der engeren Privatsphäre. Sie ist eine gute Möglichkeit, die Grenzen der jeweiligen privaten Welt weiter zu stecken, sich – gemeinsam oder zumindest mit emotionaler und verbaler Rückendeckung der Freundin – Räume zu erobern außerhalb des Zuhauses. Die Freundin ist daher für viele: »Die Frau an meiner Seite.«

Berufstätige Frauen sind häufig finanziell unabhängig von ihrem Partner und legen auch großen Wert darauf – selbst wenn sie mit ihrem, im Vergleich zu den Männergehältern, weitaus geringeren Einkommen haushalten müssen. Wichtig ist ihnen auch eine aktive Lebensgestaltung, an der die Freundin häufig beteiligt ist: In die Sauna, ins Kino oder essen gehen, das muß »drin« sein. Häufig bestand zu dem Zeitpunkt, an dem wir die Frauen befragt haben, die Freundschaft schon länger als eine aktuelle Partnerschaft, so daß sie ein stabiles Element in einem ansonsten recht streßreichen Frauenleben darstellt; denn Haushalt und – wo vorhanden – die Erziehung der Kinder liegen ebenfalls zum größten Teil auf den Schultern der Frauen. Zentral bleiben für die Freundinnen, allen gemeinsamen Aktivitäten zum Trotz, die *Gespräche*, »das Reden über Dinge, die sie sehr betreffen; es ist allen Frauen ein großes Bedürfnis, das sie in jedem Fall mehr mit Frauen befriedigen können«, wie auch Jutta Brauckmann in ihrer Studie[3] festgestellt hat. Denn: »die homosoziale Strukturierung (der Gesellschaft) macht Frauen für Frauen eher zugänglich«[4] und das Gespräch auch nötig, möchten wir hinzufügen. Wie schon in der Mädchenfreundschaft wird auch zwischen den erwachsenen Frauen kaum ein Thema zum Tabu. In großer Offenheit sprechen beide über ihre Ängste und Freuden, über Probleme mit dem Körper, die Sexualität mit dem Partner, Schwierigkeiten mit wichtigen Personen (Eltern, Partner, Kolleginnen...), Phantasien, Träume, Moral und Unmoral... Auch diese Freundschaft ist eine Schamlose Beziehung, in der die eine für die andere nicht attraktiv sein muß, ja es gar nicht sein darf, sonst könnten beide nicht so offen reden. Wie Brauckmann haben auch wir feststellen können: »Die Entlastung bei Frauen, weil sie bei ihnen nicht ein sexuelles Interesse vermuten und vorfinden, wird explizit und implizit bei den interviewten Frauen deutlich.«[5] Ein eindeutiges Tabu ist daher die gemeinsame Sexualität; ja schon eine mögliche und manchmal spürbare erotische Anziehung wird möglichst geleugnet und auf keinen Fall Gesprächsthema. Die meisten heterosexuellen Frauen sind durchaus bereit, sich und anderen einzugestehen, daß sie ihre Freundin »liebhaben«; mit Zorn und Abscheu reagieren sie aber, falls jemand (z. B. der Partner der einen oder anderen) die absolute Keuschheit der Lieb-Haberei in Zweifel zieht. Selbstverständlich ist die Freundin wichtig und lieb und teuer, selbstverständlich nehmen sich die beiden mal in den Arm, um sich zu trösten oder wenn sie sich begrüßen und verabschieden. Aber mit Erotik habe das doch nun wirklich überhaupt nichts zu tun!

Manche Männer sind da mißtrauisch; schließlich sind sie selbst es gewohnt, nur mit den Menschen über intime Dinge zu sprechen, mit denen sie auch sexuelle Beziehungen haben. Und das ist (bei heterosexuellen Männern) die Partnerin bzw. die Geliebte. Provozierend können wir sagen:

Was für den Mann die Geliebte,
ist für die Frau die beste Freundin

Nämlich die Person, mit der die größte emotionale Intimität geteilt wird. Männer reagieren häufig verständnislos, wenn sie mitbekommen, wie ihre Partnerin stundenlang mit ihrer Freundin telefoniert – nur um sich kurze Zeit später wieder mit ihr zu treffen; und da soll nichts weiter »laufen« als Gespräche?

Auch die Männer, die nicht offen sexuell eifersüchtig sind, reagieren oft verständnislos. Einerseits sind sie ganz froh, daß ihre Frau bzw. Freundin noch jemand anderen zum Reden hat; weil ihnen da einiges Wiederaufarbeiten von Seelenmüll erspart bleibt. Andererseits begreifen sie nicht, was es da im Café und in der Küche so unendlich viel zu bereden geben soll. Als »Kaffeekränzchen« werten sie die Frauenfreundschaft nicht selten ab. Die Verunsicherung, die sich in solchen Äußerungen zeigt, entbehrt auch nicht einer gewissen Grundlage. Denn im Gegensatz zu den Partnerschaften mit nicht-berufstätigen Frauen haben es die Männer hier mit häufig selbstbewußteren Frauen zu tun. Es gibt weniger Zwänge (finanzielle Abhängigkeit, Kinder…), die eine Frau dazu bringen könnten, nur »um des lieben Friedens willen« bei ihrem Partner zu bleiben, wenn die Beziehung nicht mehr stimmt. Ein gewisses Moment der Instabilität ist in den meisten dieser Partnerschaften nicht zu leugnen.

Und ein wesentliches Moment der Frauenfreundschaft ist, sich gegenseitig in der jeweiligen Lebenssituation – und auch in der notwendigen Veränderung – zu unterstützen. Wenn eine Frau also schwankend ist, ob sie ihren Partner möglicherweise verlassen soll, kann es durchaus sein, daß die Freundin sie darin bestärkt und ihre Entwicklung in diese Richtung unterstützt. Kein Wunder also, daß manche Männer die Freundin ihrer Partnerin lieber von hinten sehen. Übrigens: äußerst selten unternehmen Freundinnen etwas gemeinsam mit ihren männlichen Partnern. Schon eher treffen sie sich mit anderen Frauen – und das gilt interessanterweise für konservative Frauen wie für Frauen aus der Frauenbewegung, für Nur-Hausfrauen und für berufstätige Frauen gleichermaßen: Das Zusammensein mit der (oder den) anderen Frau(en) schließt das Zusammensein mit den männlichen Partnern weitgehend aus. Wir haben die Frauen gefragt, was sie glauben, was wohl ihr Partner von ihrer Freundin hält und umgekehrt. Fast immer kamen Antworten wie: »Er schätzt sie«, »Er respektiert das« und andere vorsichtige Äußerungen zum Partner. Und die Freundin? »Na ja, sie hat meine Pro-

bleme mit ihm mitbekommen, und sie ist manchmal schon
ganz schön wütend auf ihn.« Hier zeigt sich wieder, wie
wichtig die Freundin als »Alter ego« ist: Sie darf wütend sein,
darf damit den Teil in der Frau zum Vorschein bringen, der
sich wehren will – damit der andere, angepaßte obsiegen
kann, der dieses Leben (noch) aushalten will.

Gerade in Krisenzeiten, während eine Frau sich von ihrem
Partner trennt, und danach, ist die beste Freundin existentiell
wichtig. Und die meisten Frauenfreundschaften überleben
die unterschiedlichsten Liebesbeziehungen der beiden Beteili-
ligten. »Beziehungen kommen und gehen, unsere Freundschaft bleibt«, hat das eine Frau auf den Punkt gebracht.
Keine Freundin zu haben, wie wäre das?, haben wir gefragt.
Manche Frauen weigerten sich einfach, sich das überhaupt
auch nur vorzustellen. Die Reaktionen waren einhellig. Eine
von vielen Stimmen: »Wenn ich keine Freundin hätte? O je!
Das ist schlimmer, als keinen Liebhaber zu haben oder keinen
Mann.«

Das Gleiche – das Andere

»In Frauenfreundschaften leben Frauen offenbar auch verbo-
tene Wünsche nach Luxus, Zeit, Vergessen, Erlebnistiefe,
Gemeinsamkeit, Träumen«, stellt Ulrike Prokop fest[6]. Und
Jutta Brauckmann ergänzt: »Dies scheint grundsätzlich zuzutreffen, egal, ob die Frauen erwerbstätig oder Hausfrauen
sind. Ihre Kontakte und Freundschaften zu Frauen sind gekennzeichnet durch spontane Nähe, Vertrautheit, Einfüh-
lung und Gleichheit.«[7]

Wir haben gesagt: Was für den Mann die Geliebte, ist für
die Frau die beste Freundin: Es ist die Person außerhalb der
Beziehung, zu der das emotional intimste Verhältnis besteht.
Die Gleichheit, altmodisch ausgedrückt: der Gleichklang der
Seelen, ist ein weiterer wichtiger Aspekt. Sie ist bei Mann und
Geliebter in der Form natürlich nicht gegeben. Dafür gibt es
eine andere Gemeinsamkeit: Es ist die Person, deren Funktion darin besteht, die Ergänzung zu sein, das »Andere«, das
ohne das »Eine« nicht existieren könnte. Eine wesentliche

Aufgabe der Frauenfreundschaft – allerdings eine unbewußte –, ist die Stabilisierung der Partnerschaft: Die Geliebte bzw. die Freundin wird auch deshalb gebraucht, weil sie dabei hilft, frustrierende Situationen zu überwinden. Ein Beispiel beim Mann wäre das Nachlassen des sexuellen (= emotionalen) Interesses an der Partnerschaft; bei der Frau die Notwendigkeit, sich emotional (nicht gleichbedeutend mit sexuell!) bei der anderen Frau aufzutanken. Die oft karikierte »Seitensprung«-Motivation: »Meine Frau/mein Mann versteht mich nicht«, ist eine der Triebfedern dafür, eine intime Bindung mit einem Menschen außerhalb der Partnerschaft einzugehen. Ziel dieser Beziehung außerhalb der Partnerschaft ist nicht (jedenfalls *zunächst* nicht), die Loslösung aus der Partnerschaft zu ermöglichen. Es *kann* allerdings soweit kommen. Das liegt dann aber an der Beziehungsdynamik innerhalb der Partnerschaft. Sicher, es kommt vor, daß ein Mann seine Frau wegen seiner Geliebten verläßt. Doch das ist die Ausnahme. Es kommt vor, daß eine Frau sich nach unterstützenden Gesprächen mit der Freundin von ihrem Mann trennt. Doch auch das ist die Ausnahme. Demgegenüber besteht eine wesentliche Funktion der Geliebten bzw. der besten Freundin darin, *die Partnerschaft um den Teil zu ergänzen, der dort nicht (oder nicht mehr oder zu wenig) vorkommt.*

Bei der Freundin findet eine Frau die gemeinsame, vertrauensvoll aufgebaute Basis, um ihre Probleme einer Lösung näherzubringen. Damit sind wir wieder bei der Gleichheit: Mit ihr zieht sie oft an einem Strick. Oder, wie es eine Frau ausgedrückt hat:

»Bildlich kann ich das so beschreiben: Da steht eine Frage im Raum; und sie steht wirklich da als Frage, nicht als Provokation, nicht in Form eines Statements. Und dann sprechen wir über diese Frage. Beide denken darüber nach, und das ist auch zu spüren. Dagegen laufen viele Gespräche, die ich mit meinem Mann habe, überhaupt mit Männern habe, als Gefechte ab. Es sind oft die gleichen Themen, aber eben oft ›Ja – aber‹-Äußerungen. Da dauert es dann ziemlich lange, bis raus ist, was raus soll oder raus will. Bis die ganzen Angriffs- oder

Defensivwaffen verschossen sind und man tatsächlich sagt, was man sagen will.«

Eine weitere Gemeinsamkeit von Geliebter und bester Freundin ist die Tatsache, daß sie gleichzeitig »seelischer Mülleimer« und »Anreger« für die Partnerschaftsbeziehung sind. Bei ihnen wird abgeladen, bei ihnen wird auch aufgetankt. Was die Freundinnen angeht, so müssen sie sich alle Kümmernisse anhören, lange bevor der Partner sie zu hören bekommt. Oft bleibt es sogar beim Ausweinen an der mehr oder weniger breiten Schulter der Freundin; und der Partner bekommt gar nichts von den Problemen mit. Oder er kann sich vor einer offenen Auseinandersetzung erfolgreich drücken. Die Gespräche über Partnerschaftsschwierigkeiten nehmen einen großen Raum ein, zumindest, was ihre Wichtigkeit angeht, wie einige Äußerungen von Frauen illustrieren:

»Meine Probleme mit ihm bespreche ich mit ihr sehr intensiv und frage auch, wie die Beziehung weiterlaufen soll oder ob sie überhaupt standhaft sei und wie ich mich verhalten soll ihm gegenüber.«

»Wenn ich meine Freundin nicht hätte, würde ich mich wahrscheinlich mehr auf meine Familie konzentrieren, auf meine Tochter und meinen Mann. Da könnte ich mich gleich erschießen, wenn ich nicht mehr rauskäme und was anderes machen könnte. Weil es das ja manchmal gibt, wenn man sich mit dem Partner nicht so gut versteht, wenn es eine Krise gibt, daß man das dann erzählt und daß man zusammen weggeht.«

»Obwohl wir uns täglich bei der Arbeit sehen, rufen wir uns jeden Abend an oder jeden zweiten. Häufig kommen dann auch private Probleme zur Sprache, also zum Beispiel wie man mit den Eltern umgeht. Oder meine Freundin war dabei, als ich eine Abtreibung hatte. Oder dann, als es mit meinem Mann schwierig war, das habe ich alles mit ihr besprochen. Und auch beim Austauschen über Bücher oder Filme ist meine Freundin wichtiger als der Partner.«

Eine Frau hat die Bedeutung, die ihre Freundin für sie hat, so eindrucksvoll geschildert, daß wir einen etwas längeren Teil daraus hier wiedergeben wollen:

»Es ist der Wert dieser Freundschaft, daß wir uns nicht ständig auf der Pelle sitzen. Dadurch funktioniert die auch so gut, können wir so gut miteinander reden.

Meine Freundin hatte eine gute Haltung meinem Mann gegenüber gehabt, bis sie von meinen Problemen erfahren hat, weil ich mit ihr darüber geredet habe, daß er mit einer anderen ins Bett geht. Das hat sie abgeschreckt, und da ist sie auf Abstand zu ihm gegangen. Sie sagt manchmal: ›Mensch, dieser blöde Typ‹ und ›Zieh doch nicht mit ihm rum‹.

Mein Mann hat sie von Anfang an nicht akzeptiert. Er hat gesagt: ›Du läßt dir nur Flöhe in den Kopf setzen.‹ Er hat nicht gemerkt, daß ich diese Freundschaft auch brauche, weil sie mir was bringt, wegen der anderen Meinung, die ich von ihr dann akzeptiere, weil ich einsehe: Sie hat doch recht, so hausbacken und mütterlich bin ich wirklich. Sie sagt: ›Mensch, laß dich nicht unterkriegen, unternimm doch auch mal etwas. Nimm nicht immer nur Rücksicht.‹ Und sie hat recht, und ich habe schon vieles akzeptiert. Mein Mann hat gemerkt, daß ich von ihr Sachen akzeptiere und selbständiger werde und auch zu Hause mal sage: Nee, jetzt reicht es. Er ist nicht sehr begeistert. Und deshalb ist wohl dieser Kontakt mit ständigen Besuchen zu Hause nie entstanden. Konkrete Entscheidungen hat meine Freundin nicht bei mir beeinflußt. Sie hat mich nur soweit gebracht, daß ich selbständiger geworden bin. Aber gravierende Entscheidungen, wo ich wirklich mit mir selbst kämpfe, also: Sollst du einen Schlußstrich ziehen, sollst du neu anfangen, allein mit dem Kind?, zu solchen Entscheidungen hat sie mich noch nicht bewogen und auch in keiner Weise versucht, mich zu beeinflussen. Sie hat nie versucht zu sagen: ›Laß ihn, zieh aus, geh deinen Weg.‹ Das rechne ich ihr hoch an. Deswegen kam es auch noch nie zu irgendwelchen Entscheidungen meinerseits.«

(Zwischenfrage: Und wenn sie sagen würde: »Zieh aus!«?)

»Ich glaube, ich würde ausziehen. Da würde ich mich beeinflussen lassen. Ich habe auch Angst, alleine zu sein. Und wenn ich dann weiß, wenn sie sagen würde: ›Komm, das schaffst du, ich helf dir dabei, mit der Wohnung, mit dem Kind, das kommt alles in Ordnung‹, wenn sie mich motivieren würde, wenn sie mich aufbauen würde – ich glaube, ich wäre dazu bereit. Ich möchte ihr das nicht in den Mund legen. Wenn sie damit von sich aus anfangen würde und sagen würde: ›Es bringt dir mehr, wenn du alleine stehst, ich steh hinter dir!‹, das könnte mich schon sehr beeinflussen.«

Das ist die Umkehrung einer anderen Äußerung, die wir immer wieder von Frauen zu hören bekommen haben: »Wenn meine Freundin nicht wäre, wenn ich sie nicht zu jeder Tages- und Nachtzeit anrufen oder vorbeikommen könnte, um meine Probleme mit ihr zu besprechen – dann hätte unsere Ehe (Beziehung) nie so lange gehalten.« Demgegenüber heißt die Botschaft der gerade zitierten Frau: »Da meine Freundin mir noch nicht explizit gesagt hat: ›Geh weg von deinem Mann‹ und da sie mir noch keine Hilfe für die Zeit danach in Aussicht gestellt hat, bin ich noch bei meinem Mann.« Damit wird deutlich, welcher Drahtseilakt die Freundinnen-Beziehung oft ist.

Sie soll den je gewählten Weg mit einschlagen…

Es hat sich gezeigt: *Eine Frau braucht ihre Freundin zur Stabilisierung der jeweils eigenen Situation – wie immer die Situation auch sein mag*: Die eine Frau will es schaffen, bei ihrem Partner zu bleiben – klare Aufgabe an die Freundin: Sie soll helfen, große Probleme klein und handhabbar zu machen. Die andere Frau will sich »eigentlich« vom Mann trennen – Aufgabe der Freundin: die Trennung langsam und behutsam mit vorzubereiten, die Frau in dieser Phase zu begleiten und ihr zu helfen, mit den Konsequenzen fertig zu werden.

Über die Hälfte der Frauen hatte die Freundin schon länger als den/die derzeitige/n PartnerIn. Mit anderen Worten: Die meisten Freundinnen haben wahrscheinlich beide Stadien schon erlebt: das Ringen um die Partnerschaft und die Probleme mit und in der Trennung. Und dann kam die nächste Beziehung. Wen kann es da wundern, daß Männer der besten Freundin ihrer Frau oft skeptisch gegenüberstehen?

...und wehe, wenn nicht

Doch es gibt auch Freundschaften, die solchen Krisen nicht standhalten. Dies kann besonders dann der Fall sein, wenn eine Frau durch die Ehe einen höheren Status erlangt hat, der Bekanntenkreis entsprechend ist, und die Freundin aus diesem Milieu gewählt wird. Denn, um noch einmal daran zu erinnern: Eine Frau sucht sich jeweils die Freundin, die etwas von dem verkörpert, was sie gern sein will. Nehmen wir ein Beispiel: Eine Frau heiratet einen gehobenen Beamten, baut mit ihm ein Haus, bekommt ein Kind und bleibt zu Hause. Sie trifft eine Freundin in derselben Situation. Nach einer Zeit beginnt sie sich zu verändern. Die Partnerschaft gerät in eine Krise. Lange versucht die Freundin sie zu stützen, in derselben Situation zu bleiben. Doch der Frau wird es unerträglich. Sie will sich von ihrem Mann trennen. Für die Freundin jedoch stellt das eine absolute Bedrohung dar: Sie ist in ihrer eigenen Beziehung nicht gerade auf Rosen gebettet, doch eine Trennung kommt für sie nicht in Frage. Sie spürt, wie die Freundin immer mehr auf eine Trennung hinstrebt – und versucht sie mit allen ihr zur Verfügung stehenden Mitteln davon abzuhalten. Dann kommt der Tag, an dem die eine Frau ihren Mann verläßt. Und gleichzeitig die Freundin verliert, denn die »spielt nicht mehr mit«.

Das ist eine Erfahrung, die viele Frauen machen, die sich zunächst auf ein etabliertes Leben eingelassen haben – ein Leben, in dem Frauen ökonomisch vom Mann abhängig sind, große finanzielle gemeinsame Verpflichtungen eingehen, nicht berufstätig sind. Zur psychischen Stabilisierung braucht eine Frau da zunächst alles andere als eine Frau, die ihr die genaue Alternative vorlebt.

Ein neuer Lebensabschnitt – eine neue Freundin

Manche Frauen, die sich aus bestimmten Lebensumständen befreien wollen oder die in eine ganz neue Phase ihres Lebens eintreten (zum Beispiel Mutter werden), merken rechtzeitig, daß sie dazu die psychische Unterstützung einer anderen Frau brauchen – und suchen sich dann schon vor der »heißen Phase« eine Freundin, die dann allerdings eher aus einem sozialen Umfeld kommt, das die Frau anstrebt (in unseren Beispielen: die schon geschieden bzw. Mutter – oder wenigstens schwanger – ist). Glücklich die Frau, die rechtzeitig eine Freundin findet, die sie auf ihrem Weg unterstützt. Die andere nämlich verliert gleichzeitig Mann *und* Freundin. Eine besonders bittere Erfahrung, die manche Frauen dazu veranlaßt zu denken: »Ich habe meinen ganzen Bekanntenkreis verloren« (was nicht selten tatsächlich stimmt). Es treibt sie dann aber auch dazu, der nächsten Freundin erst einmal mit einer gehörigen Portion Mißtrauen zu begegnen, nach dem Motto: »Ob das wohl auch eine ist, die mich fallenläßt, wenn es mir einmal schlecht geht?«

Wir hatten bei den von uns befragten Frauen allerdings den Eindruck, daß es den meisten gelungen ist, sich rechtzeitig einer Freundin zu versichern (wenigstens einer, es muß ja nicht die »beste« sein, wenn die zu sehr in den alten Strukturen gefangen ist), um sich mit ihrer Hilfe durch die persönliche Krise zu retten.

Da ein Großteil der Frauen, die wir befragt haben, in einer veränderungsfreudigen Lebensphase ihre Freundin *behalten* haben, können wir annehmen, daß die Freundinnen sehr flexibel sind und sich auf die unterschiedlichsten Lebenssituationen der anderen Frauen einzustellen bereit sind oder daß sie – wie das Beispiel des Mutterwerdens zeigt – eine Parallelentwicklung durchmachen.

Verständnis um jeden Preis?

Drei kritische Punkte enthält der Diskurs der Frauen, von denen das »Mitziehen« der Freundin – ungeachtet der jeweiligen Lebenssituation beider und ungeachtet ihrer emotionalen Bindung aneinander – auch bestimmt wird:

1. Die eine Freundin redet der anderen nach dem Mund. Das gehört zu den Klischees angeblich typisch weiblicher Untugenden, paßt allerdings auch zu dem Befund, daß Frauen große Schwierigkeiten haben, sich mit anderen Frauen auseinanderzusetzen. So ist die Frage, ob das Verständnis für die andere jeweils *wirklich* vorhanden ist oder ob mit dem »Ja-Sagen« nicht auch einem Streit aus dem Weg gegangen wird.

2. Die Frau selbst pickt sich nur das aus dem gemeinsamen Gespräch heraus, was sie für sich brauchen kann. Das ist wohl ein universelles Phänomen: Wir hören manchmal nur das, was wir gern hören wollen. Und wenn eine Freundin sybillinische Ratschläge gibt, kann sich eine Frau heraussuchen, welche der beiden Alternativen sie stärker betont heraushören will.

3. Die Frau erzählt ihrer Freundin Probleme so, daß sie ihr die Antworten in den Mund legt. Wer im Brustton der Entrüstung der Freundin von einer »Schweinerei« erzählt, erwartet von dieser eine entsprechend solidarisch-wütende Reaktion. Und wer rhetorische Fragen stellt, wird die Antwort zu hören bekommen, die sie hören will.

Tristesse...

Natürlich schätzen Freundinnen einander im umfassenden Sinne. Sie brauchen einander, sie mögen sich, sie sind immer füreinander da. Und doch *wird die Freundin besonders dann wichtig und die Kontakte intensivieren sich, wenn es einer Frau schlechtgeht.* Wenn es ihr aber in ihrer Beziehung gutgeht, läßt sie manchmal wochen- oder sogar monatelang nichts von sich hören. Und das kann genau in den Augenblicken geschehen, in denen die andere sie dringend braucht.

Spricht diese ihr Bedürfnis offen aus, ist die andere aber meist auch »da« – das gehört zum unausgesprochenen moralischen Kodex von Frauenfreundschaften. Spricht sie es aber nicht direkt an, wird sie enttäuscht sein: Die andere ist so weit weg, ist im Moment offenbar so glücklich, daß sie sich nicht nur nicht meldet, sondern auch kein Auge hat für das Unglück ihrer Freundin... Wer so handelt und denkt, neigt dazu, die Freundschaft in ihrer Bedeutung für sich abzuschwächen, ja abzuwerten. Eine unserer Befragten hat offen formuliert, was manche andere zwischen den Zeilen gesagt haben:

»Zu meiner Schande muß ich gestehen, daß die Bedeutung, die Freundinnen in meinem Leben haben, immer Wechseln unterworfen war. Also zu einer Zeit, in der ich mit einer Beziehung zu einem Mann nicht gut klarkam, habe ich mich ihnen mehr zugewandt. Und wenn ich mich bei einem Mann sehr gut aufgehoben gefühlt habe, dann waren sie nicht meine engsten Vertrauten.«

Wie eine Schwester...

Freundinnen tun sich freiwillig zusammen. Keine kann die andere zwingen, für sie da zu sein. Ist das einer der Gründe, warum manche Frauen, die in sehr strikt festgefügten Lebenssituationen leben, die Freundin als eine Art »Familienmitglied« aufnehmen – um sie strukturell einzubinden? Um sich ihrer sicherer sein zu können?

»Wir haben in unseren Lebensläufen ziemlich gleichgezogen, haben also zur gleichen Zeit einen festen Freund gehabt über längere Zeit, haben uns hintereinander – zuerst sie, dann ich – von diesen festen Freunden getrennt, in unmittelbarer Folge, und haben dann später im selben Monat auch unsere jetzigen Partner geheiratet. Und haben sonst auch immer an den gegenseitigen Familienereignissen, also Tod des Vaters meiner Freundin oder Tod meines Schwiegervaters, sehr eng Anteil genommen. Wir waren voll beteiligt. Ich habe sofort ein Telegramm bekommen, als ihr Vater starb. So, als wären wir

Schwestern. Und ihre Mutter ist auch meine zweite Mutter, und irgendwie fühlen wir uns eher verwandt als befreundet. Trotz großer räumlicher Entfernung war immer eine große Nähe da.«

Diese und ähnliche Geschichten haben uns vor allem solche Frauen erzählt, deren Freundschaft schon über eine lange Zeit besteht – zum Beispiel direkt nach der Trennung von der Pubertätsfreundin anfing und bis heute andauert. Übrigens kann in diesem Zeitraum auch die eigene Schwester – die jüngere oder ältere – zur besten Freundin fürs Leben erkoren werden, während vor und in der Pubertät das Verhältnis gar nicht einfach war. Schwestern – so unser Eindruck – lernen sich gegenseitig schätzen, wenn sie nicht mehr zusammen in der Ursprungsfamilie sind. Das Nicht-zusammen-Wohnen scheint generell eine nicht unwesentliche Funktion in Frauenfreundschaften zu haben: Gerade weil ein bestimmter lästiger Routine-Alltag nicht geteilt werden muß, können die Frauen sich aufs für sie Wesentliche konzentrieren. Und dieses Wesentliche ist eben sehr oft: das offene Gespräch über die Probleme.

Die »Solidarität der Schwäche«, wie die amerikanische Philosophin Janice Raymond die typische heterosoziale Frauenfreundschaft im Patriarchat beschreibt, hat aber auch ihre besonders intimen Augenblicke. Denn der Austausch über den großen Kummer und die kleinen Kümmernisse, das gegenseitige Wissen um die tiefsten Abgründe in der Person der anderen – das schafft eine Intimität, die häufig eine besondere Zärtlichkeit enthält. Liegt in der Verunsicherung, die Zärtlichkeitsbedürfnisse gegenüber der Freundin in heterosexuellen Frauen auslösen, auch einer der Gründe für die betonte »Schwesterlichkeit« – die der Zärtlichkeit einen »normalen« Namen und Rahmen geben? Die zärtliche Intimität in heterosexuellen Frauenfreundschaften ist auch dann noch herauszuhören, wenn heterosexuelle Frauen sich sehr darum bemühen, diese Zärtlichkeit in ihrer Bedeutung abzuschwächen:

»Zu der Zeit, als ich ganz unglücklich war, kam ich völlig zerstört eines Nachts zu ihr. Da habe ich mich zu ihr ins Bett gelegt, und sie hat mir die ganze Nacht den Rücken gestreichelt, bis ich mich beruhigt hatte. Im Augenblick ist sie ganz unglücklich, und da nehme ich sie gern in die Arme oder streichle ihr über den Kopf, gebe ihr also das Gefühl, daß ich sie sehr gern mag, daß jemand da ist für sie – jemand, der sie ganz mag, so wie sie ist. Bei Themen, die uns beide berühren, berühren wir uns auch. Wir haben also viel Körperkontakt – in der Form, daß man sich die Hand hält oder sich in den Arm nimmt. Ganz spontan, ganz natürlich.«

»Mit der Freundin, da ist ein tiefes Verständnis da für die jeweils andere Person. Das ist sehr wohltuend. Wir kennen gegenseitig die Familien, das ist ganz rund.

Wir machen beide gerade eine Psychotherapie und reden darüber und auch über die Männer. Da habe ich gerade nach der Trennung von meinem Partner stark das Gefühl, daß mir die Beziehungen zu den Frauen wichtiger sind als die zu den Männern. Da ist meine ganze Person viel mehr mit drin. Beziehungen mit Männern treffen immer nur bestimmte Punkte. Die intimen Personen sind die Frauen. Auch meine Freundin, ohne daß wir miteinander schmusen. Aber wir fassen uns schon mal an und nehmen uns in den Arm. Und dann ist alles gut.«

...oder Angst vor Homoerotik?

Die *Homophobie* der Frauen – die Angst vor dem eigenen Geschlecht – enthält auch die Komponente: Angst vor erotischen Empfindungen gegenüber dem eigenen Geschlecht. Da Frauen ohnehin sehr viel zärtlicher miteinander umgehen »dürfen«, ohne daß ihnen eine Homosexualität unterstellt wird, müssen die Abwehrmechanismen besonders ausgefeilt sein. Eine Frau hat ihre Ängste deutlich beim Namen genannt – vielleicht war sie nur deshalb in der Lage, dafür überhaupt Worte zu finden, weil sie selbst sich zwar als heterosexuell bezeichnet, aber Frauenbeziehungen in Zukunft für sich nicht ausschließen will?

»Ich habe noch nie mit einer Freundin geschlafen. Ich habe Angst, weil alles so viel wichtiger ist mit einer Frau. Ich kann mit einem Mann schlafen und dabei ganz für mich getrennt sein; die Erregung genießen, ohne daß ich den Mann richtig wahrnehme. Wenn ich aber mit einer Frau zärtlich bin, dann bin ich mit genau dieser Frau zärtlich. Und das macht mir Angst, weil es so bedeutungsvoll ist. Da ist so eine Tiefe – es entsteht eine *Kugel, etwas Grenzenloses*, da habe ich Angst, nicht mehr herauszukommen.

Meine Freundin habe ich im Rahmen eines Frauenseminars kennengelernt, und habe gleich gedacht: ›Ach, ist das eine schöne Frau!‹ Wenn ich zu ihr kam, hatte ich Flugzeuge im Bauch. Dann sind wir mal zusammen spazierengegangen, und sie hat gesagt, daß sie sich auch in mich verliebt hätte. Ich war total verwirrt, mir war ganz heiß. Später saßen wir in der Küche, hatten hochrote Köpfe und wußten nicht, was wir nun anfangen sollten. Wir haben uns dann langsam zueinander vorgewagt, miteinander zu schmusen, uns zu streicheln, zu berühren, haben aber nie miteinander geschlafen, das ging irgendwie nicht. Ich hatte da noch die Beziehung zu meinem damaligen Freund, der ist ganz arg dagegen angegangen. Und dann bin ich wieder krank geworden. Habe sechs Wochen im Bett gelegen mit Schmerzen, und beide haben an mir herumgezerrt. Und dann wollte ich das nicht, ich wollte nicht mit Karin schlafen. Ich habe mich von Thomas kontrolliert gefühlt. Er hatte einen Schlüssel, und ich hatte Panik, er könnte nachts in der Tür stehen. Vielleicht war es die Angst, mit der Karin irgendwo hineinzufallen und nicht wieder herauszukommen – und die Beziehung zu Thomas wollte ich nicht aufs Spiel setzen. Ich habe dann die Beziehung zu Karin unterbrochen und habe mich erst mal gesund werden lassen. Dann haben wir uns wieder angenähert, aber auf einer anderen Ebene. Das stand dann nicht mehr zur Diskussion, dann hatten wir wieder unsere Männer, haben uns über unsere Männer verständigt.«

Wie bei dieser haben wir bei etlichen Frauen aus der Frauenbewegung eine größere Offenheit für die unterschiedlichsten Möglichkeiten zwischen Frauen gefunden. Aber

auch – bei den heterosexuellen Frauen – eine besondere Verunsicherung: Wenn alles möglich ist, was will ich dann? Wo
liegen jetzt die Grenzen, wenn sie noch unschärfer zu sein
scheinen als vorher? Entscheidend ist dann, welche *Bedeutung*, welchen Wert die betreffende Frau mit Sexualität
einerseits, andererseits mit der Freundin verbindet. Jutta
Brauckmann hat hier auf einen wichtigen Aspekt dieser Be-
wertung hingewiesen:

»Wäre Sexualität nicht mit Werthaftigkeit verknüpft,
könnte jede Frau mit jeder anderen Frau ins Bett gehen, ohne
daß dies den primären Wert des Mannes berühren würde.
Aber gerade in der Angst der Frauen, diesen Schritt hin zur
Sexualität zu tun, zeigt sich, wie eng Sexualität und Wert ge-
koppelt sind. Da Sexualität der Träger des Wertes ist, kann
der sexuelle Kontakt einer Frau mit einer anderen Frau eine
notwendige... aber nicht hinreichende Bedingung bei der
Umwertung von Frauenfreundschaften sein. Gemeint ist...
der genitalorgastische Kontakt zwischen Frauen, denn jede
andere Art von Körperlichkeit kann in unserer Kultur inzwischen gelebt werden, ohne daß sich grundlegende Veränderungen in ihrem Bewußtsein ergeben. Dieser Umgang miteinander aber ist in sich wertlos, nicht weil er als konkretes
Agieren unbefriedigend wäre, sondern weil er nicht das Spe-
zifische des Mann-Frau-Bezuges, sondern eher etwas spezi-
fisch Weibliches im Umgang von Menschen beinhaltet. Und
da Weiblichkeit einen untergeordneten Wert darstellt, ist jede
Art von körperlichem Kontakt, der nicht auf Orgasmus mit
dem Mann oder auf Koitus ausgerichtet ist, letztendlich wertlos. Ein Schritt zur Aneignung des Wertes des Weiblichen besteht also in der Frage, die sich jede Frau stellen kann, was
ihre Bedürfnisse in bezug auf Frauen sind, wie sie zu ihren
Freundschaften mit Frauen steht, wie zu ihren koitalen, zu
ihren zärtlichen Bedürfnissen, ob hier bei Bewußtseinsverän-
derungen nicht auch Bewertungen ins Schwanken geraten.«[8]

Handeln und Selbständigkeit

Kraft und größere Klarheit in solch unklaren, weil nicht nur klar auf »Schwesterlichkeit« festgelegten Frauenfreundschaften, bringt hier das *gemeinsame Tun* und die *politische Diskussion*. Beides kann Frauen so manches Mal aus einer »mulmigen« Situation retten, wenn es der einen oder anderen zu eng, zu nah – oder zu distanziert wird. Wie auch bei Frauen in anderen Lebenssituationen, ist auch bei Feministinnen das Gefühl wichtig, an einem Strang zu ziehen, das gleiche zu wollen, dasselbe Ziel anzustreben. In den Details kann es dann, ohne daß es für die einzelnen Frauen zu einer zu großen Beunruhigung kommt, durchaus Meinungsverschiedenheiten auf »sachlicher« Basis geben. Generell haben wir bei Frauen, die sich der Frauenbewegung zurechnen – egal, ob sie heterosexuell oder lesbisch sind –, dieses Phänomen gefunden: ein breiteres Spektrum an gemeinsamen Aktivitäten und emotionalen Empfindungen. Und eine bessere Fähigkeit der Auseinandersetzung, darauf kommen wir später noch. Zwar bleibt auch für Feministinnen das gemeinsame *Reden* der wichtigste Inhalt der Frauenfreundschaft, aber es scheint ein sichereres Fundament zu geben, wenn Frauen auch gemeinsam auf Demonstrationen gehen, Flugblätter schreiben oder ein Frauenprojekt zusammen aufbauen.

Auch bei Müttern (egal ob in der Frauenbewegung oder nicht) spielt die Aktivität mit der Freundin eine gewisse Rolle. Gegenseitige Kinderbetreuung, füreinander einkaufen, bei Elternversammlungen mit einer Stimme sprechen etc. Doch das Reden steht noch eindeutiger im Vordergrund als bei Nicht-Müttern. Der entscheidende Unterschied besteht also zwischen Müttern (ob berufstätig oder nicht) und berufstätigen Frauen ohne Kinder: Die Frauen mit Kindern sehen die Freundin eher als »*Tor zur Welt*«, wie das eine unserer Befragten ausgedrückt hat. Sie haben den Wunsch und die Erwartung, die Freundin möge ihr all das »ins Haus bringen«, was sie selbst versäumen. Hier wird wieder die Funktion des »Alter ego« deutlich: Die andere soll in all die Filme, Vorträge und Theaterstücke gehen, soll all die wichtigen Bücher und Zeitschriften lesen, die der Frau durch die Mutterschaftspflichten entgehen. Bei etwa der Hälfte der Mütter war die Freundin weniger »die gleiche« als »die andere«. Das waren die Frauen, die sich vorgenommen haben, die Mutterschaft als eine »Phase« in ihrem Leben zu betrachten und irgendwann wieder all die Dinge zu tun, von der die Freundin jetzt berichten soll. Daher soll die Freundin möglichst selbständig und sicher in ihrer Meinung und ihrem Geschmack sein.

Die berufstätigen Frauen legen dagegen in ihrer großen Mehrzahl besonderen Wert auf die *Ähnlichkeit* der Freundin. Viele haben direkt an ihrem Arbeitsplatz eine Freundin – es muß ja nicht die beste sein, aber eine Freundin »da draußen« ist wichtig. Die andere Frau soll zwar auch für die privaten Probleme ein offenes Ohr und Verständnis haben. Sie soll aber vor allem auch eine Stütze am Arbeitsplatz sein, die beruflichen Probleme ähnlich sehen und Verständnis für den Unmut der Frau haben. Was übrigens keineswegs heißen muß, sie aufzuhetzen, tatsächlich etwas gegen Mißstände zu unternehmen. Oft ist auch hier das »Ausklagen« von kathartischer Wirkung: Ist die eine bei der anderen den Ärger über den »Idioten« von Chef oder die »dumme Zicke« von Kollegin losgeworden, reicht es auch schon. Dann kehrt jede an ihren Arbeitsplatz zurück, die eine wischt sich verstohlen die Tränen weg, die andere beißt die Zähne zusammen – und es geht weiter. Das heißt: *Eine indirekte Funktion der Freundin am Arbeitsplatz besteht häufig darin, die Frau von einer direkten Konfrontation mit dem Verursacher der Probleme abzuhalten.*

Das ist hart ausgedrückt, aber die meisten Frauen kennen das entweder selbst oder aus dem Kolleginnenkreis: Da sind zwei, die tuscheln miteinander, die tratschen über andere, die kleben zusammen wie Pech und Schwefel. Alle wissen und viele bekommen mit, daß sie sich auch gegenseitig ihren Ärger und ihre Unzufriedenheit am Arbeitsplatz schildern, wenn sie nicht sogar selbst zur Klimavergiftung beitragen, indem sie über andere »herziehen«, »hetzen« und wie die Begriffe sonst lauten mögen, die für dieses »typisch weibliche« Verhalten geprägt wurden. Aber wenn es zum Schwur kommt, wenn es darauf ankommt, laut auszusprechen, wirklich Kritik zu üben, nicht nur zu meckern, wirklich geradezustehen für das Gesagte – dann will keine von beiden es je gesagt haben. Es ist schmerzlich, Frauen so agieren zu sehen, doch wir dürfen davor nicht die Augen verschließen. Denn das Verhalten ist aufschlußreich. Es beinhaltet eine weibliche »Solidarität der Schwäche« im Umgang mit der (männlichen) Macht. Laut der Psychoanalytikerin Margarete Mitscherlich:

»fällt es Frauen... schwer, mit Macht und Einfluß umzugehen. Sie vermeiden es ängstlich, irgendwelche Positionen, die sie in Verbindung mit Macht bringen könnten, zu übernehmen, was wahrscheinlich damit zusammenhängt, daß sie die... Allmacht und Übermacht der Mutter, wie sie für das Erleben des Kleinkindes besteht, als *tatsächlich* gegeben hinnehmen. Phantasie und Realität werden einander gleichgesetzt, mit der Folge, daß gesellschaftliche Wirklichkeit nicht mehr ungetrübt wahrgenommen werden kann.«[9]

Natürlich gibt es das auch: daß Freundinnen sich gegenseitig am Arbeitsplatz aufstacheln, sich weiterzubilden, sich zu bewerben, sich zu wehren. Doch die wesentliche Funktion der Kollegin-Freundin ist dieselbe wie die der Freundin im Privatleben: die jeweilige Lebenssituation zu bestärken und ein wenig in die Richtung zu weisen, in die eine Frau gehen will. Geht es einer Frau darum, sich auszuklagen, soll und wird die Freundin zuhören, trösten, beschwichtigen. Will die Frau sich wehren, wird sie aufgestachelt, ermuntert, auch getröstet, aufgebaut usw. Allerdings nur, soweit das anvisierte Ziel keine Bedrohung für die Freundin darstellt. Ähnlich wie im Privatleben ist es auch im Beruf: Vielleicht ist die Freundin selbst unzufrieden, ist aber noch nicht soweit, für sich eine radikale Lösung (sich lautstark wehren, kündigen...) in Betracht zu ziehen. Oder sie ist finster entschlossen und muß das sich selbst gegenüber dauernd rechtfertigen: Sie will, sie muß durchhalten. In einem solchen Fall wird sie ihre Freundin beschwichtigen, wenn diese sich wehren will: »Das bringt doch nichts.« Jede von uns kennt diese Frauenfreundschaften, in denen die eine Frau die andere in einer resignativen Lebenseinstellung bestärkt: Nur ja nichts sagen, nicht zuviel riskieren, hat ja doch alles keinen

Zweck... Vor allem, wenn die Freundin selbst noch keine positiven Erfahrungen mit der Durchsetzung ihrer Interessen gemacht hat, wird sie die andere nicht bestärken, etwas zu wagen. Und so zieht, um es salopp zu sagen, oft die eine Frau die andere runter. Ist das vielleicht mit ein Grund, warum sich die Verhältnisse von seiten der Frauen so langsam verändern?

Gibt es vielleicht noch einen weiteren Grund – einen, den sich Frauen besonders ungern eingestehen: daß es trotz aller Unannehmlichkeiten auch Vorteile hat, in der Position der Unterlegenen zu verharren? Wir sprechen hier wohlgemerkt nur von den Frauen, die Freiräume, die sie haben, *nicht* nutzen. Könnte hier etwas aus der frühen Mutter-Kind-Beziehung Gelerntes weiterwirken? Wir haben ja festgestellt: Mutter und Tochter bleiben lebenslang aneinander gebunden; die Tochter wird von vielen Müttern (der heute erwachsenen Töchter-Generation) nie so recht in die Selbständigkeit entlassen. Und umgekehrt: die Tochter trennt sich nicht richtig, sie versöhnt sich aber auch nicht richtig mit der Mutter. Die Psychoanalytiker nennen es »masochistische« – Befriedigung aus dieser Beziehung läßt sich für die Tochter so beschreiben: »Ich will mich loslösen, ich will autonom sein, ich will für mich selbst einstehen – aber wenn ich mich nicht trenne von dir, bleibe ich immer in der wärmenden Zugehörigkeit, die zwar quälend ist, aber auch befriedigend. Ich bleibe mit dir vereint, denn die Loslösung wäre zu schmerzhaft, sie macht mir zu viel Angst.«

Wenn zwei Frauen mit einer ähnlichen psychischen Struktur sich in einer Freundschaft vereinen, kann es sehr gut sein, daß dann die eine die andere dauernd davon abhält, den Schritt zur Autonomie zu vollziehen. Weil dieser Schritt für die eine Urängste wachruft. Statt dessen liegt eine eigentümliche Form der Befriedigung darin, sich wechselseitig in der Opferrolle zu bestätigen – was ja auch bedeutet: »Ich kann nichts dafür, du kannst nichts dafür – daß die Verhältnisse so sind, daran können (müssen) wir nichts ändern.«

Neben dem großen Manko dieser Frauengeneration, daß ihnen die weiblichen Vorbilder für die bestmögliche Nutzung gesellschaftlicher Freiräume und für den Kampf um neue

Freiheiten weitgehend fehlen, mag also der Aspekt eine Rolle spielen, daß die Unfreiheit auch ihre angenehmen Seiten hat – trotz aller Probleme und Schmerzen.

2. Frauenfreundschaften spiegeln das gesellschaftliche Klima für Frauen

Nicht nur deshalb, weil wir im nächsten Kapitel auf die Freundschaften und Beziehungen lesbischer Frauen zu sprechen kommen wollen, müssen wir an dieser Stelle etwas über die gesellschaftliche Situation von Frauen heute sagen. Wir haben schon die ganze Zeit immer wieder darauf verwiesen, daß Frauen lernen, ihren untergeordneten Status in dieser patriarchal geprägten Gesellschaft zu akzeptieren, und daß zu den Vermittlungsinstanzen des »heimlichen Lehrplans« auch die Frauenfreundschaften gehören; angefangen bei der Mutter-Tochter-Beziehung über die Pubertätsfreundschaften bis zur »besten Freundin« im Erwachsenenleben. Wir wollen jetzt einmal genauer hinsehen, können das allerdings nur tun, indem wir schlaglichtartig bestimmte Punkte der gesellschaftlichen Situation von Frauen beleuchten. Dabei wird manchen Leserinnen das folgende schon bekannt vorkommen, andere vermissen vielleicht eine genauere Betrachtung und Analyse. Letzteren empfehlen wir zur vertieften Lektüre die Bücher von Firestone, Hausen, Janssen-Jurreit und Utrio.[10]

Touristinnen im eigenen Land

Bei allen Unterschieden zwischen den von uns befragten 20- bis 40jährigen heterosexuellen und lesbischen Frauen ist ihnen eines gemeinsam: Sie mußten vieles anders machen als ihre Mütter. Ob sie noch Tanztees, Benimmbücher und Angst vor unerwünschter Schwangerschaft erlebten, wie die heute Mittdreißigerinnen, die in den 60er Jahren zur Frau heranwuchsen; oder ob es die Mittzwanzigerinnen sind, die mit Pille, Pop und Politik großwurden – beiden ist der »Generationenknick« gegenüber ihren Müttern bewußt gewesen.

Die Mütter nämlich – wir wollen noch einmal daran erinnern – waren im Krieg und in den 50er Jahren jung. Kaum eine hatte Liebesbeziehungen vor der Ehe (jedenfalls nach Ansicht der Töchter, die sich allerdings recht sicher waren, daß da bei ihrer Mutter »vorher nichts gelaufen ist«), die meisten Mütter blieben zu Hause, solange die Kinder noch klein waren, die wenigsten hatten eine qualifizierte Berufsausbildung. Diese Mütter hatten ein ganz anderes Frauenbild, andere moralische Vorstellungen, andere Zukunftserwartungen für ihre Töchter. Diese aber konnten und wollten sich auch meist nicht nach ihren Müttern richten.

Die Töchter wollen eine Berufsausbildung – wobei die Mütter sie noch häufig unterstützten (der geheime Auftrag: »Du sollst es einmal besser haben«). Sie wollen, da sich ihnen endlich als Frauengeneration die Möglichkeit dazu bietet, hinaus in das Leben »da draußen«: Sie reisen, sie lernen unterschiedliche Menschen kennen, wollen sich noch nicht so früh binden. Vielen wird die Ungebundenheit erst Wunsch, dann Forderung, schließlich zur Selbstverständlichkeit:

»Ich wollte bewußt nicht Hausfrau und Mutter werden. Ich wollte berufstätig sein, wollte etwas von der Welt sehen. Mann und Kinder? Das stand irgendwo fern am Horizont, als *eine* der späteren Möglichkeiten.«

So eine von vielen Äußerungen dieser Frauen.

Der Generationenbruch muß für die jungen Frauen radikal gewesen sein; sonst würden nicht alle bis auf zwei Ausnahmen so deutlich betont haben, daß sie schon damals »ganz anders« werden wollten als ihre Mutter. Das heißt nicht nur: das leibhaftige weibliche Vorbild, die Mutter, konnte nicht nachgeahmt werden. Es bedeutete auch, ohne den Schutz und die Anleitung durch die Mutter im Leben zurechtzukommen. Besonders im Leben »da draußen«, denn für Liebesbeziehungen boten die Mütter ja durchaus noch Vorbilder. Allerdings auch da eher negative: Vier von fünf befragten Frauen fanden die Ehe ihrer Eltern unglücklich. Aber bei allem, was den Bewegungsspielraum, die Verhaltensmöglichkeiten und -grenzen im Leben außerhalb des Zuhauses anging, waren die Mütter völlig außerstande, Vorbildfunktion auszuüben (mit Ausnahme der wenigen berufstätigen Mütter; bei der Schilderung dieser Mütter durch ihre Töchter fiel uns allerdings auf, daß der Kontakt zwischen Mutter und Tochter durch Berufstätigkeit und Doppelbelastung der Mutter weniger eng und herzlich war: »Sie war immer nur kaputt.«).

Bei den heute Jugendlichen ist das sicherlich anders: Viele ihrer Mütter haben eine qualifizierte Berufsausbildung, etliche haben erst einige Jahre im Beruf gearbeitet, bevor sie Kinder bekommen haben (das »Gebäralter« hat sich für diese Generation deutlich nach hinten verlagert). Deshalb haben wir auf Frauen unter 20 Jahren in unserer Befragung verzichtet, wir hätten sonst sicherlich teilweise andere Ergebnisse bekommen. Glücklicherweise.

Zurück zu den heute 20- bis 40jährigen. Wir haben schon häufiger auf die enorme Rollenunsicherheit verwiesen, die eine veränderte gesellschaftliche Situation für sie mit sich brachte, insbesondere für ihre Adoleszenz und die frühe Erwachsenenzeit. Wir haben auch betont, wie wichtig gerade in dieser Zeit die beste Freundin als Rollenmodell, Leidensgefährtin, Spiegel und Mitkämpferin ist: Sie ist die einzige intime Vertraute, mit der das Mädchen so viele Gemeinsamkeiten hat, daß die Basis entsteht: das nötige Vertrauen, um sich in allen Unsicherheiten und Nöten gegenseitig zu trösten und weiterhelfen zu können.

An dieser Stelle wollen wir jedoch noch auf einen weiteren sehr wichtigen Aspekt hinweisen: Auf die banale Tatsache, daß die unbekannte, neue Welt »da draußen«, die sie als Auszubildende, Studentin, junge Berufstätige, als Spätheimkehrerin vom Kino, als Autofahrerin, als Kneipenbesucherin... betraten, bereits besetzt war: größtenteils mit dem anderen Geschlecht. Die jungen Frauen haben sich in die Fremde begeben; sie wurden Touristinnen, auch im eigenen Land. Damit waren sie schon besser dran als die Frauen der Generationen zuvor. Denn noch Elisabeth Schwarzhaupt, die erste bundesdeutsche Ministerin, meinte einmal auf die Frage, wie sie sich im Kabinett Adenauer als einzige Frau unter Männern gefühlt habe: »Ich kam mir eigentlich vor wie in einem fremden Land.«[11]

Der Generation der heute 20- bis 40jährigen Frauen kam das Land schon nicht mehr ganz so wie die Fremde vor. Es war schon durchaus das »eigene« Land, allerdings eines, das sie erst kennenlernen mußten. Sie waren Touristinnen, die sich häufig unter männlichen »Schutz« begeben mußten, wenn sie nicht erhebliche Gefahren für Leib und Seele riskieren wollten; Gefahren, die vom anderen Geschlecht ausgingen, in dessen Territorium sie eindrangen.

Mitte der 60er Jahre war die Welt vieler Berufe (abgesehen von den Frauen-Enklaven, z. B. den sozialen Berufen), die Welt der Politik, die Welt des öffentlichen und veröffentlichten Lebens eine recht hermetisch abgeriegelte Männerwelt. Bis Ende der 70er Jahre hatten Frauen in weiten Bereichen eine Bresche für Frauen geschlagen. Doch der Preis, den diese Frauengeneration bezahlt hat, war hoch. Die jungen Frauen mußten erst einmal herausfinden: Welche Regeln herrschen hier? Wenn sie diese ungefähr kannten, hatten sie auch schon herausbekommen, daß für *sie* diese Regeln zum Teil gar nicht galten: Als Frauen wurden sie anders behandelt, und es wurden andere Verhaltensweisen von ihnen verlangt. Vor allem aber: Sie wurden erst einmal gar nicht ernstgenommen und auf jeden Fall als Sexualobjekt betrachtet. Die Rollen veränderten sich nur äußerst langsam. Und daher rühren auch die Bedeutung von Sexualität und die sexuellen Bilder, die sich Männer von Frauen machen.

»Da die Geschlechtsrollen hierarchisch nach Machtbefugnissen und Werthaftigkeit ausgelegt sind, ist Sexualität sehr eng mit Herrschaft, Verfügbarkeit, Gewalt und Ohnmachtsgefühlen verknüpft«, stellt die Soziologin Jutta Brauckmann fest[12]. Die Frauen, die sich im öffentlichen (Männer-)Raum bewegten, spürten, *wie sehr* sie noch selbstverständlich als verfügbar betrachtet wurden. Da war das Spießrutenlaufen an pfeifenden Bauarbeitern vorbei, nachts die Panik, wenn hinter ihnen Schritte auf dem Pflaster ertönten. Im Beruf einerseits die Anforderung, sich hübsch und weiblich, mit einem Wort attraktiv zu machen, aber nur ja nicht *zu* attraktiv, weil sie sonst zum Freiwild wurden (zum Beispiel vergewaltigt werden »durften«). In Bereichen, in denen Frauen vorher selten waren, standen sie immerzu im Mittelpunkt, sie wurden beobachtet, taxiert: Hübsch, aber doof? Sie mußten nicht doppelt, sondern mindestens dreimal so gut sein, damit ihre Leistungen anerkannt wurden. Wenn sich nicht gar ein Mann, der immer auf der Leiter ein Stück höher stand, der immer besser bezahlt wurde, sich ihre Leistungen aneignete und als die seinen ausgab. Falls Ihnen das beim Lesen nicht ganz unbekannt vorkommt, so mag das daran liegen, daß sich die Verhältnisse doch noch nicht grundlegend geändert haben. Doch sie waren vor 10 oder 20 Jahren auf jeden Fall schwieriger als heute. Einfach schon deshalb, weil es nicht so viele Frauen gab in der Welt »da draußen«, und weil beide Geschlechter oft noch gar nicht wußten, wie sie sich zueinander verhalten sollten.

Einer der Preise, den diese Frauengeneration bezahlt hat, ist die Berufswahl. Die meisten sind in traditionelle Frauenberufe gegangen. Was nicht heißen muß, daß in diesen Berufen *nur* oder weit überwiegend Frauen zu finden sind, wie es bei vielen Heil- und Pflegeberufen, im Einzelhandel bzw. bei den Erziehungs- und Assistenzberufen der Fall ist. Es wurden auch vermehrt Berufe gewählt, in denen *überhaupt schon* Frauen arbeiteten: Sachbearbeitungsberufe etwa wie Industrie-, Bank-, Großhandelskaufmann (respektive -frau, auch das mußte sich erst mühsam durchsetzen). Oder sie studierten: Lehramtsstudiengänge, Sprachen, Geistes- und Sozialwissenschaften. Ein kleiner Bruchteil – auch in unserer Stichprobe – brachte den Mut einer gänzlich untypischen Berufswahl auf: Bauzeichnerin, Architektin (binnen einer Generation schon geschlechtsparitätisch besetzt, heute sind etwa die Hälfte aller Architekturstudenten Frauen!), Technikerin, Naturwissenschaftlerin. Bis heute tun sich Mädchen schwer, in frauenuntypische Berufe zu gehen, noch schwerer tun sich offenbar die Eltern, einen untypischen Berufswunsch zu unterstützen. Doch das Spektrum von Berufen, in denen Frauen nicht nur Ausnahmeerscheinungen sind, und die Positionen auf mittlerer und höherer Ebene, in denen nicht nur eine »Alibifrau« sitzt, sind heute erheblich zahlreicher als noch vor 10 oder gar 20 Jahren. Daraus läßt sich entnehmen, daß Frauen früher doch in erheblichem Maße zurückgesteckt haben, wenn es um die »berufliche Verwirklichung« ging. Außerdem: Vieles in der Welt da draußen mußte ihnen so neu und unbekannt erscheinen, daß zumindest in der Berufs*richtung* bekannte, »typisch weibliche« Elemente sicher auch willkommen waren. Helfen, pflegen, heilen, organisieren, zur Hand gehen... – da konnten die jungen Frauen wenigstens teilweise auf häusliche Erfahrungen aus ihrer Herkunftsfamilie zurückgreifen, auch auf weibliche Vorbilder: Mutter, Tanten, Lehrerin... Fabrikarbeiterinnen lernten ohnehin von ihren Müttern das harte Los der »Zuarbeit«, der nur angelernten, schlecht bezahlten (oft Akkord-) Arbeit, bei der nur der Traum bleibt vom Märchenprinzen, der sie eines Tages aus der Fron erlöst – auch wenn sie gerade in der eigenen Familie und Verwandtschaft sehen und wissen müßten, daß dies eine Fiktion ist[13]. Doch generell ist das Bildungs- und Ausbildungsniveau der heute erwachsenen Frauen wesentlich höher als das ihrer Mütter – mit entsprechenden Auswirkungen auf ihr Bewußtsein. Doch auch für diese Frauengeneration gilt noch die Tendenz, Berufe zu wählen, die mit der traditionellen Frauenrolle zumindest nicht im Widerspruch stehen. So setzt sich hinterrücks und weitgehend unbemerkt das Vorbild der Müttergeneration wieder durch, auch bei solchen Töchtern, die doch so »ganz anders« werden wollten.

Viele Frauen müssen nolens volens untergeordnete Positionen akzeptieren – kaum je eine hat es zu einer der strategisch entscheidenden Position in ihrem Beruf gebracht. Die Tendenz ist zwar bislang eher positiv, doch nüchtern betrachtet fehlt bis jetzt bei vielen noch die entsprechende Position zu ihrer Qualifikation und Berufserfahrung. Und weil davon auszugehen ist, daß Männer, die ja solche Positionen besetzt haben, diese nicht freiwillig räumen, heißt das: im Berufsleben müssen Frauen nach wie vor kämpfen, um anerkannt zu werden. Das kostet viel Energie.

Frauen haben seit Mitte der 60er Jahre langsam, stetig und hartnäckig um ihren Platz in der Welt »da draußen« gerungen. Dazu gehört neben der Berufswelt alles, was sich vor der eigenen Haustür abspielt: das gesamte öffentliche Leben. Die einen mögen sich dabei als Pionierinnen in Feindesland, die anderen als Touristinnen in der Fremde gefühlt haben. Nie aber war es selbstverständlich; es waren Schritte ins Neuland, die zwangsläufig zaghaft, unsicher und natürlich auch oft ängstlich gemacht werden.

Auf die Frage: »Was wäre anders, wenn du ein Mann wärst?« haben *alle* Frauen in irgendeiner Form zum Ausdruck gebracht: »Ich hätte es im Leben leichter«, und »Ich müßte nicht so um meine Anerkennung kämpfen«.

Wie kämpfen Frauen denn eigentlich? Viele mit den typischen »Waffen einer Frau«: Solange sie sich »typisch weiblich« verhalten, können sie sich oft einfach durchmogeln: Wenn sie nicht frontal angreifen, sondern kokett, augenzwinkernd, flirtend, »hintenherum« einem Mann (Vorgesetzten) um den Bart gehend..., so lange können sie durchaus etwas erreichen im Beruf, auf Reisen oder wo auch immer.

»Wenn ich etwas falsch gemacht habe, dann brauche ich meinem Chef nur mal zuzuzwinkern, dann wird der butterweich.«

Wer sich jedoch *nicht* an die klassisch als weiblich geltenden Umgangsformen hält, wer un-verschämt auftritt, nicht mit den wichtigen Männern flirtet... – die bekommt zu spüren, was Männer insgeheim ohnehin über Frauen denken, die in ihre Domänen eindringen.

Wenn zwei das gleiche tun, ist es noch lange nicht das gleiche. Und wer die Macht hat, bestimmt die Werte für »richtiges« Verhalten. In ihrem ermunternden Buch »Die selbstsichere Frau« schreiben die amerikanischen Autorinnen Bloom, Coburn und Pearlmass dazu:

»Wir haben es mit einer geschlechtsgebundenen Doppelmoral zu tun, einem doppelten Maßstab, wonach das Verhalten selbstunsicherer Frauen (›echt weiblich‹) und aggressiver Männer (›echt männlich‹) gebilligt, das Gegenteil, selbstunsichere Männer und aggressive Frauen, hingegen abgelehnt wird.«[14]

Die Spitze des Eisbergs:
die oberen Etagen der Macht

Hierhin gelangen nur die Ausnahmefrauen auf einem steinigen und dornenreichen Weg; einem Weg, den die meisten allerdings im Kostüm und Stöckelschuhen entlanggehen. Äußerlich gehen viele von ihnen erhebliche Konzessionen ein: Sie pflegen ihr Äußeres auf typisch weibliche Art: sorgfältig gewählte Garderobe, Parfum, Make-up und regelmäßige Friseurbesuche gehören auch bei den »toughesten« Managerinnen selbstverständlich dazu, schließlich muß jede unter Beweis stellen, daß sie auf dem Weg nach oben nicht zum »Mannweib« verkommt, sondern ihren Charme und ihre »weiblichen Reize« behalten hat. Auf schreckliche Weise banal ist inzwischen die Feststellung, daß eine solche Frau auch noch erheblich besser sein muß als alle Männer um sie herum, um überhaupt eine Chance zu bekommen. Und je weiter sie nach oben klettert, desto dünner wird die Luft; irgendwann hört die Ritterlichkeit der Männer nämlich schlagartig auf: in dem Augenblick genau, in dem ihnen klarwird, daß ihnen in dieser Frau eine ernsthafte Konkurrenz erwachsen ist. Keine dumme Ziege, die sie lächelnd belehren, der sie ungeniert auf den Busen starren und bei Sachvorträgen davon träumen können, wie sie wohl im Bett ist. Obwohl manche Männer das auch dann durchaus tun, wenn sie zum Beispiel Vorgesetzter einer Frau sind. Frankreichs Ex-Premier Giscard gab kürzlich zu, genau diese Phantasien gegenüber einer Kabinettsministerin gehabt zu haben. Wenn eine Frau zur Konkurrentin, zur Bedrohung wird, dann zeigen Männer Zähne und benutzen gegenüber der »geschätzten Kollegin«, der sie gerade noch die Tür geöffnet haben, kräftig die Ellenbogen.

Unverblümt verkünden Männer aus den oberen Etagen, sie blieben doch lieber unter sich; eine Frau »fürs Betriebsklima« sei ja ganz angenehm, da dann der rüde Umgangston unter Kollegen etwas milder würde; auch geben sie zu, daß Frauen mehr »Atmosphäre« bringen, angefangen beim Blumenschmuck und der Dekoration der Wände; und, ehrlich gesagt, Frauen haben da ja auch so eine besondere Begabung, in Konflikten zu »vermitteln«. Aber noch ehrlicher: Hier oben sind wir doch lieber allein in unserem »Old-Boys-Network«. Schließlich kann es so manchen Herren aus den Chefetagen nur peinlich sein, wenn »ihre Damen« herausfinden, wie rüpelhaft, alkoholisiert und zotig, wie ganz und gar nicht gentleman-like es dort zugeht... Und schließlich will man das andere Geschlecht »bei aller Liebe« doch lieber nicht an die Schalthebel der Macht lassen.

Vielleicht nicht ganz so kraß, aber tendenziell ähnlich, geht es in allen gesellschaftlichen Bereichen zu, in denen der Frauenanteil (noch) gering ist. Solange in einer Gesellschaft die Macht in den Händen von Männerbünden liegt, wenn der mächtige militärisch-industrielle Komplex, wenn Staat, Justiz und Presse in den entscheidenden Positionen mit Mitgliedern dieses Geschlechtes besetzt sind – dann muß das »Eindringen« von Frauen in Bereiche der »Potenz« auch als sexuell bedrohlich erlebt werden. Macht und Sexualität sind ja bekanntlich eng miteinander verbunden[15]. In Männerbünden ist die Homoerotik latent, die offen gelebte Homosexualität aber unter striktestem Tabu. Die Verachtung für Frauen, die Vorstellung, Frauen seien sexuell verfügbar, benutzbar (»Aufreißen, reinbeißen, wegschmeißen – die nächste Packung bitte«[16]), gilt als selbstverständlich; dazu gehört auch der individuelle Zugriff auf die einzelne Frau – von der Vergewaltigung bis zur Anmache in jeder Form. Um Macht und Potenz kreisen die Phantasien der patriarchal geprägten Männer. Erst wenn sie sich immer wieder versichert haben, daß sie potent, daß sie mächtig sind, können sie für Momente Gelassenheit aufbringen: Sie haben wieder bewiesen, daß sie kein »Schlappschwanz« sind. Zwar beginnt sich in den Köpfen der Männer offenbar etwas zu verändern. Allerdings geschieht das nur äußerst langsam: Bestenfalls »helfen« sie ihrer Partnerin im Haushalt. Erziehungsurlaub, Teilzeitarbeit etc., obwohl ausdrücklich auch für Männer gedacht, werden nur von einem winzigen Bruchteil von Männern genutzt.

Im Gegenteil: Es lassen sich Tendenzen eines neuen-alten Machismo ausmachen, der sich nicht nur im männlichen Muskel-Kult Bahn bricht, sondern auch in der Tatsache erkennbar ist, daß feministinnen- und frauenfeindliche Äußerungen wieder »en vogue« sind (siehe die Auseinandersetzungen darum in der alternativen »Tageszeitung«[17]).

Vor diesem Hintergrund ist eine Frau *die* Herausforderung an Männer: die lesbische Frau.

Die lesbische Frau als Provokation

Sie ist nicht auf der Suche nach männlichem Schutz, schon gar nicht nach einem Sexual- oder gar Lebenspartner männlichen Geschlechts. Das allein ist Grund genug für Männer, eine Frau mißtrauisch daraufhin zu beäugen, ob sie vielleicht »so eine« ist. Der Verdacht liegt – lag früher noch stärker als heute – besonders bei den Frauen nahe, die unverheiratet und lange Zeit berufstätig sind. Grund genug auch für viele anpassungswillige heterosexuelle Frauen, der potentiellen oder tatsächlichen Lesbe mißtrauisch zu begegnen: Die torpediert schließlich all die feingesponnenen Fädchen, das charmante Arbeiten mit »weiblichen Tricks«. Wobei es sicher auch Lesben gibt, die damit arbeiten, schon allein als Tarnung.

Für die lesbische Frau stellt sich die Situation in vielen Punkten besonders schwierig, in manchen aber auch besonders erleichtert dar. Sie hat Distanz zu Männern, sie gerät ihnen gegenüber nicht in emotionale Turbulenzen, sie muß nicht flirten, muß sich auf dem heterosexuellen Markt nicht in Konkurrenz zu anderen Frauen begeben, sie kann darauf pfeifen, von Männern geliebt zu werden. Häufig verschafft sich eine solche Frau allein schon dadurch Respekt, daß sie »natürlich« wirkt, ungekünstelt, nicht affektiert. Kolleginnen schätzen sie oft als »Kumpel«, erst wenn sie aufsteigt, bekommt auch sie den scharfen Wind zu spüren. Doch da sie nie darauf angewiesen ist, einen Mann zu finden, der sie liebt (und protegiert), kann sie souveräner auftreten. In Maßen, natürlich, denn die Regeln des geschlechtsspezifischen Arbeitsmarktes und die Gesetze patriarchalisch geprägten öffentlichen Lebens gelten auch für sie.

Doch wichtig ist, daß sie ihre »männliche Seite« (sprich: die menschlichen Eigenschaften, die im Patriarchat von Frauen abgespalten und von Männern angeeignet wurden) pflegen und ausleben kann: Sie darf einen »Männerberuf« wünschen, sie darf an Wettbewerbssituationen ihren Spaß haben, sie darf aggressiv sein, sie darf sich durchsetzen – denn sie muß sich ja nicht eines liebenden Mannes (Vaters... Vorgesetzten) versichern, da sie *selbst* in bestimmten Bereichen so sein kann und will. Die Gefahr liegt auf der Hand: die Identifikation mit dem Aggressor, wie Sigmund Freud das genannt hat: durch Identifizieren mit dem Gegenüber diesem die Gefährlichkeit nehmen, um den Preis, selbst so zu werden. So »männeridentifiziert« wie manche Lesben auch aus den eigenen Reihen bezeichnet und kritisiert werden, sind natürlich nicht alle, doch immerhin einige. Und wichtig ist: Lesben lehnen zwar die heterosexuelle »romantische Liebe« (siehe Exkurs) ab, können aber, nicht nur wenn sie sich männlich identifizieren, gegenüber anderen Frauen in die gleiche Falle tappen. Darauf kommen wir noch. Hier soll uns interessieren, wie die Ablehnung der romantischen Fiktion im heterosexuell-öffentlichen Leben einer lesbischen Frau auch einige Erleichterung bringen kann: Da lesbische Frauen nicht (viele nicht *mehr*) von einem Mann geliebt werden wollen, lehnen sie das klassische Sexualverhältnis zwischen den Geschlechtern, das ein Herrschafts-Unterwerfungsverhältnis ist, automatisch mit ab, denn beides hängt unmittelbar zusammen. Folge: sie können un-geschminkt, scham-los auf ihre (beruflichen) Ziele zustreben. Zwar geben sich die meisten (auch die von uns befragten) Lesben redliche Mühe, an ihrem Arbeitsplatz zumindest nicht direkt zu verraten, daß sie Frauen lieben. Doch ihr Verhalten und die Tatsache, daß sie sich in der Regel nicht »stylen«, daß sie das »typisch weibliche« Verhalten nicht zeigen, verrät sie oft genug. Männern machen solche Frauen Angst. Denn sie sind nicht zu packen. Und sie sind ganz anders als die beiden Kategorien von Frauen, in die Männer das andere Geschlecht einzuteilen gewohnt sind, überspitzt gesagt: die Mama und die Hure.

Allerdings macht eine lesbische Frau, die ohne Unterwerfungsgesten auskommt, die vielleicht sogar in Machtpositionen gerät, nicht nur Männern Angst, sondern auch Frauen, wie die Psychoanalytikerin Margarete Mitscherlich beobachtet hat:

»Wer als Frau Macht hat, muß mit Liebesverlust rechnen. Eine solche Frau ist oft nicht nur dem Haß der Männer, sondern auch dem der Frauen, die sich machtlos fühlen, ausgesetzt.«[18]

Die lesbische Frau ist die potente Frau – die Frau, die über eine eigene, sprich: von Männern unabhängige, Sexualität verfügt. Schon allein deshalb stellt sie für Männer eine Machtgefährdung dar. Diese Frau können sie sich nicht aneignen, es sei denn in Form einer Vergewaltigung; nicht umsonst gehen oft geäußerte Männer-Ansichten über lesbische Frauen in diese Richtung: »Die sollte man mal richtig rannehmen!«

Und für Frauen ist sie auch eine Bedrohung. Denn sie ist die Inkarnation der provozierenden Frage: »Warum liebst du deinen Unterdrücker?« Heterosexuelle Frauen, die täglich darum ringen, sich ein bißchen Freiheit zu nehmen, müssen ja dauernd einen emotionalen Hackentrick vollführen: Dieser »eine«, den sie lieben, muß der »Ausnahmemann« sein, denn ansonsten sind Männer die Unterdrücker der Frauen. So die frauenbewußteren heterosexuellen Frauen. Die nicht frauenbewußten fühlen sich erst recht von der lesbischen Frau bedroht: Sie führt etwas vor, das nicht »normales weibliches Verhalten« ist, also nicht das, was sie sich unter so großen Opfern an Verhaltensmöglichkeiten und Lebenschancen angeeignet haben. Jede unterdrückte Gruppierung fühlt sich bedroht und reagiert oft scharf, wenn eine/r aus ihrer Mitte »befreiter« ist als sie. Diese/r eine muß dauernd fürchten, ausgegrenzt, wenn nicht gar vernichtet zu werden – wenn es ihr oder ihm nicht gelingt, genügend andere mitzureißen.

Viele offen lesbische Frauen sind, auch aus diesem Grund, in der Frauenbewegung aktiv, ja man könnte fast sagen: die »neue« Frauenbewegung wäre ohne die lesbischen Frauen gar nicht entstanden. Durch ihr gesellschaftliches und privates »Sichtbarwerden«, ihr Coming out hat die lesbische Frau in der Öffentlichkeit und auch oft genug im persönlichen Leben ein Image von Stärke, Macht, Potenz bekommen. Dies jedoch meist nur als »potentielle Potenz«: denn die Ausgrenzung lesbischer Frauen ist, wo immer möglich, radikal[19]. Und das ist die Kehrseite lesbischer Existenz: aus dem heterosozialen Netz zu fallen, nicht von einem Mann finanziert zu werden, immer im Leben »draußen« sich herumschlagen zu müssen, da ihnen das Hausfrau-Mutter-Dasein versperrt ist bzw. nichts Wünschenswertes mehr an sich hat. Das heißt auch: sich nicht einmal in kalten Zeiten an der Phantasie wärmen zu können, eines Tages käme der Märchenprinz daher, und dann werde alles besser. Lesben können ihr Liebesverhältnis mit einer Frau nicht in einen Ehevertrag verwandeln und bleiben ihr Leben lang in Steuerklasse eins. Sie müssen bis zum Pensionsalter jede Mark selbst auftreiben. Und sie müssen einer feindlichen oder fremden heterosozialen Welt gegenüber – aus Männern *und* Frauen, denn auch die »Haremsgemeinschaft« bleibt ihnen versagt! – ihr »Anderssein« aus Selbstschutz oft genug verschweigen.

Was vielleicht am allerwichtigsten ist: *Keine Frau aus der Gruppe der heute 20- bis 40jährigen muß so radikal ohne Vorbilder auskommen wie die lesbische Frau.* Waren hierzulande »kesser Vater« und »Weibchen« bis Mitte der 60er Jahre noch wenigstens Rollenmuster, die nachgeahmt wurden – wenn sie auch nichts weiter waren als karikaturenhafte Verzerrungen der Mann-Frau-Rollen –, so mußten Lesben seither ganz neue Verhaltensmuster finden. Aber welche? Es gibt kaum Schauspielerinnen, Sängerinnen oder andere typische Rollenvorbilder, von denen »man weiß«, daß sie lesbisch sind. Frauenbeziehungen werden in der Öffentlichkeit totgeschwiegen und lächerlich gemacht. Die Orientierungslosigkeit *aller* Frauen dieser Generation muß für Frauen, die merkten, daß sie sich erotisch zu Frauen hingezogen fühlten, besonders gravierend gewesen sein. In die Zukunft gerichtete Fragen: Welche Beziehungsform, wie kann und soll und muß ich leben?, müssen nach und nach aus der eigenen Biographie heraus beantwortet werden. So manche lesbische Biographie verläuft dann zwangsläufig nach dem »Versuch-und-Irrtums«-Prinzip: Mal »klassisch weiblich«, mal »typisch männlich« (re)agierend, versucht jede, ihren eigenen Weg zu finden und sich selbst zum Vorbild zu nehmen. Nur eines ist, wie gesagt, klar: Berufstätig sein, eigenes Geld verdienen, müssen sie ihr ganzes Leben lang.

Das Gefühl, ständig im Leben »da draußen« zu sein und

dort permanent auf der Hut sein zu müssen, haben lesbische Frauen in unseren Interviews besonders betont:

»Durch die Tatsache, daß eine Frauenbeziehung immer noch nicht zum normalen Alltag gehört, ist eine ständige Wachsamkeit einfach da, die auch anstrengend ist. Auch ein Gefühl der Bedrohung; immer etwas parat zu haben, wenn wir angemacht werden, wenn sichtbar wird, das wir eine Beziehung miteinander haben. Immer etwas erklären zu müssen oder zurückzupöbeln. Darin sehe ich einen großen Unterschied zwischen uns und Heterofrauen. Und daß für mich klar ist, ich muß immer für mich selbst sorgen und beruflich unabhängig sein.«

»Ich werde anders angeguckt, wenn ich mit einer Frau Arm in Arm durch die Straßen laufe. Ich kann mich nicht frei bewegen, oder wenn ich es doch will, muß ich sehr viel einstecken, muß mich ständig damit auseinandersetzen. Es ist leichter, sich öffentlich nicht so sichtbar zu machen.«

»Ich habe verschiedene Welten aufgebaut. Das ist erstens der Beruf, zweitens die intensiveren Beziehungen, und letztere habe ich fast ausschließlich zu anderen Lesben.«

»Die Arbeitskollegen wissen es zum Teil, aber offen darüber geredet werden darf nicht. Denke ich zumindest. Ich arbeite ja an so einer fortschrittlichen Arbeitsstelle, wo man annehmen sollte, daß es toleriert werden würde. Aber gleichzeitig herrscht da so ein Ideal von Erwachsensein, das bedeutet: Eine gesunde Frau hat heterosexuell zu sein. Und deshalb habe ich Angst, das offen kundzutun. Meine Freundinnen wissen es, weitläufig Bekannte weniger. Meine Familienangehörigen wissen es nicht. Ich halte es nicht extra geheim; wer es wissen will, dem sag ich es. Aber bei der Arbeit halte ich es für taktisch klüger, es nicht direkt zu sagen.«

»Bei meiner Arbeit – ich habe es mit Jugendlichen zu tun – habe ich Angst, daß sie mir eine reinwürgen. Eine Kollegin hat das einmal einer anderen Frau gegenüber als ›Sauerei‹ oder ›Schweinerei‹ bezeichnet. Da bin ich furchtbar erschrocken und habe gedacht, ich will gar nicht, daß sie es erfährt. Die lebt so hinterm Mond! Ich habe auch Angst, daß die Vorgesetzten mir etwas unterschieben. Einmal hat eine, die es wußte, zu mir gesagt: ›Du darfst aber nichts mit Mädchen anfangen!‹ Da habe ich gedacht, um Gottes willen, was denken die! Einem Typen gegenüber würde so eine Warnung nie ausgesprochen. Inzwischen hat sich das für mich innerlich so geändert, daß ich denke, ich will es sagen; aber ich habe immer noch keine Lust, eine reingewürgt zu kriegen, zu spüren zu bekommen, daß du was ›Schreckliches‹ machst.«

»Ich denke, daß ganz viele Probleme in meiner lesbischen Beziehung damit zu tun haben, daß wir in einer hetero-bestimmten Umgebung leben. Die Heteros leben in einer Umgebung, die für sie paßt, die auf sie zugeschnitten ist. Wir als Lesben leben erst mal in einer Umgebung, die uns gegenüber feindlich ist und die nichts mit uns zu tun hat, mit dem, was wir sein wollen. Was ich ähnlich finde, ist das Machtproblem: In bezug auf Lesben würde ich sagen: Wir haben damit zu tun – oder, ich habe damit zu tun, daß ich im Kopf in ganz vielen Sachen ›Mann‹ bin und ›männlich‹ denke, auch ›männlich‹ empfinde. Ich meine, daß auch die Gefühle, die wir haben, und unsere Art, mit Gefühlen umzugehen, sie auszudrücken, eine männliche Art ist. Und irgendwie paßt das nicht zu Frauen.«

Zwei Dinge werden in diesen Aussagen deutlich: die Rollenunsicherheit und die Bedrohung im öffentlichen Raum. Da hierzulande lesbische Frauen nicht mehr als Hexen verbrannt werden, besteht die größte Bedrohung in beruflichen Sanktionen, im Extremfall im Verlust des Arbeitsplatzes – der einzigen »Konstante« im Leben der lesbischen Frau. Forscherinnen, die sich mit der Situation lesbischer Frauen beschäftigt haben, kommen zu dem gleichen Schluß. Hier Feststellungen aus zwei verschiedenen Studien:

»Dazu (zu den Diskriminierungen, die alle berufstätigen Frauen erleben) kommt noch eine Reihe von offenen und verdeckten Sanktionen, die ihnen als homosexuellen Frauen am Arbeitsplatz zugefügt werden.«[20]

»Gerade auch Lesben, die in pädagogischen oder sozialen Berufen oder überhaupt im öffentlichen Dienst beschäftigt sind, müssen damit rechnen, ihre berufliche Laufbahn zu gefährden, wenn ihr Lesbischsein bekannt wird – auch wenn es nicht zu einer Entlassung kommt.«[21]

Kein Wunder, daß viele lesbische Frauen versuchen, ihr »Anderssein« zu verheimlichen. Die Geheimhaltung wiederum hat Rückwirkungen auf die Beziehung. Hier eine Stimme von vielen aus unserer Befragung:

»Ein Unterschied besteht in der Heimlichkeit. Selbst wenn viele Frauen – mich eingeschlossen – ihr Lesbischsein nicht verheimlichen, sie binden es auch niemandem auf die Nase. Was unter anderem dazu führt, daß die Leute die Beziehung gar nicht ernst nehmen. Wir selbst müssen den Ernst aus unseren Beziehungen nehmen, aus den Empfindungen heraus leben. Und wir sind weder finanziell noch durch einen Ehevertrag aneinander gebunden. Da muß die Liebe schon stark sein…«

Lesbische Frauen der heutigen Erwachsenengeneration sind noch mehr als andere Frauen gezwungen, genau herauszufinden, was sie wollen. Nichts ist selbstverständlich. Und im Gegensatz zu heterosexuellen Frauen müssen sie sich noch mit einer zusätzlichen Belastung herumplagen: dem Wissen, daß ihre Liebe vielen Menschen ihrer Umgebung fremd und unverständlich ist, wenn sie sich nicht gar damit abfinden müssen, abgelehnt und als »pervers« verurteilt zu werden. Zwar werden sie weder eingesperrt noch zwangstherapiert, doch die christlich geprägten Moralvorstellungen sind eindeutig gegen sie.

Bei der allgemeinen Rollenverunsicherung von Frauen ist es kein Wunder, daß sie sich zuhauf in Psychotherapie begeben. Lesbische Frauen müssen hier aber besonders vorsichtig sein. Wer glaubt, das sei heute nicht mehr so, wird von Brigitte Reinbergs und Edith Roßbachs empirischer Studie – die 1985 erschienen ist! – eines Besseren belehrt:

»Die Diskriminierung durch Mediziner und Psychologen beschränkt sich nicht darauf, wie sie mit lesbischen Patientinnen und Klientinnen umgehen, zusätzlich verbreiten sie ihre lesben- und schwulenfeindlichen Vorstellungen auch noch in wissenschaftlichen und populärwissenschaftlichen Publikationen und an den Universitäten... Deshalb ist es nicht verwunderlich, daß 20 % der von uns befragten Frauen nahegelegt wurde, medizinische oder therapeutische Maßnahmen *gegen* ihr Lesbischsein zu ergreifen, und zwar nicht nur von Therapeuten, Psychologen und Ärzten, sondern auch von Eltern, Freunden, Freundinnen und anderen und von offiziellen Stellen...

In unserer Stichprobe waren es überwiegend Therapeutinnen (80 %!), die lesbische Klientinnen ablehnten, so daß der Schluß auf eigene Rollenkonflikte und/oder Angst vor eigenen homosexuellen Anteilen bei den Therapeutinnen sehr naheliegt.«[22]

Und auch theoretisch streiten sich die Geister. So versteigt sich die – ansonsten als progressiv geltende – Psychoanalytikerin Joyce McDougall dazu, Lesbischsein (»weibliche Homosexualität«) als »Verzerrung des ganzen Wesens« für therapiebedürftig zu halten[23]. Der ebenfalls als progressiv geltende Fritz Morgenthaler hingegen gelangt zu der lapidaren Feststellung: »Daß Homosexualität und Heterosexualität einander ›abstrakt‹ gegenübergestellt werden, ist notwendig falsches Bewußtsein, das einer spezifischen gesellschaftlichen Verfaßtheit entspricht.«[24] Wahrscheinlich mußte erst ein Ethnopsychoanalytiker, also ein kulturvergleichend arbeitender Analytiker, kommen, um eine einfache Sache so klar ausdrücken zu können.

Eine lesbische Frau kann natürlich – es sei denn, sie erkundigt sich vorher sehr gründlich – niemals genau wissen, an wen sie gerät. Die logische Konsequenz: Lesbische Frauen stützen sich vor allem auf die Partnerin, auf eine beste Freundin (sofern sie zusätzlich eine haben) und den meist engen Kreis der Gleichgesinnten, die lesbische und die Frauenbewegungsscene. Ohne Kontakt zur »scene« sind sie noch schlechter dran, denn dann fehlt ihnen das soziale Umfeld, in dem sie sich mit dem Gefühl bewegen können, akzeptiert zu werden. In einem solchen Fall werden sie sich *noch mehr* auf die Partnerin stützen. Glücklich muß dann die sein, die außerdem noch eine Freundin hat.

Und damit wenden wir uns den Freundschaften und Beziehungen lesbischer Frauen zu.

3. Bei lesbischen Frauen ist alles anders

Die Hälfte der von uns befragten 60 Frauen hat eine Liebesbeziehung zu einer anderen Frau. Diese 30 lesbischen Frauen sind nicht repräsentativ. Sie haben sich freiwillig zum Interview mit uns bereit erklärt, weil sie für unser Anliegen (ein Buch über die Bedeutung von Frauenfreundschaften im Leben von Frauen) Interesse aufbrachten. Dies weist schon darauf hin, daß es sich um eher frauenbewußte Frauen handelt. Und so ist es auch: Nicht nur sich selbst gestehen diese Frauen ein, daß sie eine andere Frau sexuell begehren. Sie waren auch bereit, das uns gegenüber – und, wie sich im Laufe des Gespräches herausstellte, auch in ihrem Bekanntenkreis – offen zu äußern. (Der weitere Bekanntenkreis und die Eltern sowie Kolleginnen und Arbeitgeber wissen es hingegen oft nicht.) Wir haben leider keine lesbischen Frauen für das Interview gewinnen können, die »in the closet« leben, also ihrer Umwelt gegenüber weitgehend verschweigen, daß sie Frauen begehren, und die sich äußerstenfalls im sogenannten »Sub« (früher »Homo-Bars« genannt) blicken lassen.

Es gibt aber natürlich einige Studien anderer Autorinnen, die ein breiteres Spektrum an lesbischen Frauen befragt haben und die wir berücksichtigen konnten.[25]

Unterschiede in der Kindheit?

Wir wollen uns hier nicht auf eine Diskussion über die Entstehung von weiblicher Homosexualität einlassen. Uns interessiert, wie Frauen, die ihre homoerotische Seite ausleben, sich ihren Geliebten bzw. Freundinnen gegenüber verhalten, im Vergleich zu Frauen, die eine sexuelle Beziehung zu einem Mann haben und eine nicht-sexuelle Beziehung zu einer Freundin.

Doch natürlich interessiert die Frage: Wie kommt es, daß die eine Frau ihre Homoerotik auslebt, die andere nicht? Es scheinen – wir haben schon darauf verwiesen – bestimmte biographische Ereignisse zu sein: eine intensive Beziehung zum Vater, die wichtiger ist als die zur Mutter und stärker zur Identifikation mit der »männlichen Rolle« einlädt, also mit der Seite des Menschseins, die traditionell für Frauen verboten ist. Wir haben einige Hinweise darauf gefunden, denn im Vergleich zu heterosexuellen Frauen haben beinahe doppelt so viele Frauen in ihrer Kindheit den Vater *eindeutig* bevorzugt. Der Rest hat, bis auf zwei Ausnahmen, den Vater *eindeutig* abgelehnt. Demgegenüber hat mehr als ein Drittel der heterosexuellen Frauen das Verhältnis zum Vater vage und *ambivalent* beschrieben: »Er war so…, er konnte aber auch so… sein.« Bei der geringen Stichprobe von je 30 Frauen werden wir uns allerdings hüten, daraus verallgemeinernde Schlüsse zu ziehen. Wie gesagt, es besteht lediglich die Möglichkeit, daß die später lesbischen Frauen durch ihr deutliches Verhältnis zum Vater eine Möglichkeit zur Entwicklung bestimmter Persönlichkeitsmerkmale, Wünsche und Verhaltensweisen hatten und auch wahrgenommen haben, die ihnen Teil-Alternativen zur üblichen weiblichen Sozialisation boten.

Außerdem halten wir die Frage, warum eine Frau lesbisch wird, für falsch gestellt. Erstaunt könnten wir eher fragen, warum so viele Frauen, die wir befragt haben, heterosexuell geworden sind, obwohl sie im Durchschnitt wesentlich schlechtere Erfahrungen mit Vätern und anderen Männern gemacht haben und obwohl sie meist über erotische Erfahrungen mit Frauen verfügen. Diese Frage stellt sich »natürlich« nicht, da die Welt, in der wir leben, heterosozial organisiert ist. Zu fragen ist also eher, wie es kommt, daß manche Frauen trotz des gesellschaftlich sehr starken Drucks in Richtung Heterosexualität den – zumindest in der Außendarstellung – beschwerlicheren Weg einschlagen, eine Frauenbeziehung zu leben.

Und da ist neben dem Verhältnis zum Vater in den Lebensgeschichten auffällig, daß viel mehr Lesben als Heterofrauen schildern, daß sie einsame Kinder gewesen seien. Und we-

sentlich mehr schildern die Persönlichkeit ihrer Mutter überwiegend negativ. Typisch für die meisten lesbischen Frauen
sind die abwesenden Karriereväter oder »Versager«. Der Vater war eher der »Fremde«, wenn auch oft, wie gesagt, der
»geliebte Fremde«. Die Mutter wird überwiegend als Opfer
des Vaters betrachtet, unabhängig davon, ob sie den Kindern
gegenüber stark und autoritär oder klagend und depressiv
auftrat. Zum Verhältnis lesbischer Frauen zu ihren Müttern
haben wir im ersten Teil des Buches ausführlich Stellung genommen.

Bei der *Geschwisterposition* lesbischer Frauen ist uns aufgefallen, daß sie sehr häufig älteste Tochter sind, deutlich häufiger mehrere Geschwister haben, darunter mehr Brüder, und
besonders von der Mutter in die Pflicht genommen wurden.
Möglicherweise ist das mit ein Grund für das eher schlechte
Verhältnis, das sie als Kind zu ihrer Mutter hatten, und für
ihre innere Distanzierung. Denn teilweise mußten sie gegenüber den jüngeren Geschwistern Mutterfunktionen übernehmen, was einige deutlich als »Überlastung« bezeichnet haben. Eine zweite Quelle der Überlastung lag darin, daß die
lesbischen Frauen in der Regel von der Mutter zur »Vertrauten« gemacht wurden, mit der diese über ihre Probleme –
auch ihre Partnerschaftsprobleme – gesprochen hat.

Die *Pubertät* ist dann der Wendepunkt: Zunächst streiten
sich die später lesbischen Frauen sehr heftig mit der Mutter;
anschließend verstehen sie sich mit ihr aber oft besser als mit
dem Vater. Die meisten Mütter wissen heute, daß die Tochter
lesbisch ist, denn die Tochter hat es ihnen direkt gesagt. Und
die weitaus meisten Mütter akzeptieren es. Die Väter wiederum erfahren es, wenn überhaupt, nur indirekt: von Mutter und Schwester, in Anspielungen, nicht in direkter Konfrontation. Auch die »Väter« im übertragenen Sinne, die
Autoritätsfiguren, die Arbeitgeber etc., erfahren gewöhnlich
nichts[26], obwohl die Kolleginnen (seltener auch Kollegen),
mit denen die lesbische Frau unmittelbar zusammenarbeitet,
häufig durchaus informiert sind.

Wir wollen behutsam sein mit unseren Interpretationen.
Doch es hat sich uns die Frage aufgedrängt: Wieso betrachten
heute lesbische Frauen ihre Kindheitsgeschichte mit den El-

tern so negativ? Naheliegend ist die Antwort: Weil sie selbst heute ganz anders leben als ihre Eltern, es sich also leisten können, schonungslos hinzusehen; weil sie sich andererseits abgrenzen (und sicher auch immer wieder vor sich selbst rechtfertigen) müssen. Eine weitere, eher spekulative Möglichkeit ist folgende: Die Tatsache, daß viele Lesben sich als Kind »einsam« gefühlt haben, könnte eine zentrale Rolle spielen. Wer sich einsam fühlt, hat oft das Gefühl, »außen vor« oder »anders« zu sein, abgedrängt zu werden oder sich selbst abseits zu stellen. Das kann schon früh eine kritische Sicht der Eltern ermöglicht haben. Es kann auch eine Gewöhnung an das »Anderssein« mit sich gebracht haben und – vielleicht auf dem Wege über anfänglichen Trotz – durchaus Stolz, Experimentierfreude und offensiven Mut zum Anderssein.

Das heutige Verhältnis zu den Eltern ist übrigens bei lesbischen Frauen weder besser noch schlechter als bei den heterosexuellen Frauen.

Ihre körperlichen Veränderungen in der Pubertät schildern fast alle lesbischen Frauen als schreckensreiches Erlebnis. Mit der ersten Monatsregel kam der deutliche Einschnitt: Ab sofort wurde von ihnen erwartet, daß sie die »weibliche« Rolle übernahmen. Und das bedeutete für die ehemaligen »Tomboys«, daß ihr Bewegungsspielraum (Fußball spielen, auf Bäume klettern...) erheblich eingeschränkt wurde. Andererseits entschädigten die neuen Abenteuer des Frauseins keineswegs für das Entgangene, da dieses Frausein zunächst überwiegend negativ besetzt war: die Monatsblutung als etwas Anstößiges, die Fruchtbarkeit als Bedrohung. Die Eltern vermittelten die Angst vor Vergewaltigung und unehelicher Schwangerschaft und reglementierten die »Ausgehzeiten«... Und der Vater, diese für sie *ausdrucksstärkste* Person, zieht sich zurück oder macht sexuelle Übergriffe. Wir sind darauf in früheren Kapiteln schon ausführlicher eingegangen, wollen hier nur noch einmal betonen, daß die Umstellung, die für *alle* Mädchen schwierig war, für die später lesbischen Frauen deshalb noch besonders gravierend gewesen sein muß, da sie Verhaltensweisen kennengelernt haben, denen nun etwas entgegengesetzt wurde, was sie nicht werden wollten, jedenfalls nicht im traditionellen Sinne: eine »junge Dame«. Bei einigen ist dieser Versuch gründlich mißlungen: Sie behielten ihre kurzen Haare, trugen weiterhin Hosen, weigerten sich, einen BH anzulegen, und machten, soweit es ging, deutlich, daß sie kein »Weibchen« zu werden gedächten. Andere (eine Minderheit) ließen sich erst einmal einschüchtern, ließen sich auch eine ganze Weile auf Tanztees, Flirts mit Jungen und Heterosexualität ein, bevor sie irgendwann für sich erkannten, daß sie sich in eine Frau verliebt hatten und diese Liebe auch ausleben wollten.

Coming out – die offensive Selbsterkenntnis

»Das Klischee der lasterhaften, hypersexuellen Frau... ist von der lesbischen Wirklichkeit weit entfernt. Auch jene neurotischen Mannweiber mit tiefer Stimme und Zigarre, die von ›Wissenschaftlern‹ wie Caprio oder von Hentig beschrieben werden, sind im Alltag seltener als in den Lehrbüchern anzutreffen. Diese Zerrbilder haben den Vorteil, daß man sich dahinter gut verbergen kann. Kaum eine homosexuelle Frau hat diese zugeschriebenen Eigenschaften oder auch nur äußerliche Merkmale. Die meisten Lesbierinnen sind so unauffällig, so normal, so weiblich, daß sie völlig unentdeckt unter uns leben, lieben und arbeiten können. Die falschen Bilder haben auch den Nachteil, daß man sich kaum damit identifizieren kann. Jede Frau, die eine Neigung zum eigenen Geschlecht in sich fühlt, ist gezwungen, sich mit diesem Negativklischee auseinanderzusetzen. Sie wird mit der Angst konfrontiert: Wenn ich lesbisch bin, bin ich auch so eine... Diese Ängste führen zu Schuldgefühlen und mangelndem Selbstwertgefühl.«[27]

Das Coming out – die Selbstwahrnehmung »ich bin lesbisch« – ist für die meisten lesbischen Frauen ein Wendepunkt in ihrem Leben. Wie notwendig dieser Schritt zur »Sichtbarwerdung« ist und mit welchen Schwierigkeiten die Frauen in dieser Zeit der Selbstfindung kämpfen, beschreibt die Studie von Reinberg und Roßbach. In ihr vergleichen die Autorinnen ihre Ergebnisse mit denen einer zehn Jahre zuvor erschienenen Lesbenstudie – und konstatieren, daß die Feststellungen der damaligen Autorin heute noch genauso zutreffen[28]:

»Dieses Gefühl der Einsamkeit und Isolation, die fehlenden oder spärlichen Kommunikationsmöglichkeiten mit Frauen, die gleiche Probleme haben, und die sehr begrenzten Chancen, Kontakte und Partner zu finden, sind die gravierendsten Belastungen dieser – und nicht nur dieser – Zeit. Aber erst wenn das ›individuelle Coming out‹ ganz oder fast abgeschlossen ist, versuchen die meisten, ihrer soziokulturellen Deprivation zu entkommen, und beginnen, Anschluß an die Subkultur zu suchen, um soziale und sexuelle Kontakte aufzunehmen.«[29]

Und das nach über zehn Jahren Frauen- und Lesbenbewegung!

Bei den von uns befragten Frauen kamen unterschiedliche Reaktionen, wenn sie nach ihrem Coming out gefragt wurden. Die einen verstehen darunter die offensive Art, sich nach außen hin als lesbisch zu erkennen zu geben, dazu zu »stehen«. Für andere ist es wesentlich eine Einstellungssache: erst einmal vor sich selbst zuzugeben, daß sie Frauen allgemein oder eine bestimmte Frau auch sexuell begehren, daß sie sich nicht zufällig in einen Menschen verliebt haben, der eine Frau ist, sondern daß sie Frauen lieben, und Männer nicht (nicht mehr oder nicht primär). Die Vielfalt der inneren Entwicklungsprozesse und Selbstdefinitionen, die zum Vorschein kam, als wir nach dem Coming out fragten, ist eindrucksvoll. Wir gehen deshalb hier ausführlicher und mit einer Reihe von Zitaten darauf ein, weil die Frage »Freundin und/oder Geliebte?« sich für lesbische Frauen an diesem Punkt besonders deutlich stellt:

»Heute würde ich mich eindeutig als lesbisch bezeichnen. Die Entwicklung dieser Bezeichnung ist neu. Ich lebe seit acht Jahren mit einer Frau zusammen, und habe es die ganze Zeit nicht für nötig gehalten, dazu klare Aussagen zu treffen. Es war für mich eine sehr persönliche Entscheidung, bezogen auf meine Freundin, und ich habe mir nie Gedanken darüber gemacht, ob das grundsätzlich bei mir so ist; ob es eine Veranlagung ist oder eine ausgelebte Neigung oder wirklich nur auf diese Person bezogen. Ich war sehr lange mit einem Mann befreundet; dann lief mir Anne über den Weg, die bis dahin auch nur mit Männern zusammen war. Und wir haben uns einfach ineinander verliebt und haben den Schritt geschafft, es auch auszuleben. Ich habe mich daraufhin von dem Mann getrennt und war von dem Moment an mit Anne zusammen. Wir haben dann auch bald zusammen gewohnt, und ich habe mir keine Gedanken darum gemacht, ob das jetzt grundsätzlich bei mir so ist. Ich fand es toll und hatte das Bedürfnis, das nach außen zu tragen. Also andere Frauen davon zu überzeugen, daß es unheimlich schön ist, mit einer Frau zusammenzusein, das Schönste, was man sich überhaupt vorstellen kann. Ich nenne das heute immer meine missionarische Phase. Aber die war nicht von dem Bewußtsein begleitet: Ich bin lesbisch. Jetzt erst, nach acht Jahren unserer Beziehung, fällt mir auf, daß es so ist.«

»Mir ist es noch lange schwergefallen zu sagen: Ich bin lesbisch. Ich habe immer noch gedacht: Ich habe jetzt eine Freundin, eine spezielle Freundin, mit der ich zusammen bin. Das zu sagen, ist mir nicht schwergefallen. Das haben alle gleich mitgekriegt. Aber für mich alleine ist es mir schwergefallen zu sagen: Ich *bin* so. Das hat noch eine Weile gedauert, obwohl ich mittlerweile in einem Lesbenumfeld gelebt habe, im Frauenzentrum war, immer Lesben um mich hatte. Aber ich hatte immer noch die Angst, konfrontiert zu werden, laut sagen zu müssen: Ja, ich bin lesbisch. Irgendwann ist mir einmal bewußt geworden, daß ich Frauen inzwischen anders sehe, daß sich mein Frauenbild geändert hat, daß ich Frauen attraktiv finde. Dann habe ich gespürt: Es hat sich von dieser einen Frau gelöst. Und da habe ich gedacht: Ja, ich bin lesbisch.«

»Ich hatte mein Coming out mit 22. Da habe ich mich derart in eine Frau verliebt, daß es mir auch selber offensichtlich war. Ich bin dann für ein Jahr nach Frankreich gegangen. Das war für mich ganz entscheidend: Wegzugehen aus der alten Umgebung. Dort habe ich dann meine Fühler ausgestreckt und Bekanntschaften mit Lesben gemacht. Als ich dann zurückkam, bin ich gleich in die Frauenszene eingestiegen.«

»Mein Coming out war, zu einem Lesbentreffen mitzufahren, für mich selbst und für die anderen das damit öffentlich zu machen.«

»Das offizielle Coming out meiner Mutter gegenüber hatte ich, passenderweise, am Muttertag. Da war ich 19. Sie hat es dann nach einiger Zeit meinem Vater weitergesagt. Zu dem Zeitpunkt, als ich es ihr gesagt habe, wußte sie es, glaube ich, schon und hat sich danach wohl verpflichtet gefühlt, es ihm weiterzusagen. Und was das gesellschaftliche Coming out angeht: Das ereignet sich jeden Tag aufs neue.«

»Ich glaube, ein echtes Coming out hatte ich zum erstenmal, als ich mit meiner Freundin in einer italienischen Eisdiele geknutscht habe, rausgeflogen bin – und stolz darauf war.«

»Coming out? Ich hatte keines, bis heute nicht, ich hatte immer Angst vor der Festlegung.«

Diese letztgenannte Äußerung trafen so oder ähnlich etwa ein Fünftel der lesbischen Frauen. Offenbar haben diese Frauen, die nicht »festgelegt« werden wollen, große Angst vor der gesellschaftlichen Ausgrenzung, sobald sie sich als Lesben zu erkennen geben. Sie bevorzugen es daher, ihre »andere« Existenz, ihre andere Persönlichkeit, ihre Selbstdefinition lieber nicht klar zu finden und auszudrücken. Dieses Erleben, in einer unklar abgegrenzten »Grauzone« zu leben, bedeutet: Es entgeht ihnen die Chance, ein Zusammengehörigkeitsgefühl in einer Gruppe zu erleben. Lesbische Frauen, die nicht zugeben können, auch nicht vor sich selbst, daß sie »so« sind, können die Stärke und Stützungsmöglichkeiten der lesbischen Subkultur bzw. der lesbisch-feministischen Gruppen nicht in Anspruch nehmen – die ja Solidarität, Würde und Stabilität vermitteln können. Wenn Lesben kein Coming out haben, muß die Abwehr gegen die Frauenliebe, gegen die »andere« Sexualität etc. so internalisiert sein, daß sie nicht stolz und/oder aggressiv darauf bestehen können, »anders« zu sein. Kein Coming out zu haben, verweist auf ein miserables Selbstwertgefühl. Wieviel Kraft muß eine solche Frau wohl aufbringen, um ihre inneren ungelösten und nur unklar empfundenen Auseinandersetzungen mit der heterosozialen Umwelt *nicht* aufzunehmen? Allerdings: wieviel Kraft ist wohl nötig, *um* sie aufzunehmen?!

Wir vermuten – und fanden dafür auch Belege in den Schilderungen der Partnerschaft: Frauen, die kein Coming out haben, belasten die Partnerschaft. Denn alles, was sich zwischen ihnen und der Partnerin abspielt, ist nach außen hin geheim, ist sogar oft innerhalb der Beziehung tabu. Die meisten dieser Frauen – allerdings auch *überhaupt* viele Lesben – sprechen mit der Partnerin nicht über die eigene Sexualität. Und im Gegensatz zu heterosexuellen Frauen sprechen sie nicht einmal mit ihrer besten Freundin darüber!

Das ist auch kein Wunder. Die meisten lesbischen Frauen haben nämlich heterosexuelle »beste« Freundinnen. Und viele haben von heterosexuellen Freundinnen anläßlich ihres Coming outs sehr negative Reaktionen erlebt. Das haben auch Reinberg und Roßbach in ihrer umfangreichen Lesben-Befragung herausgefunden:

»Die herausragende Diskriminierungsform, nämlich die Einschränkung oder der Abbruch von Kontakt, die 37 % aller befragten Lesben erlebten, erfolgte zu 70 % von Frauen...«[30]

Nämlich von Freundinnen! Die Homophobie heterosexueller Frauen muß äußerst groß sein, daß sie aufgrund der Eröffnung der anderen »Ich bin lesbisch« den Kontakt abbrechen. Da liegt es nahe, mit der (nächsten) Freundin erst gar nicht darüber zu sprechen.

Die lesbischen Frauen, die für sich ein Coming out hatten, haben in der Regel ein anderes Selbstwertgefühl, ja eine andere Identität. Sie »stehen dafür ein«, lesbisch zu sein, sie grenzen sich innerlich und äußerlich vom heterosexuellen Leben ab – und von Männern natürlich. Zu direkten Konfrontationen mit einzelnen Männern kommt es dagegen nur sehr selten, meist wird der öffentliche Raum (siehe das Eisdielen-Beispiel) als Forum der offensiven Selbstdarstellung benutzt. Männliche Verwandte, Freunde und Arbeitgeber erfahren es meist nur aus zweiter Hand, wenn überhaupt.

Wenige lesbische Frauen, die ein Coming out hatten, bezeichnen sich dennoch als bisexuell. Bei uns waren es drei (fünf Prozent). Das mag erstaunlich sein. Andererseits: Wenn diese Frauen zu ihrer Frauenliebe stehen, bedeutet es für sie nicht automatisch, sich erotisch endgültig von Männern abzuwenden. Sie leben nach dem Motto: »Ich liebe eine Frau. Jetzt.« Es kann auch sein, daß eine Frau eine Weile Männerbeziehungen hatte und nicht ausschließen mag, später wieder welche einzugehen. Oder sie haben zwar endgültig mit Männern »abgeschlossen«, halten sich aber deswegen für bisexuell, weil sie ja früher Liebesbeziehungen zu Männern hatten.

Das Coming out ist ein Bewußtwerdungsprozeß, bei dem die meisten lesbischen Frauen um die 20 oder älter sind. Es ist die Zeit, in der sich eine erwachsene Identität bildet und nach der Phase des Erprobens die Weichen meist für einige Jahre gestellt werden. Für etliche ist es das Ende einer ersten Frauenbeziehung, nach der sie merken, daß sie wiederum nach einer Frau Ausschau halten (also nicht zufällig in eine Frau verliebt gewesen waren). Das bringt sie auf das Thema lesbische Identität. Und wir vermuten: Die erste Liebesbeziehung mit einer Frau bedeutet: Sie erfährt sich selbst durch die andere, durch ihren Körper, durch die Zärtlichkeit mit ihr, und zwar auf eine so eindeutige Art und Weise, daß sie mit großer Wahrscheinlichkeit gezwungen wird, sich selbst neu zu definieren, zum Beispiel nicht als für Männer unattraktive oder von Männern nicht genügend angezogene, vielleicht gar »frigide« Frau, sondern als *lesbische Frau*!

Verliebt
Von Carolina Brauckmann

Ich hab mich unversehens in eine Frau verliebt,
...
ich wirke ganz gezielt auf 'ne Begegnung ein
...
dann hadre ich mit mir und find mich zu massiv
find es fast schon wieder peinlich und beschließ
zu warten, was da kommt und was da möglich ist
was wiederum, so heißt es, masochistisch ist.

Ich teil 'ner guten Freundin mein Dilemma mit
und hoff, daß sie mir einen Wahnsinnsratschlag gibt
und Trost und Schulterklopfen und Ermunterung,
doch falsch gehofft – sie bohrt in meiner Psyche rum…

Aus: Satirische Lesbengesänge, 1982

Gedanken zur Lage der Nation
Von Magliane Samasow[31]

Mit seiner mutter schläft man nicht –
schon gar nicht und überhaupt mit fremden frauen!
Man träumt nicht von ihnen –
und vor allem küßt man sie nicht, weder heimlich noch öffentlich.
Vor allem streichelt man nicht – läßt sich auch nicht streicheln,
denn das könnte böse folgen haben.

Mädchen denken nicht an mädchen, wissen nichts über und
wollen nichts von mädchen.
Mädchen schlafen nicht mit ihren müttern, träumen nicht von
frauen und streicheln keine – geschweige denn, daß sie sich
in sie verlieben…

Sollte aber, wider erwarten, zufällig und ganz unerwartet
ein mädchen sich, eine frau von einem mädchen oder umgekehrt
– sollte also der seltene und nicht zu erwartende fall eintreten,
daß eine frau eine andere in irgendeiner weise oder in der
oben beschriebenen art herantreten läßt und sich hingibt den
annehmlichkeiten zarter zärtlichkeiten – so ist das – wie
gesagt – rein zufällig und ohne bedeutung, und selbst der
lustgewinn beider auf keinen fall persönlich zu nehmen

4. Sexualität und / in Frauenfreundschaften

> »Ein Mittel zur Entwertung der Frau ist
> die Angst vor der Homosexualität.«
> Jutta Brauckmann[32]

Lesbische Frauen sind Frauen, die andere Frauen lieben, zumindest eine ganz bestimmte Frau. Und dieses »Lieben«
schließt die gemeinsame Sexualität ein. Wenn die Freundin
zur Geliebten wird, hat das sehr weitreichende Folgen. An
die Stelle der Freundschaft tritt die Partnerschaft. Oder:
Freundschaft und Partnerschaft vermischen sich. Die andere
Frau ist auch das begehrte »Andere«, ist die attraktive Frau.
Lesbische Frauen können die Spaltung zwischen Frauen –
theroretisch jedenfalls – aufheben: Sie können sich um die
andere Seite ihrer Weiblichkeit ergänzen. Sie können sich ihr
Alter ego – durch die Sexualität – in gewisser Weise »einverleiben«. Sie können den Diskurs *über* die Partnerschaft (zen-
trales Freundinnen-Thema) *in* der Partnerschaft führen. Sie
können gelebtes, wirkliches Leben *und* phantasiertes zusam-
menfügen. Sie können sich selbst lieben lernen, indem sie lernen, sich auf eine andere Frau zu beziehen. Sie können sich
selbst ernst nehmen lernen – als individuelle Frau wie als Frau
in der heterosozialen Gesellschaft –, indem sie bewußt eine
Frau in ihrem Leben an die erste Stelle setzen. Wie gesagt, das
könnte theoretisch alles geschehen. Faktisch mischen sich die
Möglichkeiten aber mit den enormen Gefahren, die eine solch
enge Bindung unter Frauen mit sich bringt: Die Gefahr, die
Beziehung zu überfrachten, wenn die eine der anderen *alles*
sein soll: Freundin *und* Geliebte. Die Gefahr, sich selbst ein-
zuengen, sich vorzumachen, das Ideal zu leben: ganz eng,
ganz nah, ja mit der anderen verschmolzen zu sein. In zwei
Bereichen zeigt sich diese Mischung aus Chancen und Gefahren am deutlichsten: in der Sexualität und in der Auseinandersetzungsfähigkeit.

Zunächst zum ersten Bereich, der Sexualität. Wir fragten:
»Welche Bedeutung hat Sexualität heute für dich (Sie)?« Hier
einige typische Antworten:

»Sex ist für mich ein Lebenselixier. Etwas, das ich brauche, um mich voll bei Sinnen und bei Kräften zu fühlen.«

»Sehr wichtig. Sexualität gibt mir eine Verbindung mit meiner größten Energie, meiner größten Lebenskraft. Manchmal ist Sexualität ein Tor zu einer größeren Welt der Erfahrung. Das hat mit meiner Spiritualität zu tun, mit spirituellen, ekstatischen Erfahrungen, wie ich sie manchmal im Tanz habe; mit Grenzerfahrungen wie Geburt und Tod. Ich habe schöne und lustvolle Sexualität mit männlichen Partnern gelebt, aber diese Ekstase habe ich erst in meiner langen Beziehung mit meiner heutigen Partnerin gefunden.«

»Die Sexualität spielt für mich eine ungelöste Rolle. Es ist kein Konflikt, der tagtäglich für mich im Zentrum steht. Aber ich habe das Gefühl, ich könnte mich in meiner sexuellen Freiheit stärker noch entwickeln und meine Sexualität noch stärker, noch intensiver erleben. Ich empfinde bei meiner Sexualität, daß ich mich noch weit von der anderen innerlich entferne. Ich kann mich noch nicht genug auf die andere einlassen. Ich habe immer noch Einsamkeitsgefühle. Aber ich möchte meine Sexualität noch entwickeln, wie ich meine Persönlichkeit entwickle in anderen Bereichen. Und da bleibt mir noch einiges zu tun. Ich habe nämlich das Problem, daß ich, wenn ich angeregt bin, so schnell zum Orgasmus komme. Mir geht es so, wie meine Mutter mir das vor Jahren an die Wand gemalt hat, nämlich daß es Männer gibt, die zu schnell sind. Das empfinde ich als Problem von mir. Ich hätte gern eine ganz lange Anlaufzeit, endlos oder so. Ich habe gehört, im Alter soll das so werden (lacht). Ich habe ein Buch über alternde Lesben gelesen, darin wird die Sexualität ganz toll beschrieben – eine ganze Nacht... Und ich hätte gern mal diesen vaginalen Orgasmus; ich habe vor kurzem gehört, er sei doch kein Mythos. Ich bin da noch in der Klitorialphase, und die Art von männlicher Sexualität ist mir zu oberflächlich.«

»Sexualität hat für mich eine sehr, sehr wichtige Bedeutung. Aber das ist erst in jüngster Zeit durch meine neue Liebe gekommen. Zwischenzeitlich war das mal anders, da habe ich schon gedacht – in meiner alten Beziehung – na ja, ich habe nun mal nicht so viele sexuelle Empfindungen. Und heute ist das so, daß mir was fehlt, wenn ich nicht jeden Tag mit meiner Freundin schlafe. Das ist für mich als körperliches Erleben, also als Erleben meines Körpers und meiner neuen Liebe, als Ekstase und Leidenschaft sehr wichtig.«

»Manchmal ist es das Wichtigste überhaupt, manchmal denke ich lange Zeit überhaupt nicht dran, kommt Sexualität ganz an letzter Stelle. Wenn ich frisch verliebt bin, wird es wichtiger. Ich wünsche mir, daß ich selbstbewußter wäre und das zeigen könnte, was ich will. Oder daß ich überhaupt spüren würde, was ich will. Und das führe ich auf die Frauenrolle zurück, daß Frauen eigentlich keine sexuellen Interessen zeigen dürfen. Da habe ich ziemliche Probleme mit, wenn ich etwas von meiner Partnerin will, das dann auch auszudrükken. Es zu zeigen – und vielleicht auch eine Abfuhr zu kriegen.«

»Ich kann mir nicht vorstellen, nur um das Bedürfnis nach Sexualität zu befriedigen, irgendeine Frau anzumachen. Für mich muß es in eine Beziehung eingebaut sein.«

»Sexualität ist für mich der Bereich, in dem ich das, was ich für Frauen empfinde, am unmittelbarsten ausdrücken kann. Es gibt allerdings etwas, das ich gern anders hätte an meiner Sexualität, und das ist die Tatsache, daß sie mich so oft und so viel leiden macht. Bloß ist das nicht unbedingt die Sexualität, sondern das, was über die Sexualität angesprochen wird und zutage kommt, eben meine ureigensten Probleme und Schwierigkeiten im Umgang mit mir selbst, die Nicht-Anerkennung, die ich für mich habe, oder auch die Verachtung, die ich für mich habe. Das sind die Dinge, die in meiner Sexualität auch nach außen treten und die mir Leid machen, mich leiden machen. Weil ich mich dann eben nicht mehr davon distanzieren kann.«

»Ich kann nicht leben ohne Zärtlichkeit, ohne Streichelein-heiten, ohne Zärtlichkeit im Kopf – also wie wir uns behan-deln; rücksichtsvoll sein kann ein Ausdruck von Zärtlichkeit sein. Und was die Sexualität angeht, die Befriedigung, da habe ich oft das Gefühl, es ist alles auf einen Punkt fixiert – die Vagina. Es ist so etwas Gewalttätiges dabei. Ich meine damit, etwas außer Kontrolle Geratenes, etwas, das du nicht mehr kontrollieren kannst. Das Gefühl zu befriedigen, erlebe ich oft als sehr anstrengend.«

»Nach langem Suchen und langen Entbehrungen hat Se-xualität heute eine sehr wichtige Bedeutung für mich. Ohne Sexualität will ich nicht leben. Lust zu haben und auszuleben ist für mich ein fester Bestandteil meines Lebens – es zu äu-ßern, weiterzugeben und zu nehmen.«

»Sexualität hat eine sehr wichtige Bedeutung. Sie gehört für mich mittlerweile selbstverständlich zu meinem Leben; das war nicht immer so. Ich kann seit ein paar Jahren endlich meine Sexualität ausleben und fühle mich wohler dabei, weil ich es als gleichberechtigt erlebe, weil diverse Geschichten, die in meinen Männerbeziehungen dazugehörten, wegfallen: zum Beispiel die Angst, schwanger zu sein, mit der ich immer allein war. Überhaupt war ich mit Männern immer allein mit meiner Sexualität. Ich war mir nie sicher, wo ist mein Wunsch, wo das Muß, wo der Orgasmuszwang. Das läuft jetzt viel klarer, auch mehr nach meinen Wünschen. Ich halte mich nicht unbedingt für passiv, aber ich bin auch noch nicht so aktiv, wie ich gerne sein möchte. Ich müßte meine Wün-sche noch besser formulieren können. Das konnte ich in mei-ner Heterozeit überhaupt nicht.«

»Wahrscheinlich hat Sexualität immer schon eine große Be-deutung gehabt, aber erst im Zusammensein mit Frauen habe ich das für mich auch so erleben können. Sexualität ist für mich der unmittelbarste Ausdruck: ganz große Nähe, die we-nig Möglichkeiten läßt, unecht zu sein. Das genieße ich sehr.«

Die Unterschiede zwischen lesbischen Frauen und heterosexuellen Frauen, was die eigenen sexuellen Empfindungen angeht, sind frappierend. Den entsprechenden Zitaten von heterosexuellen Frauen auf dieselbe Frage wollen wir ein Zitat
der Psychoanalytikerin Marina Gambaroff voranstellen, die
zeigt, welche frauenverachtende Ideologie von erfüllter weiblicher Sexualität auch in den Hirnen kluger Frauen herum-
spukt:

»...›und sie erkannten einander‹ – wahrscheinlich findet
eine endgültige Entfaltung des innerpsychischen Bildes der
Vagina bei Frauen erst durch wiederholten Verkehr mit einem
Mann statt, wodurch gleichzeitig ein Selbsterkennen und eine
Erkenntnis des Mannes möglich werden.«[33]

Nun also einige typische Äußerungen von heterosexuellen
Frauen auf dieselbe Frage: »Welche Bedeutung hat Sexualität
heute für dich?«

»Sexualität hat heute nicht mehr so eine große Bedeutung.
Schön, wenn sie da ist, aber sie ist auch oft nicht da in meiner
Ehe. Das war mal exzessiver, ist es aber nicht mehr. Ich mache
jetzt eine Therapie, weil ich orgasmusfähiger sein möchte.
Das war ich früher ganz stark, aber ich habe es irgendwie
verloren. Durch Abtreibungen, würde ich mal ganz platt sagen. Und Abtreibungen haben natürlich ganz stark damit zu
tun, daß ich eine Frau bin.«

»Ist wichtig. Gehört dazu. Ich halte das für einen wichtigen
Punkt in der Ehe. Also nicht in der Ehe, Quatsch, überhaupt.«

»Sexualität gehört dazu, ist aber nicht vorrangig in einer Beziehung. Ich kann einen Mann darum beneiden, daß er allzeit
bereit ist, mit irgendwelchen Frauen sexuellen Kontakt anzu-
fangen, egal ob sie seine Partnerin ist oder eine fremde Frau.
Männer haben es viel leichter, mit fremden Frauen sexuellen
Kontakt zu haben, als du es als Frau zu mehreren Männern
hast. Ich sehe das an meinem Mann. Der ist jetzt wieder seit
einem halben Jahr mit einer anderen fremdgegangen; ihm fällt
das als Mann leichter, weil er nicht so viele Gefühle in dieses
Sexuelle legt.«

»Ich finde es sehr schön und befriedigend. Also nicht immer. Es ist nicht so, daß ich jedesmal, wenn ich mit ihm schlafe, zum Orgasmus komme. Aber es ist trotzdem schön und entspannend.«

»Ich denke, auch zur Festigung der Bindung ist Sexualität wichtig, und einfach zur Entspannung. Der angenehme Teil...«

»Das Wichtigste, was es auf der Welt gibt. Es ist so toll, bringt so viel Genuß, ist wunderbar. Leider kommt es bei meinem Partner ganz hinten, so an 20. oder 30. Stelle. Und wenn man nur abgewiesen wird, das geht ganz schön an die Substanz. Aber ich weiß, woher's kommt: Ich bin zu fordernd. Aber wenn ich nicht fordern würde, dann würde ich leider wie eine Nonne leben, in der eigenen Ehe.«

»Sexualität bedeutet, dem Körper was Gutes antun. Sexualität kann man von Liebe trennen. Es kann ein rein körperlicher Akt sein, den man vollzieht.«

»Ist mir sehr wichtig. Ich wünsche mir, daß es mit meinem Partner genauso unkompliziert ist, wie ich es für mich alleine erleben kann. Ich erlebe mich mit meinem Mann als nicht so genußfähig und etwas gehemmt und darauf sehend, was abläuft und daß es für den anderen schön ist. Nicht so, daß ich mich dem total hingeben kann.«

»Gar keine große Rolle mehr. Es ist schön, wenn ich's habe, ich vermisse es aber auch nicht, wenn ich's nicht habe.«

»Für mich ist die Sexualität ein ziemlich wichtiger Teil meines Körpers (!) und auch ein wichtiger Teil der Beziehung mit anderen Menschen. Ich habe ein ziemlich großes Bedürfnis, meine sexuellen Wünsche zu befriedigen. Wenn ich's nicht kann, merke ich ganz bewußt, daß ich unzufrieden bin, daß mir was fehlt. Manchmal wünsche ich, die Rollen zu tauschen. Was mir manchmal auf den Wecker geht: daß ich als Frau immer aufmachen muß, so wie die Muttergottes ihren

Mantel aufmacht. Das meine ich jetzt sowohl körperlich als auch in anderen Dingen: daß ich offen sein muß für Probleme, daß es sich so eingespielt hat, daß sich eine Frau alles anhört, sich alles in den Kopf zieht und dann als bearbeitet ausspuckt. Daß die Chance gering ist, daß eine Frau abladen kann, außer wieder bei einer Frau.«

Die Liste von Äußerungen ließe sich noch erweitern. Übrigens ist die durchschnittliche Dauer der Partnerschaften bei lesbischen und heterosexuellen Frauen ähnlich: drei bis vier Jahre. So daß also die mögliche Erklärung wegfällt, die heterosexuellen Frauen seien deshalb etwas desillusioniert, weil sie schon sehr viel länger mit ihren Partnern zusammen sind. Wir müssen also nach anderen Gründen für die auffälligen Unterschiede suchen. Fassen wir dazu die wichtigsten Unterschiede noch einmal zusammen:
- Die lesbischen Frauen sprechen positiver über ihre eigene Sexualität und setzen sich differenzierter mit ihren sexuellen Ausdrucksmöglichkeiten auseinander.
- Die heterosexuellen Frauen reden viel abstrakter über »die Sexualität« an sich, machen aber oft negative Bemerkungen über ihre eigene, ganz konkrete Beziehung.
- Lesbische Frauen betonen die Möglichkeit der Nähe zur Partnerin, den Austausch, die Ekstase. Ihre Rolle könnte man als »wechselseitig aktiv« bezeichnen.
- Die heterosexuellen Frauen betrachten ihre Möglichkeiten, das auszuleben, was sie sexuell empfinden, eher skeptisch und die eigene Rolle eher passiv. In positiven Äußerungen betonen sie eher den »entspannenden« als den ekstatischen Aspekt der Sexualität.

Die Soziologin Jutta Brauckmann kommt in ihrer Studie »Die vergessene Wirklichkeit« zu ähnlichen Ergebnissen. Für die heterosexuellen Frauen in ihrem zwiespältigen Erleben der eigenen Sexualität entwickelt sie einen Erklärungsansatz, der sich etwa folgendermaßen zusammenfassen läßt: Für viele Frauen, die mühsam nach größerer Autonomie im Leben streben, liegt ein gewisser Widerspruch darin, sich dem Mann sexuell hinzugeben. Die (Hetero-)Sexualität bildet den »Kristallisationspunkt der Mann-Frau-Beziehung mit allen Wünschen nach Verständnis, Nähe und Tiefe, aber auch Ängsten von Enge, Ohnmacht, Identitätsverlust«. Dieser Konflikt muß, nach allem, was wir über die Identitätsschwierigkeiten dieser Frauengeneration ausgeführt haben, gerade bei ihnen besonders stark sein. Dem Bedürfnis, sich sexuell zu verweigern, um die Potenz, die Macht des Mannes nicht wieder körperlich zu erfahren, steht das andere Bedürfnis nach einer erfüllten Sexualität entgegen. Er-füllt im besonderen Sinne des Wortes, wie Brauckmann weiter ausführt:

»In je höherem Maße Frauen auf Projektionen angewiesen sind, desto stärker wird die Sexualität als Medium dieser Wünsche fungieren. Diese Frauen werden sich auch sexuell auf den Mann einlassen – nicht, weil sie die konkret-sinnliche Berührung durch den Mann, den Koitus, letztendlich also den Penis, vorziehen, sondern weil dieser bestimmte Mann immer auch das Versprechen der Er-Füllung in sich trägt. Der Koitus als Auffüllung der Vagina durch den Penis, eine Auffüllung, die die Frau nach gängiger Anschauung erst vervollständigt, ist ein perfektes Symbol des sozialen und existentiell-psychischen Rollenverhältnisses. Nur mit dem Koitus, den allein ein Mann gewähren kann, fühlt sich die Frau vollständig. Vollständig im Sinne der Beseitigung eines existentiellen, sozialen und personellen Mangels.«[34]

Offenbar haben – die Zitate zeigen es – einige der Frauen den Schritt zu einer vom Mann unabhängigen Sexualität getan, zur Selbstbefriedigung; und sie betrachten diesen Schritt auch als so selbstverständlich, daß sie ohne Scham darüber sprechen können. Onanie ist (auch für heute 40jährige) nicht mehr verboten. Doch Sexualität mit einer anderen Frau – das ist für sie, bis auf sehr wenige Ausnahmen, nach wie vor tabu. Lesbische Frauen leben dieses Tabu. Ihre Äußerungen über ihre Sexualität spiegeln den aktiven Schritt ins Neuland, in ein zu erforschendes, auch beängstigendes, aber aufregendes Territorium. Da zwischen lesbischen Frauen keine klassische Rollenverteilung herrscht, kann jede aktiv und/oder passiv sein, jede kann die andere erfüllen. Die Vermutung liegt nahe: Wenn eine Frau sich zu dem Schritt entschlossen hat, die tabuisierte Homo-Sexualität mit einer anderen Frau zu leben, dann bedeutet diese Grenzüberschreitung, daß alles möglich ist: die Aufhebung der Trennung zwischen Begehren und Zärtlichkeit, Ekstase und Entspannung, Orgasmus und gegenseitigem »Respekt« – eine Sexualität, in der die Ambivalenz zwischen Hingabe und Autonomie in der Form, wie bei heterosexuellen Frauen, nicht existiert. Dazu paßt das Ergebnis des neuen »Hite-Reports«, nach dem 96 Prozent der lesbischen Frauen sich von ihrer Partnerin geliebt und als »gleichberechtigt« behandelt fühlen[35].

Andererseits müssen sich lesbische Frauen mit anderen gravierenden Problemen herumschlagen, die aus der Tatsache herrühren, daß sie etwas Tabuisiertes, Verbotenes tun. So genießen zwar – um noch einmal den »Hite-Report« zu zitieren – 79 Prozent der lesbischen Frauen »die Kombination von Gesprächsmöglichkeit und körperlicher Zuneigung in intimen Augenblicken«[36]. Das Ergebnis unserer, natürlich sehr viel kleineren, Studie verweist jedoch darauf, daß die lesbischen Frauen

– *über* die Sexualität mit ihrer Partnerin wenig bis gar nicht sprechen; und daß sie
– auch außerhalb der Beziehung – insbesondere mit ihrer besten Freundin, so es eine außerhalb der Partnerschaft gibt – kaum oder gar nicht über ihre Sexualität sprechen.

Nun könnte man sagen: Sie reden nicht über ihre Sexualität, weil sie keine Probleme mit ihr haben, nach dem Motto: »Die Kennerin genießt und schweigt.« Es ist jedoch anzunehmen, daß dies nur die halbe Wahrheit ist. Denn auf die Sexualität mit einer anderen Frau ist eine Frau gar nicht vorbereitet: Was tun zwei Frauen, wenn sie miteinander schlafen?, fragen sich nicht nur viele »Heteros«. Lesbische Frauen haben viel zu entdecken, auszuprobieren, zu erfahren. Und sie werden dabei »sich selbst durch den Körper einer anderen Frau« erfahren, wie das die Psychoanalytikerin Joyce McDougall einmal formuliert hat[37]. Eine sehr viel einfachere Möglichkeit als der umständliche Weg über die Sexualität mit einem Mann, wie es Marina Gambaroff als einzige Möglichkeit darstellt.

Diese Erfahrungen geben sehr viel Stoff für Gespräche unter Freundinnen. Doch da sind die lesbischen Frauen eben in einer Zwickmühle. Entweder ist ihre beste Freundin gleichzeitig die Partnerin. Hat sie Probleme mit dieser oder möchte sie »erst einmal« bei der Freundin einen Rat holen – muß sie entweder die direkte Konfrontation mit der Partnerin riskieren oder weiter entfernte Freundinnen befragen. Und wer macht das schon, wenn es um ein heikles, weil tabuisiertes Thema geht? Existiert aber eine beste Freundin außerhalb der Partnerschaft, so handelt es sich bei dieser häufig um eine heterosexuelle Frau. Und »wer wird schon einer Blinden von der Farbe erzählen?«, wie das eine Frau ironisch kommentiert hat. Anders ausgedrückt: Da heterosexuelle und lesbische Frauen eine völlig andere Sexualität er-leben, werden sie wohl kaum eine gemeinsame Sprache für ihre sexuellen Phantasien und Wünsche finden. Außerdem ist die autonome (unbemann-te) Sexualität unter Frauen für heterosexuelle Frauen etwas, das tiefsitzende Ängste und Abwehrmechanismen mobilisiert (siehe Brauckmann). Und umgekehrt ist Heterosexualität etwas, das eine lesbische Frau entweder selten oder nie als befriedigend erlebt oder (in den meisten Fällen) hinter sich gelassen hat.

Und selbst bei der Minderheit der lesbischen Frauen, deren beste Freundin ebenfalls lesbisch ist, scheint eine große Zurückhaltung zu bestehen, mit ihr über Sexualität zu sprechen. Dies könnte damit zusammenhängen, daß – wie generell unter Frauen – die Abgrenzung schwierig ist. In diesem Fall: Da Frauen potentielle Sexualpartnerinnen sind, müssen lesbische Frauen, die neben der Partnerin noch eine »beste Freundin« haben, dieser gegenüber die sexuelle Anziehung verdrängen. Das schafft nicht gerade ein Klima, mit der anderen ausführlich über Sexualität zu sprechen…

Exkurs: »Ich schaue meine Freundin an
und sehe meine Mutter«

An der Sexualität der lesbischen Frauen zeigt sich eine Beziehungsdynamik, deren Ursprünge weit in die lebensgeschichtliche Entwicklung zurückreichen. Um sie verstehen zu können, müssen wir uns noch einmal der »ersten Liebe«

des Kindes zuwenden, die eine gleichgeschlechtliche Liebe war: der Beziehung zwischen Mutter und Tochter.

Mädchen bleiben lange in einer engen Verbindung mit der Mutter. Sie müssen sich nicht so früh von ihr ablösen, müssen sich nicht als »das andere« begreifen und anderswo ihre Identität suchen, wie das Jungen tun müssen. Oder, wie Margaret Mead nach ihrer Untersuchung an sieben Völkern der Südsee zusammenfaßt: Die Identifikation des Mädchens mit dem eigenen Geschlecht lehrt es, zu *sein*; der Junge hingegen muß seine Passivität aufgeben, er muß etwas *tun*, um eine Identität zu gewinnen[38]. Doch auch Mädchen müssen sich irgendwann von der Mutter lösen. Diese Ablösung ist oft ein langwieriger und sehr schmerzhafter Prozeß, denn er mobilisiert auf beiden Seiten – bei Mutter und Tochter – alle Ängste aus früheren Zeiten. Dies wiederum mag ein Erbe sein, das eine Müttergeneration an die andere Müttergeneration weiterreicht. So vermutet Gambaroff, daß der von Margaret Mahler[39] so genannte »Glanz in den Augen der Mutter« eher den Söhnen als den Töchtern gegenüber entsteht. Und zwar deshalb, weil

»für viele Frauen die Idealisierung des Körpers und der Geschlechtlichkeit ihrer Töchter, die einen gesunden Narzißmus... und damit... Ablösung fördern würde, eine allzu große unbewußte Annäherung an die frühe libidinöse Beziehung zur *eigenen Mutter* bedeutet. Die dadurch aktualisierten Verschmelzungswünsche und -ängste müssen abgewehrt werden.«[40]

Durch einerseits ungeheure Nähe, andererseits massive Abwehr entstehen widersprüchliche Eindrücke bei Mutter und Tochter. Die Tochter erlebt – spätestens ab der Pubertät – die Mutter als »aufdringlich«, »überstülpend« und hat das Gefühl, Gegendruck gegen ihren massiven Zug entwickeln zu müssen, um sich von ihr lösen zu können (nicht alle Töchter erleben das, aber sehr viele). Bei der Mutter kämpfen zwei Bedürfnisse miteinander: die Tochter festzuhalten – und sie loszulassen. Aufgrund der Abgrenzungs- und Auseinandersetzungsschwierigkeiten beider, wie wir sie im ersten Teil dieses Buches geschildert haben, liegen meist ihr Leben lang Gefühle wie Einssein und Liebe einerseits, Haß und Entzweitsein andererseits gefährlich dicht beieinander. Gefährlich deshalb, weil es die Möglichkeit noch schwerer macht, die jeweils andere Frau wirklich als »das Andere« betrachten zu können. Wollte man diese Ambivalenz in Worte fassen, kämen so seltsame Sätze dabei heraus, wie:

»Ich liebe dich – ich hasse dich.«

»Ich verschmelze mit dir – ich habe Angst, daß du mich verschlingst (oder ich dich).«

»Ich hasse dich – ich habe Angst, daß du, von mir getrennt, mich (als das Andere) vernichtest.«

Die unheimliche Nähe

Solche Empfindungen werden tendenziell immer zwischen Frauen aktiviert. Ganz besonders aber in der Sexualität unter Frauen. Denn wenn wir davon ausgehen, daß der Orgasmus eine Form der Regression darstellt: Entgrenzung, Verschmelzung, Auflösung des Ich..., dann wird der Orgasmus, den eine Frau mit einer Frau und durch sie erlebt, ganz andere unbewußte Entgrenzungs-Erfahrungen mobilisieren, als es bei dem Orgasmus einer Frau mit einem Mann der Fall ist. In der heterosexuellen Vereinigung finden sich zwei »Andere« zusammen. In der gelungenen Sexualität verschmelzen beide miteinander – und trennen sich wieder. In der lesbischen Sexualität finden sich zwei »Gleiche« zusammen, verschmelzen miteinander – und bleiben Gleiche. Die Gefahr, sich – im übertragenen Sinne – nicht mehr aus der Verschmelzung lösen zu können, sich nicht als von der anderen Frau getrennte, erwachsene, autonome Person begreifen zu können, das bedingungslose, absolute Einssein auch jenseits des Sexuellen zu brauchen, nicht davon loszukommen, es einzuklagen – diese Gefahr ist sehr groß, wenn zwei Frauen sich lieben. Und auch wenn das lesbische Frauen meist nicht wahrhaben wollen, eine zusätzliche Gefahr liegt auf der Hand: daß sie die Konflikte, Ängste, Liebes- und Haßgefühle, die sie mit der Mutter verbinden und die weitgehend unbewußt sind, als Hypothek in die Beziehung zur Partnerin einbringen. Und da die meisten lesbischen Frauen ein sehr problematisches Verhältnis zu ihrer Mutter hatten, dürfte das eine beträchtliche Hypothek sein.

Die ungeheuren eigenen Entfaltungsmöglichkeiten, die eine Frau in einer Beziehung zu einer Frau erleben kann, wenn diese Beziehung auch die Sexualität mit einschließt – und gleichzeitig die Gefahren und Probleme, die damit verbunden sind –, spiegeln sich in den Antworten lesbischer Frauen auf eine bestimmte Frage. Wir haben nämlich nur die lesbischen Frauen gefragt, was ihrer Ansicht nach in lesbischen Beziehungen »anders« sei als in heterosexuellen Beziehungen, die sie selbst früher hatten und/oder in ihrer Umgebung beobachten.

»Ich habe das Gefühl, daß ich bei Frauen eher die Distanz zur Person überwinden kann. Dagegen glaube ich, daß sich zwischen Frauen und Männern immer wieder eine Distanz bildet, oder daß plötzlich eine Wand da ist, wo man schlecht drüber kommt, schlecht eine Verbindung herstellen kann. Ich meine, daß Frauen untereinander ähnlich fühlen. Ich glaube auch, daß Männer sich unter Liebe etwas anderes vorstellen als Frauen.«

»Die Sexualität ist völlig anders, der Umgang miteinander. Mit einem Mann konnte ich nie so vertraut umgehen, wie ich es mit einer Frau kann. Vertrauen ist unheimlich wichtig, die Intimität.«

»Ich präsentiere mich mehr, ich bin mehr da, bringe mich tatsächlich ein. Das habe ich Männern gegenüber überhaupt nicht gemacht.«

»Für mich ist das zentrale Problem, daß Frauenbeziehungen meist als symbiotische Beziehungen aufgebaut und auch gelebt werden. Das finde ich gefährlich, weil damit einhergeht, daß jede ihre Identität verschwinden läßt und eine Einheit hergestellt wird, die eigentlich nicht lange Zeit so harmonisch bleiben kann. Das ist ein sehr schmerzhafter Prozeß, diese Symbiose wieder aufzulösen. Darüber würde ich gern häufiger mit anderen Lesben reden, weil ich denke, es ist in vielen Frauenbeziehungen so.«

»Das Gleichsein in der Beziehung ist anders bei lesbischen Beziehungen. Die Ähnlichkeit, das Vertrauen und Vertrautsein.«

»Ein Problem, das ich bisher nur bei Lesben erlebt habe, ist das Problem, sich zu distanzieren. Das fällt Frauen untereinander wesentlich schwerer. Sie wollen sich viel mehr mit der Freundin identifizieren und sie als Teil von ihrem Leben sehen. Heterofrauen haben es viel einfacher, sich rauszulösen und zu sagen: Der ist sowieso ganz anders als ich. Diese Trennung der Heterofrauen, eine Freundin zum Reden zu haben und einen Mann zum Zusammenleben, das kann auch eine Erleichterung sein. Das gibt es bei Lesben nicht so; meiner Meinung nach beruhen viele Probleme von Lesben darauf.«

»Aller Anfang einer Lesbenbeziehung ist die Suche. Die Auswahl ist nicht groß: das kann dazu verleiten, sich nicht so schnell zu trennen, und es bremst Auseinandersetzungen. Diese Beziehungen können leicht etwas Klebriges kriegen.«

»Zu einer Frau habe ich von vornherein mehr Vertrauen, fühle mich gleichberechtigter, auch in der Sexualität, handle nicht nach Richtlinien. Eine besondere Gefahr in Frauenbeziehungen ist, sich nicht zu trennen, wenn eigentlich eine Trennung ansteht.«

»Frauen hängen stärker aneinander. Zum einen durch den Außenseiterstatus, zum anderen durch die Gefahr – und die Freuden! – der Verschmelzung miteinander. In einer Beziehung zu Männern ist auch die Sexualität deutlich etwas anderes, da kann sich die Frau abgegrenzter erleben.«

5. Weibliche Aggressionen

Wenn wir im folgenden über weibliche Aggressionen sprechen wollen, dann müssen wir zuerst einmal von der berühmten, angeblich typisch weiblichen *Aggressionshemmung* sprechen. Und davon, daß »Aggression« – oder in der psychologischen Fachliteratur: »Aggressivität« oder »aggressives Verhalten« – zwar ausgiebig untersucht und beschrieben wurde, doch daß der aggressive Mensch immer ein Mann war. Berühmte Vorbilder von Kain über Oedipus bis Hamlet (»Hier stehe ich, ich kann nicht anders«) bieten Männern bis heute positive wie negative Identifikationsmöglichkeiten.

Der aggressive Mensch ist der aggressive Mann. Konsequenterweise ist die Frau dann der aggressionsgehemmte Mensch. Die Verhaltensregeln für Frauen sehen seit vielen Jahrhunderten auch entsprechend aus. Mann nahm an, daß sie entweder nicht über einen aggressiven Trieb verfügen oder daß es ihnen gelingt, ihn erfolgreich zu unterdrücken. Sie sind zuständig dafür, das Leben zu geben – Männer dafür, das Leben zu nehmen. Daß Frauen gesellschaftlich ein eigenes aggressives Verhalten zugestanden wird, ist noch jüngeren Datums als das Zugeständnis, sie verfügten über eine eigene Sexualität.

Wird aggressives Verhalten von Frauen öffentlich, dann wird es wesentlich härter sanktioniert als das von Männern – was sich zum Beispiel in den im Durchschnitt höheren Haftstrafen für Frauen äußert, die wegen Raub oder Mord verurteilt werden. Noch häufiger ist allerdings der Versuch, aggressive Frauen für nicht zurechnungsfähig zu erklären. In Frauenfilmen wie »Die Stille um Christine M.« oder »Nuts« geht es zentral um die Frage: Kann eine Frau, die (einen Mann) getötet hat, überhaupt psychisch »normal« (sprich: eine »richtige Frau«) sein? Mordprozesse gegen Frauen – wie zum Beispiel Monika Weimar[41] – ähneln, zumindest was die Sensationspresse betrifft, modernen Hexenprozessen.

Während offen aggressives Verhalten bei Frauen also extrem sanktioniert wird, gelten andere Formen indirekter, verdeckter Aggressivität als »typisch weiblich« und werden belächelt oder höchstens verachtet: »Wadenbeißen«, sticheln, hinterm Rücken reden, mit Schweigen oder Liebesentzug strafen... Doch diese weiblichen Waffen (zu denen noch Charme, Umschmeicheln, nach dem Munde reden... hinzukommen) können auch sehr scharfe, wenn auch unsichtbare Waffen sein. Ihr Motor und ihre Wirkung zugleich: Schuldgefühle.

Und dann gibt es natürlich aggressives Verhalten, das sehr nützlich ist und das wir im folgenden genauer betrachten wollen: die Fähigkeit, Wut zu empfinden, Ärger zu äußern, sich auseinanderzusetzen, produktiv zu streiten. Wie gut oder wie schlecht können Frauen selbst aggressiv sein und mit den Aggressionen anderer Menschen – Partnerin, Freundin – umgehen?

Diffuse Wut

»Das Vermächtnis der Mütter ist die Kapitulation.«
Phyllis Chesler

Freundinnen haben große Schwierigkeiten, sich zu streiten. Mehrere unserer Fragen zielten darauf, was geschieht, wenn die Frauen und ihre Freundinnen Probleme untereinander haben. Die Antworten waren meist: abwarten, aus dem Weg gehen etc. Fragten wir hingegen nach unterschiedlichen *Meinungen* der Freundinnen, dann antworteten die Frauen häufig, darüber würde dann »diskutiert«, unterschiedliche Positionen könnten dann ruhig nebeneinander stehenbleiben, und dabei könnten die beiden es dann auch belassen. Auf Nachfragen wurde ein wichtiger Unterschied deutlich:

Auseinandersetzungen um »extreme Themen« – Wie behandelst du deinen Mann/wie läßt du dich von ihm behandeln, zum Beispiel – *sind durchaus erwünscht und werden auch ausgetragen.* »Interne« Auseinandersetzungen – wie behandelst du mich bzw. verhalte ich mich dir gegenüber richtig – *finden so gut wie nicht statt.* Fühlt sich die eine Frau von der anderen verletzt, gedemütigt, schlecht behandelt – oder umgekehrt: sich stark zu ihr hingezogen, möchte sie »mehr« von ihr, dann muß sie das mit sich selbst ausmachen oder mit anderen Freundinnen (oder dem Partner) darüber sprechen. *Die »Binnenstruktur« der Freundschaft steht nicht zur Diskussion*. Positive und – noch mehr – negative Gefühle füreinander werden höchstens angedeutet, über sie offen zu sprechen, sie gar zum Streitpunkt zu machen, ist tabu. Kontroversen, in denen es offen »ans Eingemachte« geht, so wie sie in Partnerschaften stattfinden, die gibt es in Frauenfreundschaften nicht (von Ausnahmen abgesehen). Warum nicht? Wie kommt die merkwürdige Hemmung unter Frauen zustande, sich um die Beziehung zu bemühen, sich Spannungen untereinander einzugestehen, eventuell sogar die mögliche Trennung von der »besten« Freundin in Worte zu fassen, darüber sprechen zu können?

Die Angst vor dem Verlust der freundschaftlichen Liebe mag dabei eine nicht unbeträchtliche Rolle spielen. Der Angst vor Liebesverlust korrespondiert die Angst, selbst durch eigenes Verhalten die Beziehung zu zerstören. Margarete Mitscherlich hat das einmal so ausgedrückt:

»Die tiefe Angst, die Liebe der Menschen, die einem am nächsten stehen, durch seine Aggressionen und Entwertungstendenzen zerstört zu haben, ist besonders für Frauen oft kaum zu bewältigen.«[42]

Selbst lesbische Frauen verhalten sich ihrer besten Freundin gegenüber so – wenn sie nicht gleichzeitig die Partnerin ist. Mit der Partnerin *müssen* sie sich streiten, mit der Freundin vermeiden sie es, wo es nur geht. Hängt die Auseinandersetzungsfreude und -pflicht von der sexuellen Intimität ab? Denn bei heterosexuellen Frauen ist der Unterschied in der Form der Auseinandersetzung zwischen Partnerschaft und Freundschaft noch viel deutlicher: Mit dem Partner streiten sie sich nicht selten, daß die Fetzen fliegen. Mit der Freundin nicht.

Offenbar hat Sexualität und Aggressivität viel miteinander zu tun. Stimmt dann die These: *Mit dem Menschen, mit dem eine Frau schläft, streitet sie sich auch?* Dieser Frage wollen wir nachgehen.

Zwar gilt es inzwischen als selbstverständlich, aber wir wollen es noch einmal betonen: Die Grundlagen für die Schwierigkeiten von Frauen, offene Aggression zu zeigen, liegen in der über Jahrhunderte tradierten Rollenaufteilung:

»Die passiv-aggressive, abhängige und leidensbereite Haltung der Frau wird durch die geschlechtsspezifische Sozialisation begünstigt, die dem Mann nach wie vor Aggression, Selbstbehauptung, Gefühlsabwehr offen zugesteht, der Frau aber unverändert die Rolle der sich Anpassenden, Gefühlvollen und Dienenden zuweist.«[43]

Doch aufgrund der unterschiedlichen Behandlung von Partnerin und Freundin müssen wir zusätzlich fragen: Welche Verbindung gibt es zwischen Sexualität und Aggression? Beide lassen die eigenen Grenzen spüren, beide können zur Entäußerung, zum Verlust der Selbstkontrolle führen. Beides bereitet »Lust« und ist, psychoanalytisch gesprochen, Triebabfuhr. Doch im Unterschied zur Aggressivität muß in der Sexualität der Verlust der Selbstkontrolle nicht so stark gefürchtet werden. Denn in ihrer sexuellen Äußerung wendet sich die Frau dem Partner oder der Partnerin liebevoll zu (in der Regel jedenfalls). In der Aggressivität liegt jedoch eine große Gefahr in der Selbstentäußerung. Denn wenn die Selbstkontrolle aussetzt, können sich die aggressiven Impulse zerstörerisch, ja tödlich auswirken – für die eigene, die andere Person oder beide. Es scheint aber so zu sein, daß die Person, mit der eine Frau die sexuelle Intimität und Selbstentäußerung erlebt, auch die Person ist, mit der sie noch am ehesten aggressiv umgeht. Eine gewisse Angstfreiheit und Vertrauen scheinen hier, zumindest nach Aussagen etlicher Frauen, eine wichtige Rolle zu spielen. Und es gehört ja auch einiges Vertrauen in die Stabilität einer Beziehung dazu, dem anderen Menschen zu sagen: »Du hast mir weh getan« oder »Ich bin wütend auf dich« oder auch »Ich möchte mehr/näher mit dir zusammensein«. Denn das Risiko, zurückgewiesen, (noch mehr) verletzt zu werden oder in einen eskalierenden Streit auszubrechen, an dessen Ende vielleicht die Auflösung der Beziehung steht, das macht Angst. Man muß sich da schon auf die andere Person verlassen können, darauf, daß sie mit der Äußerung auf eine Weise umgehen kann, die nicht zerstörerisch ist. Mit anderen Worten: Um ein Risiko wie eine Auseinandersetzung innerhalb der Beziehung eingehen zu können, muß diese Beziehung tief gründen. Oder es muß so sein, daß der Frau gar nichts anderes übrigbleibt, wenn sie die Beziehung weiterführen will. Letzteres scheint uns eine große Rolle im Leben von Frauen zu spielen. Denn auf unsere Frage: »Kannst du dich gut auseinandersetzen und tust du es gern?« gaben die meisten Frauen zu: Nein, sie setzen sich überhaupt nicht gern auseinander. Und sie können es auch nicht besonders gut. Aber sie wollen es unbedingt lernen, weil sie einsehen, daß es nötig ist. Und das scheint in der Partnerschaft einfach mehr und öfter der Fall zu sein als in der Frauenfreundschaft.

Ist es nur der große Energieaufwand, den die Frauen scheuen, so daß sie sich hierbei auf die aktuell »wichtigere« Beziehung, die Partnerschaft, konzentrieren? Wenn wir wirklich verstehen wollen, wie Freundinnen miteinander umgehen, wenn es um die »Binnenstruktur« der Beziehung geht, müssen wir genau betrachten, wie sie allgemein mit negativen Empfindungen fertig werden. Mit anderen Worten: Wir müssen uns ansehen, wie Frauen *generell* ihre aggressiven Impulse erleben und äußern, *insbesondere* gegenüber anderen Frauen.

Zur traditionellen Erziehung von Mädchen gehört, ihnen beizubringen, ihre Aggressionen (genauso übrigens wie ihre sexuellen Bedürfnisse) *nicht* offen zu äußern. Ein Mädchen, das sich heftig streitet, andere anbrüllt, ja, sich vielleicht sogar prügelt »wie ein Junge«, verhält sich ganz und gar nicht so, wie es von einem »braven Mädchen« erwartet wird. Dies gilt insbesondere für die Frauen der Generation, die wir befragt haben. Zwar brachen 80 Prozent bis zur Pubertät aus diesem Schema aus und benahmen sich zum Teil wie Jungen, aber dann wurden sie von den Erwartungen an ihr Geschlecht eingeholt: Jetzt *mußten* alle Heranwachsenden sich wie »typische junge Damen« verhalten.

Wie sich die große Schwierigkeit von Frauen, sich von anderen Menschen – auch von Liebespartnerinnen und Freundinnen – abzugrenzen, später im Leben auswirkt, dafür ein Beispiel: Margrit Brückner in ihrem Buch »Die janusköpfige Frau«:

»Die innere Unfähigkeit, sich selbst und anderen Grenzen zu setzen, läßt auf Dauer – ohne Selbstgefährdung – nur ›ungefährliche‹, reduzierte Beziehungen zu. Dem unendlichen

Verlangen nach Nähe innere Grenzen zu setzen und auf einem eigenständigen Selbst zu beharren, verlangt einen Grad von Autonomie, der ... Frauen unter den bestehenden gesellschaftlichen Verhältnissen und deren Auswirkungen auf die weibliche Identitätsbildung versagt bleibt. So führen Verschmelzungswünsche schnell in die Selbstzerstörung. Die Selbsterhaltung in der Liebesbeziehung hingegen *scheint nur zu häufig lediglich durch... Idealisierung oder Entwertung des Anderen gewährleistet.*«[44]

Das Mädchen muß sich ein »Bild« (psychoanalytisch: Imago) von Mutter und Vater machen. Zudem gewinnt es Eindrücke von Frauen und Männern seiner Umwelt und aus Medien, die zu Bildern von »Mann« und »Frau« werden. Sie gewinnen damit Bilder gesellschaftlicher *Wirklichkeit*, erworben durch *Phantasiearbeit*, in die sich individuelle Erfahrungen mit Ideologischem mischen. Im Laufe dieses Prozesses gelangen Mädchen (Jungen auch, aber auf andere Weise) dazu, ihnen wichtige Menschen genauso wie das eine und andere Geschlecht als solches zu idealisieren oder abzuwerten; wobei Männer, solange sie abwesend sind und durch den Mythos der »romantische Liebe« eher idealisiert, Frauen – das eigene Geschlecht! – eher abgewertet werden.

Exkurs: Image und Imago

Abgrenzen kann man sich immer nur von einem Menschen, von dem man sich ein »Bild« gemacht hat. Imago nennen das die Psychoanalytiker. Die erste Abgrenzungsleistung, die das Mädchen erbringen muß, ist die von den Eltern. Vom Vater trennt sich das Mädchen zum erstenmal, als es entdeckt, daß er dem anderen Geschlecht angehört, also »nicht so ist wie« sie, damit auch kein direktes Rollenvorbild. Zum zweitenmal trennt sie sich von ihm in der Pubertät. Dann nämlich – so haben es auch die von uns Befragten deutlich gemacht – kann der Vater nichts mehr mit der Tochter »anfangen«; er kann sie nicht länger als Sohnersatz betrachten, und von der sexuell Heranreifenden zieht er sich zurück. Hier spielt sicher das Inzesttabu eine große Rolle. Andererseits scheint es durchaus auch etliche Väter zu geben, die sich, verbal oder tätlich, sexuelle Übergriffe gegenüber der Tochter erlauben. Wie erschreckend häufig, wie beinahe selbstverständlich – jeder weiß es, aber niemand redet darüber – solche Übergriffe sind, zeigt die Tatsache, daß Ruth-Esther Geiger in einem für Jugendliche verfaßten Lesebuch unter dem Titel »Wenn die Liebe losgeht« ein ganzes Kapitel diesem Thema widmet. Überschrift: »Sexueller Mißbrauch als erstes Erlebnis«[45].

Beide Reaktionsweisen des Vaters stoßen das Mädchen zurück und zwingen es zur Abgrenzung.

Was hat es nun mit dieser »Imago« auf sich, die entstehen muß, damit sich das Mädchen abgrenzen kann? Einfach ausgedrückt: Der andere Mensch muß *Konturen* haben, um als vom Ich abgegrenzt erlebt zu werden. Er muß eindeutig als »das Andere« wahrnehmbar sein. Der Vater hinterläßt ein solches Bild bei der Tochter; von ihm kann sie sich abgrenzen, das erleichtert ihr auch später die notwendige Abgrenzung vom männlichen Partner. Ob das Bild der Wirklichkeit entspricht, oder ob es sich eher um etwas handelt, das man neudeutsch ein »Image« nennt, ist die Frage. Denn Väter glänzen durch Abwesenheit, zumindest war das bei der heute erwachsenen Frauengeneration der Fall, von der hier die Rede ist. Das Bild des Vaters ist wesentlich bestimmt durch das, was das Mädchen *nicht sieht*, vermischt sich aber mit dem, was es dem Vater gegenüber *empfindet*. So ruft ein bestimmter Vater zum Beispiel bei seiner Tochter einerseits den Eindruck »erfolgreicher Geschäftsmann« hervor, andererseits spürt sie, daß er der Mutter gegenüber unsicher, ja unterlegen wirkt, wofür ihn die Tochter einerseits verachtet, andererseits besonders liebt, weil sie ihn als »weich« erlebt – und merkt, daß auch sie ihn »um den Finger wickeln kann«. Aus seinen Erzählungen bekommt sie sein »Image« mit, das gemeinsam mit ihren konkreten Erfahrungen und Emotionen die »Vater-Imago« ergibt.

Das Bild, das sich das Mädchen von der Mutter machen muß, um sich von ihr loslösen zu können, ist sehr viel schwerer zu bilden. Das hängt sehr stark damit zusammen, daß das Mädchen *dem gleichen Geschlecht angehört wie die Mutter, dauernd mit ihr zusammen ist und sie eingespannt in ihre*

Pflichten erlebt. Drei Faktoren spielen also eine wesentliche Rolle: Das gleiche Geschlecht bedeutet: Die Mutter ist *wie sie.* Zudem ist sie nicht irgendeine Frau, sondern die Frau, mit der sie einmal unauflöslich verbunden war, mit der sie eine Einheit gebildet hat. Sich von dieser Frau abzulösen, ist eine besonders schwere Aufgabe. Der zweite Punkt, das dauernde Zusammensein, macht die Abgrenzung nicht leichter. Denn dauernd zusammen sein heißt auch: vieles gemeinsam tun, eine gemeinsame Umwelt haben – die kleine Welt des familiären Zuhauses. Es heißt weiter, die Mutter in- und auswendig zu kennen. Die Mutter kann kein »Image« haben, da sie *kein Geheimnis* hat. Sie ständig vor Augen zu haben, macht sie zur vertrauten, geliebten, gebrauchten – aber oft auch zur langweiligen Person. Und es erschwert die Entstehung eines kontrastscharfen Bildes, da die eigene Person sehr stark und sehr lange mit der Person der Mutter verwoben bleibt. Und der dritte Punkt, die Mutter immer in ihre Pflichten eingespannt zu erleben, bedeutet: Es ist schwer festzustellen, wer die Mutter »eigentlich« *ist* oder sein *könnte*. Die meisten von uns befragten Frauen schildern ihre Mutter als unglücklich, eingesperrt in den Haushalt, pflichtbewußt – und tatsächlich als langweilig. Während sie den Vater in seiner *Freizeit* erlebten und dort seine *Interessen* und Hobbys feststellen und ab und zu sogar mit ihm teilen konnten, hat die Mutter *Dienst rund um die Uhr.* Selten, daß eine Frau auf die Frage »Was hast du mit deiner Mutter gemacht?« von irgendeiner anderen Beschäftigung erzählte als: Haushalt, Schularbeiten, Reden über Probleme. Die gleiche Frage zum Vater hingegen ergab eine Vielzahl von Aktivitäten, die zwar *zeitlich* viel weniger in Anspruch nahmen als die Gemeinsamkeiten mit der Mutter, aber als etwas *Besonderes* auf ewig im Gedächtnis geblieben sind.

Die sogenannte »Mutter-Imago«, das Bild also, das sich eine Tochter von der Mutter macht, ist einerseits sehr detailliert: Keinen Menschen kennt die Tochter in der Regel so gut wie die Mutter. Andererseits ist dieses Bild arm an Konturen. Hinzu kommt, daß Mutter und Tochter nur in Ausnahmefällen gelernt haben, sich produktiv zu streiten. Wie wir schon im ersten Teil des Buches ausgeführt haben, besteht die

hauptsächliche Reaktion der Mutter auf Auseinanderset-
zungsversuche der Tochter in aggressivem Schweigen (Liebesentzug, Tränen) und gelegentlichen heftigen Wutausbrü-
chen (»Kochlöffel kaputtschlagen«). Die Möglichkeit, genau
festzustellen: »Da stehst du, und hier stehe ich« ist also
schwierig für die Tochter. Die Mutter läßt sich nicht als (inneres) *Bild* gewinnen, sondern bleibt ein (äußerer) *Teil* von ihr.
Ein Erbe, das dazu führt, daß Frauen zeitlebens Probleme mit
der Abgrenzung von anderen Frauen haben.

Aufgefallen ist uns allerdings, daß diejenigen der von uns
befragten Frauen, deren Mutter *berufstätig* war, sich eher von
ihr abgrenzen konnten. Gründe:

– Die Mutter hatte auch noch ein »anderes« Leben, das die
  Tochter nicht direkt beobachten konnte. Sie war also zum
  Teil eindeutig eine »andere« Person.
– Die Tatsache, daß die Mutter oft weg ist, zwingt die Tochter früher als die Töchter nicht-berufstätiger Mütter, sich
  von ihr unabhängig zu machen, mit anderen Worten: sich
  abzulösen.
– Die Töchter berufstätiger Mütter schildern diese als »oft
  erschöpft«, doppelbelastet etc. »Sie hatte wenig Zeit für
  uns«, auch wenn sie da war. Das bedeutet: Auch früh-
  morgens, abends und am Wochenende, also bei Anwesen-
  heit der Mutter, ist diese wenig »verfügbar«. Auch das
  zwingt zur Abgrenzung, auf ähnliche Weise wie vom
  Vater.[46]
– Die Töchter berufstätiger Mütter erinnern sich an mehr
  Interessen ihrer Mütter. So war zum Beispiel »Schaufen-
  sterbummeln« ein beliebtes gemeinsames Interesse von
  Mutter und Tochter. Voraussetzung für lustvolles Einkaufen mit der Mutter ist sicherlich deren größere ökonomische Unabhängigkeit.

Fazit: Die Töchter berufstätiger Mütter können sich von
diesen tendenziell sowohl ein »Image« bilden (zum Beispiel
über das »Berufs-Ich« der Mutter), als auch eher eine
»Imago«; da sie die Existenz der Person ihrer Mutter unabhängig von sich selbst wahrnehmen *müssen*. Ansonsten aber
gilt auch für sie, was für alle Frauen zutrifft: Tendenziell und
im Vergleich zur Vater-Imago ist das Bild, das sich die Toch-

ter von der Mutter macht, eher verschwommen. Und das behindert die Ablösung ebenso wie die spätere Abgrenzung von anderen Frauen.

Sind lesbische Frauen »anders« aggressiv?

»Keine Frage: Lesben sind aggressiver als Heterofrauen.« Das dürfte unstrittig die öffentliche Meinung sein. Lesben haben das Image der »Powerfrau«, die durchaus auch verbal oder sogar tätlich aggressiv gegen Männer (und, fürchten manche, auch gegen Frauen) vorgeht. Selbst viele Lesben haben dieses Selbstbild. Und in der Außendarstellung mag da auch etwas dran sein. Der wohl wichtigste Grund liegt in der massiven Diskriminierung lesbischer Frauen in der Öffentlichkeit. Die von Reinberg und Roßbach befragten lesbischen Frauen haben zum Beispiel zu 76 % über Diskriminierungen in der Öffentlichkeit berichtet, 73 % in der Familie und noch 63 % im Freundes- und Bekanntenkreis. Ihre Aggressivität ist da wohl eher ein Re-agieren. Das Bild der aggressiven Lesbe ist hingegen völlig falsch, wenn es um die »Binnenstruktur« der Liebesbeziehung lesbischer Frauen geht.

Lesben setzen sich »von gleich zu gleich« miteinander in Beziehung. In der Sexualität kann daher eine noch stärkere Verschmelzung stattfinden als in einer Mann-Frau-Beziehung (»eins und eins ist eins«): die Möglichkeit, ein Ganzes zu werden, mit ihresgleichen zu einer untrennbaren Einheit zu verschmelzen. Doch dies enthält auch die Gefahr für jede der beiden Beteiligten, als Individuum zu verschwinden, zu verlöschen, sich aufzulösen. Die Verschmelzung muß daher, bei allem Glück, das sie auslösen kann, auch als bedrohlich erlebt werden und deshalb wütend bzw. ängstlich machen.

Der Orgasmus stellt für Frauen wie für Männer die intensivste Regression dar, die menschenmöglich ist, »als würden die trennenden Grenzen für Augenblicke verschwinden« (Freud). Die orgiastische Verschmelzung zweier Frauen erinnert wie keine andere Form der Sexualität an das Verschmolzensein des Säuglings mit der Mutter. Die Chance, zu einem grenzenlosen Ganzen, und die Gefahr, »zu Null« zu werden, als »Ich« in der

Beziehung gänzlich zu verschwinden (nicht nur die Grenzen des Ichs) – diese beiden Aspekte kommen in zahlreichen Äußerungen der lesbischen Frauen über ihre Beziehung zum Ausdruck: Begriffe wie »aneinander kleben«, »sich aufgehoben fühlen«, »unzertrennlich« sein sprechen zum Beispiel dafür.

Lesbische Frauen leben eine besonders intensive Freundinnen-Beziehung: eine, in der erotische Anziehung unter den Frauen und gemeinsame Sexualität eingeschlossen ist. Und so, wie das »Verschwinden der Grenzen« von ihnen stärker und intensiver erlebt wird als in heterosexuellen Beziehungen, wird auch die Bedrohung durch die Grenzauflösung unbewußt stärker sein und müßte zu stärkeren Ängsten und Aggressionen führen. Wir müssen logischerweise erwarten, daß bestimmte Charakteristika für Frauenfreundschaften sich bei ihnen besonders deutlich ausgeprägt finden: vielleicht besondere Probleme, vielleicht andere Lösungen.

Und da ist uns zum Beispiel aufgefallen, daß das Image der »aggressiven Lesbe« überhaupt nicht zutrifft: *Lesbische Frauen haben äußerst große Probleme damit, sich mit ihren Partnerinnen um die Beziehung auseinanderzusetzen.* So kämpferisch manche in der Öffentlichkeit auch in Erscheinung treten mögen, in ihrer Beziehung gehen sie häufig jedem Streit aus dem Weg. Die Intensität der Beziehung, die Nähe und Grenzen-losigkeit, die zumindest in den sexuellen Begegnungen der Frauen erlebt werden, fordern ihren Preis. Die Schwierigkeit, sich als voneinander getrennte Individuen zu erleben, haben die Frauen sehr häufig als Hypothek aus ihren Beziehungen zu ihren Müttern mitgebracht. Die inneren Bilder der Mutter und überhaupt der »anderen Frau« sind wahrscheinlich eher diffus. Aber nur wenn ein konturenstarkes Bild der anderen Person existiert, kann man sich ablösen – und sich streiten (siehe Exkurs: Image und Imago). Wie sich die Schwierigkeiten, sich in einer Frauenbeziehung auseinanderzusetzen, äußern, hierzu einige Antworten lesbischer Frauen auf die Frage: »Wenn du auf deine Partnerin wütend bist, was machst du dann?«

»Ich bin verstockt, ziehe mich völlig zurück, bin eigentlich nicht mehr erreichbar. Ich bin dann in einem inneren Zwiegespräch, das nur genährt wird durch das, was meine Freundin dann noch sagt. Nach außen schweige ich, gucke trotzig oder wende mich ab; werde stocksteif, wenn ich umarmt werde und auch bei jedem Versöhnungsversuch. Der totale Rückzug. Oder manchmal tue ich bei einem Konflikt auch so, als wäre ich nicht da oder als gäbe es den gar nicht. Irgendwann entscheide ich dann, wieder vorzukommen. Ich mache dann erst wieder auf, wenn ich die andere Seite verstehen will. Dabei habe ich immer Schwierigkeiten zu sagen: ›Aber ich will etwas anderes!‹ Ich habe Probleme damit, auf meinen Sachen zu bestehen. Es ist eine unglaubliche Anstrengung, den Mut zu haben, meine Position, so wie sie im Moment ist, so unvollkommen, wie sie ist, zu formulieren.«

»Dann werde ich ungeduldig. Erst frotzele ich herum und versuche es auf die lächerliche Tour, oder ich mache sie an, oder ich herrsche sie an, oder ich hole tief Luft und gehe aus dem Zimmer. Oder ich beschäftige mich mit anderen Dingen. Oder ich sage ihr: ›Verstehe ich nicht, weiß nicht, was du von mir willst.‹ Das kann bis zu Tränen auf der anderen Seite gehen. Im Grunde ist das aber so: Ich bin wütend und sage zwar: ›Du verhältst dich idiotisch!‹, aber gleichzeitig habe ich so viel Verständnis, kann mich so gut in sie hineinversetzen, daß ich es mir oft dreimal überlege, bevor ich sage, das will oder kann ich nicht. Ich verlange mir oft ein großes Verständnis ab; und es ist mir schon öfter passiert, daß ich dann nicht mehr mitbekomme, wenn es auf meine Kosten geht.«

»Wenn es Probleme gibt, dann ziehe ich mich meistens zurück. Ich kann nicht offen streiten. Ich schmolle und warte, daß sie auf mich zukommt. Ich hocke da wirklich in der typischen Frauenrolle drin. Inzwischen haben wir gemerkt, daß man das Problem nicht einfach so verdrängen kann. Mal kommt sie dann auf mich zu, mal ich auf sie. Es ist ein Problem von mir, daß ich mir lieber allein für mich eine Meinung bilde und denke: Es lohnt sich nicht, die ändert sich ja doch nicht. Wenn sie die Meinung hat, dann soll sie die haben. Ich ziehe mich da lieber zurück und gehe Streiten aus dem Weg. Ich wollte, ich wäre da offener.«

»Wir streiten uns sehr wenig, und wenn, dann ist da so ein…
zwar Aufeinander-wütend-Sein, aber das dauert nicht lang,
und Schreien oder so, das gibt's bei uns nicht. Ich meine, sie
ist nicht der Typ dazu und ich auch nicht, und ich lege da auch
keinen Wert drauf. Ich fresse das dann mehr so in mich hinein, und sie eigentlich auch, wir gehen doch ziemlich gut damit um, glaube ich.«

»Manchmal bin ich beleidigt und rede nicht, manchmal kann
ich sagen: ›Das ärgert mich, laß uns mal drüber schwätzen.‹
Manchmal flippe ich total aus, brülle rum, schmeiße Bücher
herum oder reiße im schlimmsten Fall Bilder von der Wand,
ihre Bilder, und zerdeppere die, also bin wirklich sehr jähzornig. Das trägt insofern zu einer Klärung bei, als meine Partnerin dann erst bereit ist, einen Konflikt zu registrieren, sich
damit überhaupt auseinanderzusetzen.«

»Ich bin jetzt fast fünf Jahre mit Sabine zusammen, und in der
letzten Zeit erst ist es für uns beide möglich, Wut äußern zu
können, sie auch laut zu äußern, zu schreien oder aufzu-
stampfen oder mal was an die Wand zu schmeißen, ohne
Angst haben zu müssen, daß die Beziehung deshalb kaputt-
geht. Was also immer zum Wütendsein dazugehört, ist das
Gefühl der Betroffenheit, also daß das, worüber ich mich är-
gere, etwas mit mir, mit meiner Person zu tun hat. Ich bin
gerade dabei zu lernen, daß es nicht nur um verbale oder intel-
lektuelle Auseinandersetzungen geht, also daß es nicht ums
Rechthaben geht, sondern darum, etwas von mir mitzuteilen
und etwas von der anderen in der Auseinandersetzung zu erfahren.«

»Wenn ich wütend bin, ziehe ich mich zurück. Oft setzen wir
uns auseinander, reagieren uns ab, jede brummt eine Stunde
vor sich hin, und irgendwann kommen wir wieder aufeinander zu, sagen: ›Komm, laß uns wieder Freundinnen sein‹, wie
die kleinen Kinder. Manchmal werfen wir die Bälle hin und
her. Sie ist beleidigt, ich nicht. Und sie treibt das dann so
lange, bis sie merkt, jetzt wird's mir zuviel, jetzt werde ich
beleidigt und sauer, und dann ist sie plötzlich wieder gut. So

geht das hin und her. Das ist das Schlimmste, wenn dieser Punkt überschritten wird. Ich bin nicht aggressiv genug. Agressiv im Sinne von agieren. Ich reagiere immer nur.«

»Wenn ich wütend bin, sage ich meist leider gar nichts, oder es kommen später zynische Bemerkungen.«

»Entweder ich bin so wütend, daß ich anfange, etwas zu sagen, was bei mir schon sehr viel ist, und ich versuche, das rauszulassen, mache sie an. (Es kommt darauf an, worauf ich wütend bin; das geschieht, wenn ich wütend bin und sich Tina daraufhin zurückzieht. Dann muß ich etwas sagen, und dann sage ich auch etwas.) Oder ich ziehe mich zurück, wenn ich wütend bin. Ich muß mich dann zurückziehen, um mich mehr in der Hand zu haben, und dabei geht die Wut dann auch oft weg. Ein paarmal haben wir uns gegenseitig auch schon so aufgestachelt, bis absolute Funkstille herrschte. Da spielt unser beider Eitelkeit eine Rolle; wir lassen uns beide nichts mehr sagen.«

»Wenn ich wütend bin, werde ich abgeschotteter, möchte mich aber eigentlich auseinandersetzen können.«

Die amerikanische Psychotherapeutin Harriet Goldhor Lerner kommentiert in ihrem Buch »Wohin mit meiner Wut« dieses Verhalten so:

»...Schweigen wir, statt wütend zu sein – dann sind wir traurig, depressiv, selbstkritisch und ›verletzt‹. Wir verwandeln unsere Gefühle des Widerstandes, der Wut und der Aggression in weniger ›gefährliche‹ Gefühle, um die Gefahr eines offenen Konfliktes zu vermeiden. Wir verschleiern unsere Gefühle... und setzen unsere Energie ein, den anderen zu schützen, zu ›verstehen‹ und die Harmonie unserer Beziehung zu erhalten – *auf Kosten einer klaren persönlichen Abgrenzung.*«[47]

Heterosexuelle Frauen: Fäuste für den Partner, Samthandschuhe für die Freundin?

Das Problem, sich von anderen abzugrenzen und sich mit ihnen auseinanderzusetzen, scheint ein typisch weibliches Problem zu sein. Insbesondere, wenn es um Auseinandersetzungen mit dem Menschen geht, mit dem eine Frau eine sexuelle Beziehung hat. Doch heterosexuelle Frauen scheinen auf andere, deutlichere, oft drastischere Weise in der Auseinandersetzung mit ihrem Partner zu reagieren. Die Abgrenzungsprobleme sind offenbar bei der besten Freundin um einiges größer. Dies möchten wir verdeutlichen, indem wir mehrere Frauen zitieren und jeweils zwei Zitate einer Frau hintereinanderstellen. Das erste bezieht sich auf den Partner, die zweite Äußerung handelt von der besten Freundin.

Übrigens: Lassen Sie sich beim Lesen nicht irritieren: Nicht wenige Frauen sprechen auch über ihre Freundin in der »Er«-Form:

»Es kommt vor, daß bei uns die Fetzen fliegen, und zwar ziemlich heftig. Wenn ich wütend bin, sage ich ihm je nach Stimmung Dinge, brülle ich ihn an, trample auf ihm rum und boxe ihn. Wir kämpfen öfter miteinander, und er darf dann nur einen Arm und ein Bein benutzen. Das habe ich an ihm ganz gerne, daß ich mit ihm kämpfen kann.«

»Sicher sind wir öfter unterschiedlicher Meinung. Das ist ganz klar. Dann sagt jeder, wie er das findet, und der andere antwortet ihm. Christa würde ich nicht treten, boxen oder kratzen. *Das sind nicht so umwerfende Sachen, worüber man sich streitet* – zum Beispiel, wann man sich wiedertrifft; oder wenn sie sich nachträglich *zurückgesetzt* fühlt, dann sagt sie das, und ich antworte darauf, also ich erkläre es ihr. Das ist nichts, was uns auseinanderbringen muß.«

»Wenn ich wütend bin, dann gehe ich aus. Oder ich habe ihn auch schon mal geohrfeigt; er hat nicht zurückgeschlagen. Er hat dann gar nichts mehr gesagt und hat den Raum verlassen.«

»Es kommt oft vor, daß wir unterschiedlicher Meinung sind. Wir diskutieren das Problem dann aus. Da meine Freundin meinen Freund nicht besonders leiden kann, rät sie mir immer, ihn zu verlassen. Was ich nicht gerade richtig finde, weil ich ihn sehr liebhabe und es nicht einsehe – *obwohl sie vielleicht recht hat.*«

※

»In letzter Zeit habe ich mich viel gefetzt, von daher ist das noch frisch. Früher konnte ich mich schlecht mit ihm streiten, ich habe oft den kürzeren gezogen, weil ich vor einer Auseinandersetzung Angst hatte. Ich war ausgleichend, nach dem Motto: ›Schwamm drüber, wir müssen uns ja nicht streiten.‹ Eher wie mein Vater, der ja immer gegangen ist, wenn es kritisch wurde. Ich lerne es jetzt, daß ich mich wehre, daß ich zurückschreien kann, brüllen kann: ›Das paßt mir nicht!‹ Manchmal gehe ich dann trotzdem noch, aber in Momenten, in denen ich weiß, damit kann ich jetzt was ausrichten, wenn ich gehe. Ich setze dieses Mich-Entziehen eher als ein Druckmittel und auch als eine Aggression ein.«

»Wir sind öfter anderer Meinung. Vor einer Weile haben wir das noch ausdiskutieren können; dabei habe ich mich oft zu klein und meine Meinung als zu *nichtig empfunden und deshalb zurückgesteckt.* Dadurch, daß ich die Bärbel jetzt besser kennenlerne und auch ihre Schwächen sehe, habe ich erkannt, daß ich mich auch durchsetzen kann, daß ich auch mal einen Stich kriege. Jetzt mache ich weniger Kompromisse.«

※

»Gegen Ende der Beziehung zu Manfred habe ich mich sehr mit ihm gestritten. Am Anfang nicht, denn das war erst eine Dreierbeziehung, da habe ich mich sehr untergeordnet. Der Manfred ist ein kluger Kopf. Wenn wir argumentiert haben, ist er nicht auf das eingegangen, was ich gesagt habe. Er hat mir dann Sachen, die ich gesagt habe, im Mund rumgedreht. Ich hatte dann Phasen, wo ich ausgeklinkt bin, wo ich dachte, ich dreh sofort durch, und in solchen Situationen habe ich mit

Gegenständen geschmissen, weil ich mir auf andere Art nicht mehr zu helfen wußte.«

»Ich bin selten richtig verärgert über eine Frau, mit der ich mehr zu tun habe. Über eine Fremde kann ich mich schon eher ärgern. Mir ist das Risiko zu groß, sie zu verlieren, ich muß ganz vorsichtig sein. Das ist so eine Untiefe, wo ich noch gar nicht weiß, wie ich mich da bewegen kann. Ich habe das Gefühl, mir schwimmen sofort alle Felle weg, wenn ich mich mit ihr richtig streite. Ich denke, die kommt nie mehr wieder. *Wenn ich ihr sagen will, sie sei ein Arschloch, dann bin ich gleich selber eins mit.* Bei einem Mann ist das anders. Ich hatte mit ihr so eine Auseinandersetzung und habe mich dabei wenig von ihr verstanden gefühlt. Ich war ganz unglücklich, habe mich angegriffen gefühlt, war verwirrt und habe gespürt, da sind viel mehr Stränge, die da durcheinanderlaufen. Da läuft was mit Konkurrenz und was mit Angst, einander zu verlieren. Da läuft diese spezielle emotionale Beziehung, die wir zueinander haben, da läuft alles durcheinander, und ich konnte nicht sagen: Das ist jetzt meins und das ist ihres. Das war nicht mehr zu trennen.«

»Wenn ich auf meinen Partner wütend bin, dann bin ich wütend. Ich kann das nicht verstecken. Ich sage, was mir nicht paßt. Erst ganz normal, denn es ist für mich normal zu sagen, was mir nicht gefällt. Manchmal kommt es vor, daß sich eine Wut angestaut hat, weil er nicht anwesend war. Dann kommt es schon mal vor, daß ich ihn anschreie. Nach dem Schreien kommt ein versöhnliches oder erklärendes Gespräch, aber die Wut kommt immer raus.«

»Es kommt schon vor, daß Ilona und ich anderer Meinung sind. Das ist ganz normal. Sie zu überzeugen versuchen, das bringt es nicht. Ich versuche nicht, sie zu überzeugen. Ich frage nach ihren Gründen und Argumenten, aber wir bleiben verschiedener Meinung; es soll keine Resolution daraus entstehen, kein Abkommen.«

»Ich stelle ihn zur Rede, schreie ihn an, zerdeppere das Geschirr, heule – und einige mich mit ihm am Ende.«

»Bei den energischen Freundinnen zögere ich lange Zeit, weil ich mich da überrollt oder an die Wand gepreßt fühle. Es ist dann kein Raum für mich zu haben. Und von den anderen Freundinnen fühle ich mich oft ausgetrickst und betrogen. Ich habe das Gefühl, die haben nur ihren Vorteil im Sinn, sie benutzen die Männer, benutzen mich, wie es ihnen gerade einfällt, um schlau und bequem durchs Leben zu kommen.«

»Wenn ich wütend bin, fange ich an zu brüllen oder sage ihm sonstwie deutlich die Meinung. Ich setze mich gern auseinander, habe so eine Schwellenangst davor und ein bißchen die Tendenz, ihn dann totzureden. Karl kann ein ziemliches Rauhbein sein, da sind wir uns ähnlich. Im Zusammenleben gibt es viel Kleinkram, an dem man sich reiben kann, da übt man es mehr ein.«

»Meinungsverschiedenheiten mit den Freundinnen kommen schon vor. Allerdings kann ich mich mit meinem Mann besser auseinandersetzen als mit meinen beiden besten Freundinnen. Da ist es schon immer schwierig gewesen, weil ich die nicht so vor den Kopf stoßen kann. Aber ich quatsche den Frauen jetzt nicht mehr nach dem Mund, das habe ich früher eher gemacht. Ich habe wahnsinnig harmonisiert; heute widerspreche ich meinen Freundinnen ziemlich oft. Ich sage meine Meinung, die sagen ihre, das ist eine Ebene, auf der die Kritik läuft. Aber bei dem Karl geht etwas, das mit den Freundinnen nicht geht: ›Sag, was hast du da wieder für einen Scheiß gemacht, schon wieder ein Kaffeefleck!‹ So eine unreflektierte Art von Aggression – man weiß, was einen stört, und kann das auch sagen –, das habe ich früher aus meinen Freundinnen-Beziehungen immer rausgehalten. Ich kann es heute schon besser, finde es aber immer noch schwierig.«

»Wir beschimpfen uns, und es fallen böse, grobe Worte: ›Du blöde Kuh‹ – ›Du Arschloch‹ – ›Hau doch ab‹ – ›Zieh doch aus‹... Das tut mir dann auch leid, weil die Beziehung darunter leidet, aber handgreiflich sind wir noch nicht geworden. Ich habe zur Zeit große Schwierigkeiten, wieder ein offenes Verhältnis zu meinem Mann zu finden, weil er fremdgeht. Dann schimpfen und streiten wir uns, es fällt mir schwer, wieder offen zu sein, wieder Vertrauen zu finden. Jedes böse Wort wirft dich dann wieder zurück. Wenn du gerade wieder Vertrauen gefunden hast, gibt es plötzlich Krach, zum Beispiel: Ich mache ein Paket Mehl auf, mir fällt etwas runter, dann sagt er: ›Kannste nicht aufpassen!‹ Dann geh ich sofort hoch und sage: ›Laß mich in Ruhe, ich mach's ja auch wieder weg!‹ So gibt ein Wort das andere. Mein Mann ist mir sehr überlegen mit Worten, da ziehe ich immer den kürzeren.«

»Wir reden dann. Sie sagt mir, daß sie das ganz anders sieht. Aber wir kriegen uns deswegen nicht in die Haare oder kriegen Streit oder werden böse aufeinander. Die eine sagt, wie sie's denkt, die andere sagt, wie sie's denkt. Und dann ist das akzeptiert. Reibereien oder ein schlechtes Verhältnis entstehen nicht dadurch.«

*

»Wenn ich auf meinen Mann wütend bin, dann drücke ich das ziemlich deutlich aus, indem ich ihm alles sage, was in mir hochkommt an Wut und was mich an seinem Verhalten stört. Dann fühlt er sich betroffen. Wir streiten laut und wortgewaltig, aber nie mit körperlicher Gewalt. Kann sein, daß dann der eine oder andere sich erst mal in seinen Schmollwinkel zurückzieht, aber meistens kommt es noch am gleichen Abend zur Versöhnung. Es wird nie länger ein schwelender Streit aufrechterhalten. Einer von uns macht immer den Versuch, einzulenken. Mal ich, mal er. Wir versuchen, von dem Streit wieder in ruhigere Zonen zu kommen, und das gelingt auch meist.«

»Daß meine Freundin und ich verschiedener Meinung sind, kommt so gut wie nie vor. Weil wir uns selten sehen und immer ganz froh sind, daß wir uns haben und daß wir erzählen können. Ich denke, wir vermeiden dann schon, den anderen da so reinzustacheln oder ein Tabu anzukratzen, wo wir denken würden, es könnte dem anderen unangenehm sein. Wir vermeiden das, um unsere harmonische Beziehung und um die gute Stimmung nicht zu gefährden.«

*

»Ich bin eingeschnappt und beleidigt wie eine Leberwurst, kann leider nicht so leicht auf den Tisch hauen und schreien. Das habe ich einmal gemacht, kurz nach der Hochzeit. Da hatten wir von unseren Eltern das Geschirr für den gemeinsamen Hausstand gekriegt, und nachts um drei bin ich aufgestanden und habe den Schrank aufgeräumt und habe da Geschirr im Wert von ein paar Hundert Mark zertrampelt. Das war sehr befreiend! Das war auch das erste Mal, daß ich so aus mir rausgegangen bin. Sonst bin ich eher eingeschnappt, wie eine alte Frau, die mit ihrem Mann böse ist, und der Mann weiß nicht, was ist denn los. Erst wenn er mich dann anstupst und sagt: ›Los, jetzt sag mal, was los ist!‹ dann geht's.«

»Das kommt nie vor. Wir haben immer eine Meinung, auch was Tiere anbelangt – wir sind beide ganz große Tierfreunde – oder was das Fleischessen angeht, wir sind immer einer Meinung.«

*

»Schnauzen, meckern, ihm sagen, was mir stinkt. Schwierig ist, daß mein Mann sich dann immer stumm zurückzieht.«

»Zum Streiten kommt es mit der Evelyn eigentlich nie. Das bleibt dann eher im Raum stehen. Jeder weiß vom anderen den unterschiedlichen Standpunkt, aber zum Streiten sind wir nicht gekommen.«

Deutlich wird hier: In den Auseinandersetzungen zwischen Frau und Mann hat sich offenbar etwas verändert. Im Vergleich zum Klischee der »typisch weiblichen Aggressionshemmung« haben diese Frauen den offenen Machtkampf zu

Hause, bei dem es auch auf ihrer Seite manchmal hart zur Sache geht. Wir möchten daran erinnern, daß es sich bei den von uns befragten Frauen – mit einer Ausnahme – um berufstätige Frauen handelt. Könnte die stärkere Aggressionsbereitschaft etwas damit zu tun haben, daß sie ökonomisch unabhängiger sind vom Mann – so daß sie es sich »leisten« können, ihm zu widersprechen?

Eine aggressive Auseinandersetzung, das ist immer auch ein Machtkampf, in dem es *Gewinner und Verlierer* gibt – und am Ende Kompromisse oder eine Aussöhnung (oder ganz am Ende eine Scheidung). Die von uns befragten Frauen jedenfalls *kämpfen*, sie kämpfen in ihrer Beziehung zu ihrem Freund oder Mann. In diesen Kämpfen geht es auch um *Macht und Anerkennung*: »Das, was ich sage, hast du zu akzeptieren. Und dich möglichst danach zu richten.« Das bedeutet: diese Frauen wollen in ihren Liebesbeziehungen auch *stark* sein.

In der Auseinandersetzung mit der Freundin hingegen vermeiden sie lieber Konflikte. Spielt hier eine Rolle, was eine der Frauen so formuliert hat, wenn sie die andere »ein Arschloch nennt, dann bin ich gleich selbst eins mit«? Ist es unerträglich, die Freundin anzugreifen, vielleicht sogar zu besiegen – weil eine Frau damit einen Teil ihrer selbst angreift und eine Niederlage erleben würde?

Wozu die Nicht-Auseinandersetzung mit der besten Freundin führt, hat die Journalistin Elke Heidenreich einmal in einer Kolumne für die Frauenzeitschrift *Brigitte* auf den Punkt gebracht. Unter der Überschrift »Wenn Freundschaft einfach einschläft« heißt es da unter anderem:

»…ohne DIE wirklich gute enge Herzensfreundin, die alles versteht, über Jahre alles mitkriegt, alles erzählt und tröstet und getröstet wird, ohne diese Freundin ist das Leben trübe. Wenn sich nun aber zwei zusammentun, zwecks Ehe oder gemeinsamen Lebens, dann wird die Sache mit den Freunden ganz heikel: Im Idealfall sind deine Freunde auch meine Freunde und umgekehrt. Was aber, wenn deine Freunde meine Freunde nicht mögen…? Wenn Freundschaften zerbrechen, tut das weh. *Sie tun es entweder mit einem Knall, weil irgend etwas Fürchterliches gesagt oder angetan wurde, oder sie tun es schleichend – sie sind einfach irgendwann nicht mehr so wichtig*, und dann fragt man sich schuldbewußt: Was hab ich falsch gemacht? Oder: Konnte ich mich denn so irren? Und das günstigste ist noch, wenn so eine Freundschaft auf beiden Seiten gleichzeitig einschläft. Wehe, einer (!) leidet, ruft an, fragt, schreibt Briefe, will wissen, warum, schickt Geburtstagsgrüße – wie mache ich klar, daß mir das alles nichts mehr bedeutet? Und warum eigentlich? *Es ist doch eh nur so ein vages Gefühl…*«[48]

Wenn beide nicht *während* ihrer Freundschaft dazu kommen, sich auseinanderzusetzen, sind derartige »Abgänge« – entweder mit einem Knall oder »irgendwie« schleichend – selbstverständlich. Demgegenüber wollen wir noch einmal zusammenfassend sagen: Heterosexuelle Frauen übernehmen, wenn sie sich mit ihrem *männlichen Partner streiten*, eher als »männlich« bekannte Auseinandersetzungsformen: Sie nehmen die Herausforderung an und geben häufig nicht klein bei, sondern führen einen Machtkampf, mit dem Ziel, ihre Positionen durchzusetzen. Bei vielen gehört zum Verhaltensrepertoire in solchen Situationen auch: Brüllen, Ohrfeigen, mit Gegenständen Werfen. Durch dieses Toben, Heulen und Zähneknirschen *wird der Konflikt deutlich, die Positionen werden sichtbar, und aus der größeren Klarheit und Abgrenzung heraus sind dann Kompromisse und Wiederannäherungen möglich*. Die Frauen nehmen dabei ihren Partner häufig als überlegen wahr, haben aber mehrheitlich den Eindruck, sich (mit ihren »weiblichen« plus der »männlichen« Auseinandersetzungsformen) doch weitgehend zu ihrer Zufriedenheit einigen zu können.

Und noch eine Beobachtung: Die Feministinnen unter den heterosexuellen Frauen scheinen sich mehr über die Auseinandersetzungs-*Notwendigkeit* mit der Freundin klar zu sein und bemühen sich darum, sie ernst zu nehmen und zu lernen, daß sie sich dann auch mit ihr streiten müssen.

Lesbische Frauen: Wenn Partnerin und Freundin nicht identisch sind

Kommen wir schließlich zur dritten Gruppe von Frauenfreundschaften: die der Hälfte der von uns befragten Frauen,
die zusätzlich zur Partnerin eine beste Freundin haben. Und
das ist bei drei Vierteln der Lesben eine heterosexuelle Frau.
Es scheint, als sei hier die Freundin für sie das »Tor zur heterosozialen Welt«. Nach Gesprächsthemen befragt, äußern
diese lesbischen Frauen, sie würden mit der Freundin über
»alles«, auch über ihre jeweiligen Partnerschaften sprechen.
Außerdem teilen sie mit der Freundin bestimmte Interessen,
die sonst (zum Beispiel in der Partnerschaft) zu kurz kämen:
Sie machen gemeinsam Musik, arbeiten zusammen, besuchen
gemeinsam einen Fotokurs oder Fortbildungen...

Was die Auseinandersetzungsfähigkeit zwischen Freundinnen angeht, so ist es um sie genauso schlecht bestellt wie
bei heterosexuellen Frauen. Allerdings gibt es einige lesbische
Frauen, die sich sowohl mit ihrer Partnerin wie mit ihrer
Freundin auseinandersetzen können. Der Wille und gleichzeitig der Zwang, die andere Frau *ernst zu nehmen, nicht nur
als Partnerin, sondern in ihrer »Wertigkeit« als Angehörige
des weiblichen Geschlechts*, spielen hier sicher eine große
Rolle. Nicht zufällig waren das lesbische Frauen, die sich zur
Frauenbewegung zählen. Doch insgesamt überwiegen auch
die Frauen, die sich *nicht* gut mit ihren besten Freundinnen
auseinandersetzen können – und mit ihrer Partnerin auch
nicht sonderlich. Hier einige Zitate:

»Mir gefällt nicht, daß ich die Konflikte mit meinen Freundinnen oft schleifen lasse. Ich kann damit länger leben als mit
den Konflikten, die ich mit Andrea (ihrer Partnerin) habe.
Wir, Andrea und ich, arbeiten viel intensiver daran, und ich
finde es nicht reell, wie ich die Konflikte mit den Freundinnen
manchmal umgehe.«

»Jeder kann dem anderen seinen Standpunkt klarmachen. Mit
der (besten) Freundin geht das besser, weil da sexuelle Gefühle keine Rolle spielen, deswegen kann ich mit der Freun-

din besser umgehen. Ich finde es leichter. Ich glaube, ich habe immer mit den Frauen, mit denen ich sexuellen Kontakt habe, mehr Schwierigkeiten, mich auseinanderzusetzen.«

»Mit Miriam (der besten Freundin) kann ich total über die Stränge schlagen, das finde ich wunderbar. Ich mag auch die langen Gespräche mit ihr, weil sie sehr klug ist und sehr bereit, hinzuhören. Was ich nicht mag: Sie hat manchmal so etwas Weinerliches. Und manchmal hängt sie mit ganz fürchterlichen Typen rum. Aber dadurch, daß ich nicht soooo wahnsinnig nahe mit ihr zusammen bin, nehme ich das zwar wahr, aber es stört mich nicht so sehr. Wir sind auch oft anderer Meinung. Aber dann reden wir sehr, sehr lange darüber. Und hinterher ist klar: Das ist ihre Position, das ist meine Position, und das ist es dann auch. Es gab bisher noch nie so was Extremes, daß ich gedacht habe, das kann ich nicht akzeptieren, das entfernt sie so von mir, daß ich mich auch zurückziehen muß. Wir achten und schätzen uns trotzdem.«

»Wenn es Unstimmigkeiten gibt, ist meine Freundin meist etwas nörgelig, und ich sage dann: ›Komm, ist doch egal.‹ Ich habe also eher etwas Gleichgültiges. Grundsätzlich haben wir schon die gleichen Ansichten. Bei bestimmten Dingen gibt's Dissonanzen, aber die sind nicht so ernst. Meistens wird's auf so eine flapsige Art gelöst.«

»Wenn wir anderer Meinung sind, passiert wenig. Denn meine Freundin ist noch weniger auseinandersetzungsfähig als ich. Wir gehen uns dann aus dem Weg, bis der Ärger wieder verflogen ist.«

Zusammenfassung

Was die Aggressionsformen und die Auseinandersetzungsfähigkeit lesbischer und heterosexueller Frauen in bezug auf PartnerIn und Freundin angeht, läßt sich folgendes festhalten:

Lesbische Frauen – nach außen hin oft »männlich« aggressiv wirkend – kämpfen in ihren Beziehungen zu Frauen überwiegend mit den als »typisch weiblich« geltenden Waffen: Rückzug, Schmollen, Schweigen, Beleidigtsein. Oder sie »rasten« unkontrollierbar aus. Hier wiederholt sich, was die Töchter von ihren Müttern gelernt haben: Liebesentzug ist eine wirksame Waffe; und wenn ein Konflikt die innere Wahrnehmungsschwelle übersteigt, liegt eine (für beide Seiten) erschreckende Bedrohung in der Ausübung körperlicher Gewalt (bei der Mutter früher: der Griff zum »Kochlöffel«). Die lesbischen Frauen geben deutlich zu erkennen, daß sie darunter leiden, sich nicht besser mit ihrer Partnerin streiten zu können, daß sie darum ringen, konstruktivere Auseinandersetzungsformen zu finden, als sie sie bislang von Frauen kennengelernt haben. Und doch müssen sie, wenn in der Beziehung »dicke Luft« herrscht, buchstäblich den Raum verlassen, um die Selbstkontrolle wiedergewinnen zu können und die Situation nicht als zu bedrohlich erleben zu müssen. So stark muß der Gemeinsamkeitssog sein. Die Wut, der momentane Haß – mit anderen Worten: die Ent-Zweiung, dürfen lange, zu lange nicht gefühlt werden. Schließlich nehmen sie doch die andere Frau ernst, bemühen sich doch so sehr darum, sie zu verstehen, immer für sie »da« zu sein. Sie haben es geschafft, in einer von außen bedrohten Situation eine – auch körperliche – Nähe zu der anderen Frau herzustellen: ganz eng, ganz nah, ja oft beinahe zu einem einzigen Ganzen verschmolzen, nicht nur in der Sexualität, auch im emotionalen Erleben. Da ist jeder Streit eine fundamentale Bedrohung. So sind die Auseinandersetzungen in lesbischen Beziehungen äußerst schwierig, zäh und mühsam. Das Gefühl der Ent-Zweiung setzt alle Trennungsängste frei; daher der Rückzug auf die klassisch »weibliche« Aggressionsvermeidung – auch bei Frauen, die solche Auseinandersetzungshemmnisse nach *außen* hin zum Teil schon erfolgreich losgeworden sind.

Heterosexuelle Frauen kämpfen mit ihrem Partner, benutzen dabei durchaus auch »männlich« aggressive Formen und stecken in die Auseinandersetzungen sehr viel Energie. Ihre Freundinnen dagegen nehmen sie eher nicht so ernst. Ihnen gegenüber handeln auch sie ausschließlich »typisch weiblich«: Sie vermeiden Auseinandersetzungen, wo es nur geht. Auffällig ist weiter, daß die Frauen sehr stark auf *Meinungsverschiedenheiten über »externe« Themen* zu sprechen kommen – die Binnenstruktur der Freundinnen-Beziehung scheint viel weniger thematisiert zu werden. Und wenn unterschiedliche Meinungen bestehen, werden sie nicht allzu weit ausgetragen, damit die Frauen hinterher sagen können: »Ich sehe es so, du siehst es anders – macht nichts.« Das *kann* eine gute Sache sein; dann nämlich, wenn eine Frau die andere wichtig nimmt und nicht unbedingt harmonisieren muß, wenn es nämlich gelingt, die Unterschiedlichkeiten beider Frauen offen zu sehen und produktiv zu machen, Differenzen auszutragen und hinterher festzuhalten, an welchen Punkten frau sich geeinigt hat, an welchen Kompromisse möglich sind und wo weiterhin verschiedene Einstellungen, Ansichten und Verhaltensweisen bestehenbleiben. Bei einigen mag dieser Stand der Freundschaft erreicht werden. Wir vermuten allerdings, daß dies nur für einen Bruchteil der von uns befragten heterosexuellen Frauen zutrifft. Aus der Gesamtheit ihrer Antworten (auch zu anderen relevanten Fragen für die Freundschaft) ergibt sich nämlich häufig eine Haltung freundlicher Indifferenz: »*Sooo wichtig ist die andere nun wieder nicht, daß ich es auf mich nehme, mich richtig mit ihr zu streiten.*« Da ist doch die Harmonie wichtiger. So in etwa ließe sich diese Einstellung zusammenfassen. Im Hintergrund steht das klare Bedürfnis, der Freundin jederzeit alle Probleme des eigenen Lebens anvertrauen zu können. Ist die Funktion der Freundschaft aber so umschrieben – was meist unbewußt geschieht –, dann liegt der Schwerpunkt nicht darauf, sich mit der anderen auseinanderzusetzen und wieder zusammenzuraufen, sondern *von ihr bestätigt zu werden*.

Als Fazit läßt sich der Widerspruch zwischen heterosexuellen und lesbischen Frauen durch ein Paradox beschreiben: *Heterosexuellen Frauen ist der Partner so wichtig, daß sie sich mit ihm streiten. Für lesbische Frauen ist die Partnerin so wichtig, daß sie vermeiden, mit ihr zu streiten.* So ergibt sich ein umgekehrtes Bild. Übrigens auch dann, wenn man die Auseinandersetzungen innerhalb und außerhalb der Beziehung vergleicht: Heterosexuelle Frauen passen sich nach außen hin eher an die üblichen Standards von »Weiblichkeit« an und achten in ihren Frauenfreundschaften auf Harmonie; innerhalb der Beziehung zum männlichen Partner aber sind sie willens und in der Lage, ein breites Spektrum an Auseinandersetzungsformen auszuleben.

Lesbische Frauen sind nach außen hin oft deutlich offensiver, kämpferischer – wohl als Reaktion auf den gesellschaftlichen Druck und die Diskriminierung. Außerdem passen sie sich nicht so sehr den üblichen Weiblichkeitsstandards an. Innerhalb ihrer Beziehungen aber kämpfen sie mit klassisch »weiblichen Waffen«, die oft zu stumpf sind, um einen klaren Kampf, durchsichtige Standpunkte und ein handfestes Ergebnis zuzulassen. Und genau das scheint auch der Sinn der Vermeidung offener Aggressionen zu sein: *Bloß keine Disharmonie sichtbar machen*, da dies für das eigene Ich, das mit der anderen Frau verwoben ist, gefährlich wäre.

Die lesbischen Frauen scheinen generell andere Frauen wichtiger zu nehmen, als heterosexuelle Frauen es tun. Denn sie leiden darunter, sich schlecht auseinandersetzen zu können. Heterosexuelle Frauen sehen da eher nicht so genau hin, lassen fünfe gerade sein und kehren Konflikte mit ihrer Freundin lieber unter den Teppich. Einige der Frauen, die geäußert haben, daß sie sich mit ihrer Freundin »jetzt auch« streiten können, haben deutlich gemacht, daß dieses Streiten für sie eher den Charakter von Gegenwehr hat: »daß ich jetzt auch mal einen Stich kriege«.

Einige heterosexuelle und lesbische Frauen (hier vor allem aus der Gruppe derjenigen, die eine beste Freundin zusätzlich zur Partnerin haben) sind in ihren Auseinandersetzungen mit Frauen bereits einen Schritt weiter. Es sind durchweg feministische Frauen, die andere Frauen ernst nehmen bzw. sie sogar »an die erste Stelle setzen«. Sie haben meist einen langen Lernprozeß hinter sich. Dabei müssen sie vor allem die Erfahrung gemacht haben: *Die andere Frau ist nicht nur »wie ich«. Sie ist auch oft die (ganz) Andere*. Leider waren das nur wenige Frauen.[49]

6. Die Freundin als Spiegel

> »Ich aber liebte den Narziß, wenn er an meinem
> Ufer lag und auf mich niederschaute, denn in
> dem Spiegel seiner Augen sah ich immer meine
> eigene Schönheit.«   Oscar Wilde

Aus der Perspektive des Sees, in den Narziß blickt: Ich habe
meine eigene Schönheit. Und ich möchte erkannt werden…
Was Oscar Wilde, der oft »Narziß« Gescholtene, beschreibt,
ist alles andere als die klassische narzißtische Situation, wie sie
Psychoanalytiker und andere Theoretiker so oft geschildert
haben. Es geht ihm nicht um den ausschließlichen Selbstbe-
zug: Narziß schaut in den See als Spiegel und sieht immer nur
sich selbst. Nein, zwei Dinge gibt es im See als Spiegel zu
erkennen: sich selbst und die Schönheit des Sees.

Wilde läßt uns Narziß aus der Perspektive des Sees betrachten, der in seiner Schönheit von Narziß erkannt wird und sich
dadurch selbst erkennt.

»Adam erkannte Eva.« Das heterosexuelle Thema.

Narziß erkannte den See. Das homosexuelle Thema für
Oscar Wilde.

Und wie »erkennen« Frauen einander, als Geliebte und/
oder als Freundinnen? Das haben wir versucht, in diesem
Buch herauszufinden.

Die Freundin ist für eine Frau der Spiegel in dem Sinne, wie
Oscar Wildes Metapher es andeutet: Sie ist dasselbe und
gleichzeitig das ganz andere. In ihr erkennt die Frau sich wieder – sie ist so wie sie selbst. Und doch ist sie anders, oder
sagen wir besser: ähnlich, und da, wo sie nicht dasselbe ist,
hat sie überwiegend reizvolle Eigenschaften. Sie verkörpert
einiges von dem, was eine Frau gern sein möchte – und erkennt wiederum selbst in der anderen ihre eigene äußere und
innere Schönheit. Die Freundin weist der Frau den Weg, dadurch, daß sie ihr einiges vor-lebt.

Eine Frau betrachtet ihre Freundin – und erkennt sich
selbst. Wir haben festgestellt: Frauen haben ein unscharfes
und unsicheres Bild von Frauen, angefangen bei dem Bild ihrer Mutter. Und sie haben ein unscharfes Selbst-Bild. Ein

Spiegel, der nur dasselbe Bild zurückwirft, nützt ihr wenig. Aber ein »aktiver« Spiegel, einer, der sie sich selbst klarer sehen läßt, nützt ihr nicht nur, er »schafft« zum Teil erst ihre Identität.

Männer machen sich ein Bild von der »attraktiven« Frau, das viele (heterosexuelle) Frauen sich ihr Leben lang zu erfüllen bemühen. Ihr adäquates Selbstbild aber gewinnen Frauen mit Hilfe anderer Frauen.

Schon von klein an fragen Mädchen – erst ihre Mutter, dann ihre Freundinnen: »Wer bin ich? Wie sehe ich aus? Wer könnte ich werden?«

Die erhaltenen Antworten formen bzw. bestätigen die eigene Identität.[50]

Doch das ist kein passives Geschehen. Nur mit der Mutter, der »ersten Freundin«, ist ein Mädchen zwangsläufig zusammen. Alle anderen Freundinnen sucht es sich aktiv aus. Und zwar so, daß die Freundinnen immer etwas von dem verkörpern, was eine Frau gern sein will. Entweder als Ergänzung oder als Versprechen: Das schaffe ich auch. In jeder neuen Lebensphase wird gerade die Freundin einer harten Prüfung unterzogen: Ist sie noch »die richtige«, oder brauche ich jetzt eine andere Freundin, ein anderes Alter ego?[51] Die Metapher des Spiegels für die Freundin hat auch eine der von uns befragten Frauen verwendet, als sie die Bedeutung ihrer besten Freundin für sich schilderte:

»Sie bemerkt Dinge an mir, die ein Mann nie bemerken würde. Und das ist mitunter wie in den Spiegel gucken. Das ist manchmal nicht so toll. Alles ist viel durchsichtiger, viel intensiver dadurch.«

Dem Bild der eigenen Person, das die Freundin zurückspiegelt, glaubt eine Frau. Ihr zeigt sie sich Scham-los, ihr vertraut sie, zu ihr besteht die engste emotionale Beziehung.[52]

Frauen brauchen andere Frauen, um sich ihrer Schönheit, ihrer Gefühle, ihrer Stärken – und ihrer Zukunft zu versichern.

Daß dieses Spiegel-Bild auch getrübt sein kann durch Neid, Eifersucht, Rivalität, Haß – oder aber auch durch intensive Zuneigung, Zärtlichkeit, sexuell gefärbte Gefühle –, das darf eine Frau nicht fühlen. Zu wichtig ist die andere für die eigene Identität, zu sehr mit dem eigenen Ich verwoben. Und etwas Weiteres spielt in Frauenbeziehungen hinein: die gesellschaftliche Entwertung von Frauen als Geschlecht.

Frauen haben gelernt, sich nur dann als voll-wertig, als ganz, als »erfüllt« zu betrachten, wenn sie sich (der Liebe) eines Mannes versichern können. Aus sich selbst heraus sind sie unvollständig; das haben sie von klein an gelernt. Auch durch andere Frauen, angefangen bei ihrer Mutter. Kein Wunder also, daß Frauen die Bedeutung der Freundin für sich herunterspielen – zumindest die heterosexuell lebenden Frauen. Sprechen wir von ihnen zunächst weiter:

Heterosexuelle Frauen proben vor dem Spiegel ihre Auftritte für und mit Männern. Sie versichern sich ihrer eigenen Möglichkeiten, bemühen sich, Schwächen zu kaschieren, Vorzüge herauszustreichen. Mit der Freundin als Spiegel erweitern sie ihre Möglichkeiten, immer das Ziel vor Augen: eine für Männer attraktive Frau zu sein, auf der Bühne des heterosozialen Lebens mit anderen Frauen zu konkurrieren und mit dem Mann, dem emotional unvertraut bleibenden Geschlecht, Liebe zu »machen«. Wie im Schneewittchen-Märchen befragen sie den Spiegel, wer die Schönste ist, und hoffen, nicht hören zu müssen, anderswo gebe es »tausendmal schönere« Frauen. Wobei Schönheit gesellschaftlich definiert wird als Attraktivität für Männer, also im Extremfall aus einer Frau das passiv wartende, alle Er-Wartungen erfüllende, äußerlich perfekte Etwas macht, dessen innere Werte nur für es selbst (und den Spiegel) von Interesse sind. Und die dann von einem Mann aus der Bedeutungslosigkeit in ein Wert-volles Leben geholt wird.

Die Zahl der Frauen, denen dieses Selbst-Bild zu flach, zu unscharf ist, denen es zu viele Sprünge und Risse zu enthalten scheint – die Zahl dieser Frauen steigt. Sie suchen einen Spiegel, in dem sie die Tiefen und Untiefen der eigenen Person nicht nur erkennen, sondern auch unverdeckt leben (lassen) können. Sie schauen genau hin, erkennen sich, erkennen die Qualitäten des Spiegels und verzichten auf Selbstinszenierungen für Männer, mit dessen Hilfe. Und sie erkannten einander … Zunehmend gibt es Frauen, die vor und mit der Freundin als Spiegel üben, sich mit Männern zu streiten. Frauen solidarisieren sich miteinander, manche transzendieren sogar den Spiegel: Sie kämpfen Seite an Seite im wirklichen Leben, sie nehmen einander als vollwertige Menschen wahr. Und doch – auch für die meisten von ihnen bleibt die Beziehung zur Freundin unangefochten (wichtig), die Beziehung zu ihr tabu, im Positiven wie im Negativen.

Freundinnen reden über alles, alles, alles – unverkrampft, schamlos, offen, selbstkritisch. Doch die »Binnenstruktur« der Freundschaftsbeziehung bleibt unausgelotet. Und wird die Freundin nicht mehr so wichtig, weil eine Frau sich mit ihr auseinandergelebt hat, einen anderen Weg eingeschlagen, neue Ziele vor Augen hat – dann geht die Beziehung entweder mit einem scharfen Knall in die Brüche, und jede fragt sich, wie ein solch läppisches Ereignis eine solch endgültige Wirkung haben konnte. Oder, und das in den meisten Fällen, sie geht einfach »irgendwie« zu Ende, sie verläuft sich: »Man hat sich dann eben seltener gesehen…«

Natürlich: Von Frauen lernen Frauen – und Männer! –, daß »weiches Wasser den Stein bricht«, daß Kompromisse nötig und erfolgversprechender sind als Prinzipienreiterei. Frauen können Streit schlichten, emotionale Wärme geben, auch für den »Gegner« Verständnis haben und ihm/ihr die Hand reichen. All das sind positive Auswirkungen der weiblichen Sozialisation. Sie gelten auch im Umgang von Frauen untereinander. Doch was uns hier in diesem Buch beschäftigt hat, ist die »schwarze Seite« der klassisch weiblichen Sozialisation. Wir müssen den Finger in die zahlreichen schmerzenden Wunden legen, die Frauen einander zufügen – und damit sich selbst. Das Bewußtsein von Frauen für Frauen(angelegenheiten) hat sich in den letzten Jahrzehnten erheblich verbessert. Die heute erwachsene Frauengeneration – die Generation der von uns befragten Frauen – hat sehr viel dazu beigetragen. Dennoch trägt sie noch schwer an einem unguten »Erbe der Mütter«: der Mentalität, das »zweite Geschlecht« zu sein und den sich daraus ergebenden Verhaltensweisen. Ein »Erbe der Mütter« insofern, als es die Mütter sind, die die psychischen Mechanismen der Frauenunterdrückung von einer Generation an die andere weiterreichen. Keine Frage, daß sie nicht die eigentlichen Produzentinnen der Unterdrückung sind. Doch sie sind die Vermittlungsinstanzen.

Von einer Frauengeneration zur anderen wurde das tiefverwurzelte Empfinden weitergegeben, ohne »Erfüllung« (im sexuellen wie im übertragenen Sinne) durch den Mann – und ohne Kinder – nichts wert zu sein. Die Haremsmentalität, die sich daraus entwickelte, machte die jeweils andere Frau immer zu einem Wesen »wie ich«, genauso ohn-mächtig, genauso darauf aus, durch den Mann aus dieser Situation befreit zu werden – eine potentielle Konkurrentin. Erst seit Frauen nicht mehr dauernd Kinder bekommen, seit sie nicht mehr ans Haus gefesselt sind und seit es in vielen Berufen nicht mehr auf die Muskelkraft der Männer ankommt, haben Frauen immer mehr Bereiche des Lebens »da draußen« kennengelernt. Sie haben erkannt, daß sie auf zahlreichen Gebieten genausoviel leisten können wie Männer, und das hat ihnen ein neues Selbstvertrauen geschenkt. Dadurch bietet sich ihnen die Chance, nicht nur sich selbst und die Männer, sondern auch andere Frauen auf neue Weise zu sehen. Es besteht damit die Chance, daß der Zusammenschluß von Freundinnen endgültig mehr darstellt als eine »Solidarität der Schwäche«.

Während das für heterosexuelle Frauen – die auch mit ihren männlichen Partnern um neue Positionen ringen, und dies heftig! – ein besonders schwerer Schritt ist, Frauen anders zu sehen, stellt sich das Problem für lesbische Frauen ganz anders.

Für *lesbische Frauen* ist die andere nicht nur Spiegel, sondern auch Ziel des Begehrens. Nicht für etwas anderes richtet sich die Frau her, probt ihren Auftritt, sondern für die »Schönheit des Spiegels«, die sie in ihren eigenen Augen erkennt. Sie »erkennt« die andere und läßt sich von ihr erkennen. Diese Intimität, die schamlose, distanzlose, alles umfassende Liebe beinhaltet eine große Gefahr: sich selbst nicht mehr vom Spiegel losreißen, ohne ihn sich selbst nicht mehr erkennen zu können, ohne ihn nichts zu sein.

Lesbische Frauen müssen stets mit dem Sog kämpfen, mit der anderen Frau zu einem untrennbaren Ganzen zu ver-

schmelzen – und damit das größte Glücksgefühl wiederher-
zustellen, das sie je erlebt haben: zu Beginn ihres Lebens die
Verschmelzung mit der Mutter. Es ist das Köstlichste, das sie
je erleben können (etwa in der Sexualität). Und es ist die
größte, die für ihre Identität tödliche Gefahr: selbst zu verlöschen. Denn dann ist eins und eins gleich eins – oder sogar
null.

Gelingt es lesbischen Frauen jedoch, sich einer besten
Freundin zu versichern, die *nicht* gleichzeitig die Geliebte ist,
besteht eine neue Chance: die Freundin als Spiegel zu sehen,
die Geliebte aber deutlich als »das andere«. Und einen
»Übungsbereich« zu haben, um nicht vor der Partnerin (in
deren Angesicht sozusagen) sich erholen, neues Verhalten
proben und sich beraten zu müssen. Die Gefahr besteht hier
wiederum darin, die Partnerin zu idealisieren, die Freundin
dagegen »nur« als Spiegel zu (miß-)brauchen.

Wenn die Auseinandersetzungsprobleme, die sowohl lesbische wie heterosexuelle Frauen anderen Frauen gegenüber
haben, aufgehoben werden sollen, muß in erster Linie die
Abwertung von Frauen als Geschlecht aufhören. Erst wenn
Frauen andere Frauen und sich selbst als Geschlecht ernst
nehmen, kann ihnen das Kunststück gelingen, die Freundin
weder als passiven noch als aktiven »Spiegel« aufzufassen;
sondern als eine ganz andere Person mit eigenen Grenzen, in
der das eigene Ich etwas erkennt, das trotzdem nicht ist »wie
ich«. Dazu müssen Frauen das Trennende zwischen sich
wahrnehmen, das Anderssein. Und das kann sehr schmerzhaft sein. Denn es bedeutet manchmal auch: allein für sich zu
sein, nicht verbunden, verschmolzen oder unzertrennlich mit
der anderen. Um das erreichen zu können, muß die eigene
Person mehr Konturen haben, muß sich mehr abgrenzen.
Und die Bilder, die Frauen sich von anderen Frauen machen,
angefangen bei ihren Müttern, müssen kontrastschärfer werden. Wenn konturierte Bilder des eigenen Selbst und der anderen Person bestehen, wird deutlich: »Die andere Frau ist
nicht mein Alter ego, sie ist ein ganzheitliches, eigenständiges
Wesen, mit dem ich mich zeitweise eng verbunden fühlen
kann, das aber doch ganz anders ist als ich.« Die Konsequenz
daraus wäre – Respekt, Wertschätzung der anderen wie der

eigenen Person. Gelegentlich gelingt es Frauen, diesen Schritt zu vollziehen, gesellschaftlich betrachtet sind wir aber noch ein gutes Stück davon entfernt.

Wir haben zum Schluß unseres Interviews jede Frau gefragt, ob sie noch etwas ergänzen möchte oder wir etwas vergessen haben zu fragen. Eine Frau antwortete darauf:

»Die Frage: Könntest du dir eine Gesellschaft vorstellen, in der man Freundschaften besser leben kann?! Wir leben nun mal in einem Patriarchat, und der Zeit- und Konkurrenz-druck, unter den diese Gesellschaft uns stellt, ist so groß, daß ich oft den Eindruck habe, ich werde an Freundschaften schuldig. An meinem Sinn des Lebens, nämlich Menschen näherzukommen, geht diese mir aufgezwungene Lebens-weise oft vorbei. Ich muß mich mit vielen Sachen beschäfti-gen, die mich von anderen Frauen trennen, die mich zwingen, oberflächlich mit ihnen umzugehen. Ich brauche jedenfalls mehr Raum, auch gesellschaftlich, um Freundschaften besser leben zu können.«

Das Schlußwort möchten wir der Schriftstellerin Christa Wolf überlassen. Über die Freundschaft zwischen Bettina Brentano und Karoline von Günderode schreibt sie:
»Wir können uns denken, was die Günderode in dieser Freundin geliebt hat: Das schöne Gegenbild zu dem zurecht-gestutzten, kleinlichen, leisetreterischen Gesellschaftsmen-schen; den Stolz, die Freiheitsliebe; die Radikalität des Den-kens und der Hoffnungen; *die Verkörperung einer Utopie*.«[53]

Anmerkungen

Einleitung

1 Siehe zum Beispiel:
Belsey, Elizabeth M., et al.: Predictive factors in emotional response to abortion, 1977. Die Autorin kommt darin zu dem Ergebnis, daß besonders die Frauen, die keine Freundin bzw. wenig soziale Bezüge haben, nach einer Abtreibung mit seelischen Problemen reagieren.
Brown, George W., und Tyrril Harris: Social Origins of Depression. A study of psychiatric disorder in women. London, Tavistock, 1978. Die Autoren fanden besonders viele Frauen ohne Freundin (confidant) bei den schwer gestörten Patientinnen.
Davidson, Sherwin, und Ted Packard: The therapeutic value of friendship between women, 1981. Überblick über Fachliteratur zum Thema, zusätzlich eigene empirische Untersuchung, in der die Frauen die »beste« Freundin als von größerem »therapeutischen Wert« für sich einschätzten als weitläufig Bekannte.
2 Raymond, Janice G.: Frauenfreundschaft: Philosophie der Zuneigung, 1987.
3 Zum Beispiel: Fatke, Reinhard, und Renate Valentin: Wozu man Freunde braucht, in: *Psychologie heute*, Nr. 4/1988.
Rubin, Zick: Kinderfreundschaften, Stuttgart, 1981.
4 Einen Überblick über diese Forschungseinrichtung gibt: Keupp, Heiner, und Bernd Röhrle (Hrsg.): Soziale Netzwerke, Frankfurt, 1987.
5 Siehe Burger, Angelika, und Gerlinde Seidenspinner: Töchter und Mütter. Ablösung als Konflikt und Chance, Opladen, 1988.

Teil 1

1 Siehe die Ergebnisse der *Brigitte*-Studie »Der Mann« von Metz-Göckel und Müller, 1986.
2 Dodson, Fitzhugh: Väter sind die besten Mütter, 1985.
3 Klein, Melanie: Die Psychoanalyse des Kindes, 1932/1972; Horney, Karen: Die Verleugnung der Vagina, 1933; Die Angst vor der Frau, 1932; Zur Genese des weiblichen Kastrationskomplexes, 1928; Die Psychologie der Frau, 1977.

Über Karen Horney siehe auch den ausgezeichneten Aufsatz von Agnes O'Connell in der Zeitschrift *Psychologie und Gesellschaftskritik*, 1983, Nr. 26/27, S. 60 ff.

4 Siehe zum Beispiel:
Chasseguet-Smirgel, Janine (Hrsg.): Psychoanalyse der weiblichen Sexualität, 1974; und dieselbe: Das Ichideal, 1981;
Irigaray, Luce: Das Geschlecht, das nicht eins ist, 1979;
Mitscherlich, Margarete: Die friedfertige Frau, 1985; und dieselbe: Frauen und Aggression, in: Friedrich und Ferstl, 1986;
Eichenbaum, Luise, und Susie Orbach: Was wollen die Frauen? 1984; und dieselben: Bitter und süß, 1987;
Chodorow, Nancy: Das Erbe der Mütter, 1985.

5 Siehe hierzu beispielsweise:
Mahler, Margaret S., et al.: Die psychische Geburt des Menschen, 1978;
Bowlby, John: Mutterliebe und kindliche Entwicklung, 1972;
Winnicott, D. W.: Kind, Familie und Umwelt, 1969;
Jacobson, Edith: Das Selbst und die Welt der Objekte, 1973.

6 Siehe hierzu die eindrucksvollen Arbeiten von René Spitz: Vom Säugling zum Kleinkind, 1967; und: Nein und Ja. Die Ursprünge der menschlichen Kommunikation, 1972.

7 Siehe Grossmann, Klaus und Karin: »Mutter und Kind: Auf das Zusammenspiel kommt es an«, 1986.

8 Siehe Klein, Melanie, 1932.

9 Wodak, Ruth: Hilflose Nähe? Mütter und Töchter erzählen, 1984, S. 11.

10 Ebd., S. 19.

11 Es war das Verdienst der britischen feministischen Forscherin Ann Oakley, festzustellen, daß die »postnatale Depression« ein Massenphänomen und keine Einzelerscheinung ist. Sie führt diese Depression übrigens unter anderem auf die menschenfeindliche Medizintechnik zurück, die der Mutter das Gefühl nehme, das Kind wirklich zu gebären, auf natürliche Weise (nach ihrem eigenen Rhythmus) Leben »hervorzubringen«. Erwartungsgemäß waren die postnatalen Depressionen besonders häufig bei Frauen, deren Kind per Kaiserschnitt »geholt« wurde. Siehe Oakley, Ann: Becoming a Mother, Oxford, 1979; dieselbe: Women Confined: Towards a Sociology of Childbirth, 1980; und dieselbe: Eine Frau wie ich, Weinheim, 1986.

12 Siehe das provozierende Buch von Katja Leyrer: Rabenmütter, na und?, 1987.

13 Der weitaus größte Teil der Kindesmißhandlungen wird von Müttern begangen! Siehe: Michael-Sebastian Honig (Hrsg.): Kindesmißhandlung, 1982;

Arbeitsgruppe Kinderschutz: Gewalt gegen Kinder, 1975. Entsprechende ambivalente Gefühle der Mütter und psychosomatische Auswirkungen bei den Kindern beschreibt Gerd Overbeck: Familien mit psychosomatischen Kindern. Familiendynamische Untersuchungen zum Asthma bronchiale und zur Colitis ulcerosa, 1985.

14 In zahlreichen afrikanischen Ländern zum Beispiel wird dem Rechnung getragen, indem jede Frau erwarten kann, nach der Geburt eines Kindes vom Mann sexuell eine Zeitlang (in Zimbabwe zum Beispiel etwa zwei Jahre) in Ruhe gelassen zu werden.

15 Siehe zum Beispiel das Sammelreferat von Carol Hagemann-White: Sozialisation: männlich – weiblich?, 1984.
Auch das Verhalten der Eltern wird jetzt geschlechtsspezifisch unterschiedlich, siehe zum Beispiel Meyer und Sobieszeck: The effects of a child's sex on adult interpretation of its behavior, 1972.

16 In abgeschwächter Form gilt das auch für Geschwister. Auch sie sind Verbündete »gegen die Eltern«, allerdings für das Mädchen in dieser Phase seiner Entwicklung deutlich schwächere Verbündete (verglichen mit dem Vater), wenn es »gegen« die Mutter geht.

17 Chodorow, a.a.O., S. 159.

18 Karen Horney wandte sich bereits 1928 gegen das Konzept des Penisneids! Siehe ihr Aufsatz: »Zur Genese des weiblichen Kastrationskomplexes.«

19 Chodorow, a.a.O., S. 168.

20 Freud, Sigmund, Gesamtwerke, Bd. XV, S. 145.

21 In dieser Zeit des »tomboy«-Seins wird für viele (insbesondere später lesbische) Frauen der Keim für ihre psychische »Androgynität« gelegt. Androgynität soll hier heißen: Klassischerweise als typisch »männlich« geltende Eigenschaften werden in die Psyche einer Frau integriert. Siehe hierzu etwa Lavine, Linda, und John Lombardo: Self-disclosure: Intimate and nonintimate disclosures to parents and best friends…, 1984.

22 Bekannt sind zum Beispiel die Zusammenhänge zwischen Arbeitslosigkeit und/oder Alkoholismus der Männer und Mißhandlungen von Frauen und Kindern durch diese Männer.
Siehe zum Beispiel:
Haffner, Sarah (Hrsg.): Frauenhäuser, 1976.
Brückner, Margrit: Die Liebe der Frauen. Über Weiblichkeit und Mißhandlung, 1983.

23 Siehe Schmerl, Christiane: Sozialisation und Persönlichkeit, 1978, S. 142.

24 Siehe Hagemann-White, a. a. O., S. 16.

25 Bolognese-Leuchtenmüller, B.: Zwischen Anforderung, Anpassung und Alternativen..., 1981, S. 147.

26 Siehe Marina Gambaroff: Der Einfluß der frühen Mutter-Tochter-Beziehung auf die Entwicklung der weiblichen Sexualität, in dieselbe: Utopie der Treue, 1984, S. 75–96.

27 Siehe Bateson, Gregory, et al.: Auf dem Weg zu einer Schizophrenie-Theorie, in: Bateson et al.: Schizophrenie und Familie, 1969.

28 Overbeck, a. a. O.

29 Siehe Hagemann-White, a. a. O., S. 18–20.

30 ...was für das Mädchen ungeheuer wichtig ist, denn: »Die Loslösung von der Mutter kann nur dann gelingen, wenn das Kind die narzißtische Besetzung seines ganzen Körpers, die Genitalien eingeschlossen, geleistet hat«, Blum, 1977, zit. in: Mitscherlich, 1987, S. 143.
Siehe auch: Olivier, Christine: Jokastes Kinder, 1987, S. 79–88.

31 In: Chasseguet-Smirgel, 1974, S. 205.

32 Aus Sperr (Hrsg.), 1981, S. 24–25, zitiert in Wodak, a. a. O., S. 12 f.

33 Siehe dazu u. a.:
Steinbart, H.: Am Anfang war die Frau, 1983;
Utrio, Kaari: Evas Töchter, 1984.

34 Aus einer Fülle von Zeugnissen siehe u. a.: »Frauenalltag, Männeralltag, Familienalltag«, in: Wahl et al.: Familien sind anders, 1980, S. 99–108.

35 Siehe die damals ideologische Vorbereitung der »Wende« in der Familienpolitik: die CDA-Broschüre: »Die sanfte Macht der Familie«, 1981.

36 Haug, Frigga: Opfer oder Täter? Über das Verhalten von Frauen, in: *Das Argument*, 1980, S. 646.

37 Wodak, a. a. O., S. 27.

38 Burger und Seidenspinner, a. a. O.

39 ...pflegte zum Beispiel meine Mutter oft zu sagen (M. H.).

40 Siehe dazu unter anderem:
Kuhn, Annette, und Valentine Rothe: Frauen im deutschen Faschismus, 1982;
Dischner, Gisela (Hrsg.): Eine stumme Generation berichtet, 1982;
Brückner, Peter: Das Abseits als sicherer Ort, 1980;
Der alltägliche Faschismus, Frauen im 3. Reich, 1981.

41 Schließlich hatten sie die faschistische Ideologie verinnerlicht: »Die Welt der Frau ist der Mann« (Hitler). Siehe hierzu: Mac-

chiocchi, Maria-Antoinette: Jungfrauen, Mütter und ein Führer, 1976.

Auch in der Hinsicht hat es eine »Vergangenheitsbewältigung« in dieser Generation nicht gegeben!

42 Siehe Mitscherlich, Alexander und Margarete: Die Unfähigkeit zu trauern, 1967.

43 Siehe Mitscherlich, A.: Auf dem Weg zur vaterlosen Gesellschaft, 1963.

44 Bolognese-Leuchtenmüller stellt noch 1981 fest: »Die Frau existiert für Männer entweder als Sexualobjekt oder als desexualisierte Mutter.«

45 Eine atmosphärisch sehr gute Beschreibung dieses Klimas liefert Rainer Werner Fassbinder in seinen Filmen, hier zum Beispiel: »Lili Marleen«.

46 Dies ist übrigens auch heute noch feststellbar: Zu Beginn einer Ehe und in den ersten Jahren der Mutterschaft wird die Freundin zunächst vernachlässigt. Damals müssen die turbulenten ersten Jahre nach Rückkehr der Männer ähnlich verlaufen sein.
Siehe: Fischer, Claude, und Stacey Oliker: A research note on friendship, gender and the life cycle, 1983.

47 Siehe: »Die Sache mit dem Schmutz«, in: Gambaroff, a.a.O., S. 135–144.

48 Siehe Fassbinders Film »Die Ehe der Maria Braun«.

49 Ein von der Grünen-Bundestagsabgeordneten Waltraud Schoppe einmal in einer Rede verwendeter Begriff, den wir sehr zutreffend finden.

50 Gut beschrieben in: Meyrowitz, Joshua: Die Fernsehgesellschaft, 1987, S. 145–161.

51 Ein Freiraum, der nicht nur durch Verhütungsmittel und Berufstätigkeit, relativen Wohlstand und lockerere Sitten bestimmt war, sondern auch durch die einfache, aber oft vergessene Tatsache: Es handelt sich hier um die erste Frauengeneration, die – bis heute – keinen Krieg erlebte! Daß Hochrüstung und ein durch Medien geschärftes Bewußtsein durchaus auch in dieser Generation Ängste schürte – vor einem Krieg, vor einer Vernichtung der Umwelt –, ist zwar sicher ein wichtiger psychologischer Faktor (Stichwort Zukunftsangst – »no future«). Doch die Auswirkungen eines solchen Bewußtseins sind viel unmittelbarer als die eines tatsächlich erlebten und erlittenen Krieges.

52 Hier wollen wir zum einen auf den »Klassiker« verweisen: Adorno, Theodor, et al.: Der autoritäre Charakter. Studien über Autorität und Vorurteil, 1968/69;
zum anderen auf einen Dokumentationsband, der zeigt, wie in der antiautoritären Studentenbewegung aus der Kritik an der

Vätergeneration heraus versucht wurde, einen eigenen »Erziehungsansatz« zu entwickeln: Saß, Hans-Werner (Hrsg.): Antiautoritäre Erziehung oder die Erziehung der Erzieher, 1972.

53 Siehe Müller-Münch, Ingrid: Die Frauen von Majdanek, 1982.

54 Ebbinghaus, Angelika (Hrsg.): Opfer und Täterinnen, S. 10f.

55 Etwa Macchiocchi; Kuhn und Rothe; Dischner, a. a. O.

56 in: Rheinsberg, Anna, und Brigitte Seiffert: Unbeschreiblich weiblich, Reinbek, 1981, S. 100.

57 Siehe auch: Shuttle, Penelope, und Peter Redgrove: Die weise Wunde Menstruation, 1980.

58 Studien über Eßstörungen wie Anorexie und Bulimie zeigen, daß von den Pubertierenden, die solche Probleme bekommen, häufig unbewußt die Übernahme der weiblichen Rolle abgelehnt wird. Zum Teil bleibt die Regel aus oder stellt sich gar nicht erst ein. Siehe hierzu u. a.: Bruch, Hilde: Der goldene Käfig, 1980;
Selvini-Palazzoli, Mara: Self-starvation, 1974;
Aliabadi, Christiane, und Wolfgang Lehnig: Wenn Essen zur Sucht wird, München, 1982.

59 Mitscherlich, Margarete: Die friedfertige Frau, S. 89.

60 Siehe Hagemann-White, a. a. O., S. 58–63.

61 Siehe dazu: Barnett, Mark, und Richard Harris: Peer counselors and friends: Expected and preferred responses, 1984;
Berndt, Thomas J., und Sally G. Hoyle: Stability and change in childhood and adolescent friendships, 1985;
Konopka, Gisela: Young girls: A portrait of adolescence, 1983.

62 Karoline von Günderode: Der Schatten eines Traumes, Hrsg. v. Christa Wolf, 1981.

63 Gilligan, Carol, in: Psychologie heute, Nr. 10/82.

64 Ebd., S. 23.

65 Eine der beiden Autorinnen dieses Buches (Michaela Huber) führt seit zwölf Jahren berufsbezogene Selbsterfahrungs-Seminare mit Frauen und Männern aus sozialen Berufen durch. Die Erfahrung, sich persönlich nicht mehr von den Menschen abgrenzen, ja auch nur unterscheiden zu können, mit denen und für die sie arbeiten; die bangen Fragen: »Wo bleibe ich? Wer bin ich denn, außer Ersatzmutter zu sein?«, stellen sich nur Frauen. Männern gelingt es wesentlich besser, sich von ihrer Berufsrolle zu distanzieren. Sie wissen in der Regel durchaus, wer sie »sonst noch« sind.

66 Olivier, a. a. O., S. 130f.

67 Siehe: Margrit Brückner: »Tödliche Liebesphantasien – Frauenbilder zwischen der Jungfrau Maria und der Verführerin Eva«, in: Schaeffer-Hegl (Hrsg.): Frauen und Macht, 1984. Dort heißt es unter anderem: »Als Geschlecht verkörpern

Frauen das unerfüllbar Gute und damit auch das grenzenlos Böse« (S. 216).

68 Olivier, a. a. O., S. 84 f.

69 Siehe Leonard, Linda: Töchter und Väter. Heilung und Chancen einer verletzten Beziehung, 1985.

70 Margarete Mitscherlich hat das einmal zugespitzt so formuliert: »Für manche Theoretiker ist jeder Haß – der Frauenhaß der Männer, der Männerhaß der Frauen – letztlich nichts anderes als der Haß auf die Mutter und deren Macht über das hilflose Kind« (in: Bruchstellen der Psychoanalyse, S. 137).

Das stimmt so natürlich nicht. Doch was zuzutreffen scheint, ist: Der Frauenhaß der Männer wird den Mädchen sowohl über die Mütter als auch über die Väter nahegebracht. Und da Mütter – wie alle Frauen im Patriarchat – über eine ausgeprägte Verachtung für das eigene (unterdrückte) Geschlecht verfügen und da sie *die* Erziehungsinstanz sind, »erben« die Töchter einen großen Teil des Frauenhasses von den Müttern.

Teil 2

1 Geiger, Ruth-Esther: Eine, die mich wirklich kennt, 1984.

2 Hagemann-White, a. a. O., S. 99. Die Autorin behauptet zwar: »In der Zeit der Pubertät wird die Gruppe der Gleichaltrigen für Mädchen ähnlich wichtig wie für Jungen in der Grundschulzeit«, doch sie hat gar keine Einzelfreundschaften in ihre Analyse einbezogen. So behaupten wir hingegen: *Nicht* die Clique der Gleichaltrigen ist von solch entscheidender Bedeutung – auch wenn sie in der Pubertät wichtiger wird als zuvor –, sondern die Einzelbeziehung zwischen Freundinnen. Dies wird auch durch neuere empirische Studien gestützt, siehe die Angaben unter Teil 1, Anmerkung 61.

3 »Was Mädchen nicht zu fragen wagen«, so lautet der Titel eines noch 1978 erschienenen Aufklärungsbuches. Ein entsprechender Titel für Jungen wäre undenkbar.

4 Siehe zum Beispiel Becker-Schmidt, Regina, und Gudrun-Axeli Knapp: Geschlechtertrennung, Geschlechterdifferenz, 1987.

5 Ebd., S. 141 ff.

6 Satirisch beschrieben von Erika Wisselinck in: Frauen denken anders, 1984, S. 25 ff.

7 Brauckmann, Jutta: Die vergessene Wirklichkeit, 1984, S. 38.

8 Becker-Schmidt / Knapp, a. a. O., S. 58 f.

9 Hite, Shere: Frauen und Liebe, 1988.

10 Lentz, Mischa: Was Mädchen nicht zu fragen wagen, 1978, S. 79.

11 Siehe Cramon-Daiber, Birgit, et al.: Schwesternstreit, 1983.
12 Wisselinck, a.a.O., S.50.
13 Siehe auch: Eder, Donna: The cycle of popularity: Interpersonal relations among female adolescents, 1985.
14 Siehe Badinter, Elisabeth: Ich bin du. Die neue Beziehung zwischen Mann und Frau oder Die androgyne Revolution, 1987.
15 Siehe dazu unter anderem: Highlen, Pamela, und Sheila Gillis: Effects of situational factors, sex, and attitude on affective self-disclosure and anxiety, 1978;
Bell, Robert: Friendships of women and of men, 1981;
Ashton, Nancy: Exploratory investigation of perceptions of influences on best-friend relationships, 1980;
Rubin, Zick, und Stephen Shenker: Friendship, proximity and self-disclosure, 1978;
Peter Poppe: Männerfreundschaften, in: *Psychologie heute*, Nr.5/1988.
16 Im neuen Hite-Report finden sich dazu deutliche Zahlen. Zum Beispiel: »83 Prozent der Frauen glauben nicht, daß Männer überhaupt verstehen, was eine intime Beziehung erfolgreich macht« (S. 934).
17 Noch die Mütter konnten in einem Aufklärungsbuch von 1958 (»Liebe besser – liebe richtig!« von Dr. med R. Boyd) im Kapitel »Der voreheliche Verkehr« mit großer Selbstverständlichkeit hingeschriebene Sätze finden wie diese: »Die Frau ist wie ein kostbares Gefäß, in dem man einen berauschenden Trank zubereitet. Dieser Trank wird verfälscht, wenn man einmal Wein, einmal Wasser, ein andermal Schnaps und wieder ein nächstes Mal vielleicht Obstsaft oder Milch hineingießt. Und so oft man das Gefäß danach auch reinigen wird – an seinem Grunde bleibt immer etwas... haften.«
18 Siehe: Arnim, Bettina von: Die Günderode, 1983;
Christa Wolf: Karoline von Günderode: Der Schatten eines Traumes, 1981;
Behrens, Katja (Hrsg.): Frauenbriefe der Romantik, 1981.
19 Christa Wolf, a.a.O., S. 259.
20 Ebd., S. 30.
21 Ebd., S. 260.
22 Ebd., S. 32.
23 Ebd., S. 261.
24 Ebd., S. 262.
25 Ebd., S. 262.
26 Ebd., S. 267.
27 Ebd., S. 88f.

Teil 3

1 Aus: *Brigitte*, Nr. 25/1987.

2 Es ist sehr schwer, Hausfrauen zu finden, die sich bereit erklären, über sich und ihre Freundinnen zu sprechen. Empirische Befunde haben ergeben, daß diese Frauen zumindest in der ersten Zeit der Ehe und Mutterschaft ihre Freundinnen sehr vernachlässigen. (Siehe Fischer, Claude, et al., a.a.O.) Wir haben uns bemüht, doch trotz Mund-zu-Mund-Propaganda, Aushängen in Läden und Kindergärten hatten wir zum Schluß unter den 60 befragten Frauen nur eine sogenannte »Nur-Hausfrau«. Wir hoffen jedoch, daß doch etliches von dem, was wir in diesem Teil des Buches ausführen, auch auf »Hausfrauen-Mütter« zutrifft.

3 Brauckmann, a.a.O., S. 110.

4 Ebd., S. 109.

5 Ebd.

6 Prokop, Ulrike: Weiblicher Lebenszusammenhang..., 1976, S. 98.

7 Brauckmann, a.a.O., S. 108.

8 Ebd., S. 144.

9 Mitscherlich, M., 1987, S. 137.

10 Firestone, Shulamith: Frauenbefreiung und sexuelle Revolution, 1975;
Hausen, Karin: Frauen suchen ihre Geschichte, 1983;
Janssen-Jurreit, Marielouise: Sexismus, 1976;
Utrio, Kaari: Evas Töchter. Die weibliche Seite der Geschichte, 1984.

11 Wisselinck, a.a.O., S. 94.

12 Brauckmann, a.a.O., S. 94.

13 Siehe zum Beispiel die Untersuchung von Christel Eckert und anderen: Frauenarbeit in Familie und Fabrik, 1979.

14 Bloom, Coburn, Pearlmass: Die selbstsichere Frau, 1977, S. 12.

15 Siehe Theweleit, Klaus: Männerphantasien, 1977/78.

16 Siehe Schmerl, Christiane: Frauenfeindliche Werbung, 1980.

17 *Die Tageszeitung*, siehe die Ausgaben vom 8. bis 14.3.1988.

18 Mitscherlich, M., 1975, S. 9.

19 Reinberg, Brigitte, und Edith Roßbach: Stichprobe Lesben, 1985, S. 157–175.

20 Kokula, Ilse: Homosexuelle Frauen..., in: Janssen-Jurreit, 1979, S. 230.

21 Reinberg/Roßbach, a.a.O., S. 91.

22 Ebd., S. 135.

23 In: Chasseguet-Smirgel, a.a.O., S. 288.

24 Morgenthaler, Fritz: Homosexualität, Heterosexualität, Perversion, 1984, S. 95.
25 Linnhoff, Ursula: Weibliche Homosexualität zwischen Anpassung und Emanzipation, 1976;
Kokula, Ilse: Weibliche Homosexualität um 1900..., 1981;
Kuckuc, Ina: Der Kampf gegen Unterdrückung, 1975;
Schäfer, Sigrid: Weibliche Homosexualität, 1975;
Paczensky, Susanne v.: Verschwiegene Liebe, 1981;
Pagenstecher, Lising: Der geheime Auftrag der Mütter, 1983;
Reinberg/Roßbach, a.a.O.;
Brauckmann, a.a.O.
26 Siehe z.B. Hänsch, Ulrike: Zum Schweigen der Lesben, 1987.
27 Paczensky, a.a.O., S. 31 f.
28 Schäfer, a.a.O., S. 302.
29 Reinberg/Roßbach, a.a.O., S. 36.
30 Ebd., S. 75.
31 Samasow, Magliane: Gedanken zur Lage der Nation, in: Rheinsberg/Seifert, a.a.O., S. 124.
32 Brauckmann, a.a.O., S. 141.
33 Gambaroff, a.a.O., S. 94 f.
34 Brauckmann, a.a.O., S. 95 f.
35 Hite, a.a.O., S. 926.
36 Ebd., S. 925.
37 In: Chasseguet-Smirgel, S. 285.
38 Mead, Margaret: Mann und Weib, 1985, S. 118.
39 Ein Ausspruch der Analytikerin Margaret Mahler (1975).
40 Gambaroff, a.a.O., S. 87.
41 Siehe Platen, Heide: Kindsmord. Der Fall Weimar, 1988.
42 Mitscherlich, M., 1985, S. 16.
43 Ebd.
44 Brückner, Margrit, 1987, a.a.O., 60 f.
45 Geiger, a.a.O., S. 192–204.
46 Interessante Ergebnisse zum Zusammenhang zwischen mütterlicher Berufstätigkeit und dem Rollenverständnis von Töchtern und Söhnen berichtet Ursula Lehr in ihrem Buch: Die Rolle der Mutter in der Sozialisation des Kindes, 1978, S. 107 bis 113.
47 Lerner, Harriet Goldhor: Wohin mit meiner Wut, 1987, S. 11.
48 Heidenreich, Elke: Wenn Freundschaft einfach einschläft, in: *Brigitte*, Nr. 24/1987.
49 Zwei Studien haben in den letzten Jahren darauf hingewiesen, daß »feministische Einsicht« nichts nützt, wenn es um die Verbesserung der patriarchal geprägten »sozialen Beziehungen« zu ihren (besten) Freundinnen geht:

Acker, Joan, Kate Barry und Joke Esseveld: Feminism, female friends and the reconstruction of intimacy, 1981;

Rose, Suzanna, und Laurie Roades, in: *Psychology of Women Quarterly*, 11, 1987.

50 »Unkritisches Zuhören« und »Fragen beantworten« sind die entscheidenden Forderungen, die Mädchen bzw. Frauen an ihre Freundinnen richten. Im Zweifelsfall sind Frauen eher bereit, eine kritische Meinung von der Freundin über die eigene Außenwirkung zu hören (nicht jedoch über die Beziehung der Freundinnen selbst!), als eine Frage oder Bitte unbeantwortet zu wissen. Siehe hierzu u. a.:

Lewis, Penelope, und Cynthia Gallois: Disagreements, refusals or negative feelings: Perception of negatively assertive messages from friends and strangers, 1984;

Johnson, Fern, und Elizabeth Aries: The talk of women friends, 1983.

51 Erst im Alter wird die jeweils den »Status stützende« Funktion der Freundin weniger wichtig. So auch das Ergebnis einer Querschnittsstudie an 14- bis 80jährigen Frauen:

Candy, Sandra, Lillian Troll und Sheldon Levy: A developmental exploration of friendship functions in women, 1981.

52 Zur Funktion des »aktiven Spiegels« zur Vorbereitung auf die ungleiche »face-to-face«-Situation mit Männern, siehe auch:

Hunter, Mary, Dennis Saleebey und Coleen Shannon: Female friendships: Jount defense against situational power inequity, 1983.

53 Christa Wolf, a. a. O., S. 33.

Literatur

Acker, Joan, Kate Barry und Joke Esseveld: Feminism, female friends, and the reconstruction of intimacy, in: *Research in the Interweave of Social Roles*, 1981, Vol. 2, S. 75–108

Adorno, Theodor W., et al.: Der autoritäre Charakter. Studien über Autorität und Vorurteil, zwei Bände, Amsterdam, 1968/69

Aliabadi, Christiane, und Wolfgang Lehnig: Wenn Essen zur Sucht wird, München, 1982

Arbeitsgruppe Kinderschutz (Best/Bernecker/Kastien/Schmitt/Wolff): Gewalt gegen Kinder. Kindesmißhandlungen und ihre Ursachen, Reinbek, 1975

Arnim, Bettina von: Die Günderode, Frankfurt, 1983

Ashton, Nancy: Exploratory investigation of perceptions of influences on best-friend relationships, in: *Perceptual & Motor Skills*, 1980, Apr., Vol. 50 (2), S. 379–386

Badinter, Elisabeth: Die Mutterliebe, München, 1981

Dieselbe: Ich bin du. Die neue Beziehung zwischen Mann und Frau oder Die androgyne Revolution, München, 1987

Balint, Michael: Therapeutische Aspekte der Regression, Reinbek, 1973

Barnett, Mark, und Richard Harris: Peer counselors and friends: Expected and preferred responses, in: *Journal of Counseling Psychology*, 1984, Apr., Vol. 31 (2), S. 258–261

Bateson, Gregory, et al.: Schizophrenie und Familie, Frankfurt, 1969

Beauvoir, Simone de: Das andere Geschlecht. Sitte und Sexus der Frau, Reinbek, 1968

Beck-Gernsheim, Elisabeth: Das halbierte Leben. Münnerwelt Beruf – Frauenwelt Familie, Frankfurt, 1980

Dieselbe: Vom Geburtenrückgang zur Neuen Mütterlichkeit?, Frankfurt, 1984

Becker-Schmidt, Regina, und Gudrun-Axeli Knapp: Geschlechtertrennung – Geschlechterdifferenz. Suchbewegungen sozialen Lernens, Bonn, 1987

Behrens, Katja (Hrsg.): Frauenbriefe der Romantik, Frankfurt, 1981

Bell, Robert: Friendship of women and of men, in: *Psychology of Women Quarterly*, 1981, Spr., Vol. 5 (3), S. 402–417

Belsey, Elizabeth M., et al.: Predictive factors in emotional response to abortion, in: *Social Sciences and Medicine*, 1977, Jan., Vol. 11 (2), S. 71–82

Berliner, Bernhard: Die Rolle der Objektbeziehungen im moralischen Masochismus, in Grunert (Hrsg.), 1981, S. 42–61

Berndt, Thomas, und Sally Hoyle: Stability and change in childhood and adolescent friendships, in: *Developmental Psychology*, 1985, Nov., Vol. 21 (6), S. 1007–1015

Bettelheim, Bruno: Gespräche mit Müttern, München, 1978

Bloom, Lynn, Karen Coburn und Joan Pearlmass: Die selbstsichere Frau. Das Training zur Selbstbehauptung, München, 1977

Bolognese-Leuchtenmüller, B.: Zwischen Anforderung, Anpassung und Alternativen – Überlegungen zur gegenwärtigen Rollenverteilung in der Familie, Wien, 1981

Bowlby, John: Mutterliebe und kindliche Entwicklung, München, 1972

Boyd, R.: Liebe besser – liebe richtig!, München, 1958

Brauckmann, Jutta: Die vergessene Wirklichkeit. Männer und Frauen im weiblichen Leben, Münster, 1984

Brinker-Gabler, Gisela (Hrsg.): Zur Psychologie der Frau, Frankfurt, 1978

Brøgger, Suzanne: Sondern erlöse uns von der Liebe, Reinbek, 1980

Brown, George W., und Tyrril Harris: Social Origins of Depression. A study of psychiatric disorder in women. London, 1978

Brückner, Margrit: Die Liebe der Frauen. Über Weiblichkeit und Mißhandlung, Frankfurt, 1983

Dieselbe: Tödliche Liebesphantasien – Frauenbilder zwischen der Jungfrau Maria und der Verführerin Eva, in: Schaeffer-Hegel (Hrsg.): Frauen und Macht, 1984, S. 216–228

Dieselbe: Die janusköpfige Frau. Lebensstärken und Beziehungsschwächen, Frankfurt, 1987

Brückner, Peter: Das Abseits als sicherer Ort. Kindheit und Jugend zwischen 1933 und 1945, Berlin, 1980

Burger, Angelika, und Gerlinde Seidenspinner: Töchter und Mütter. Ablösung als Konflikt und Chance. Opladen, 1988

Candy, Sandra, Lillian Troll und Sheldon Levy: A developmental exploration of friendship functions in women, in: *Psychology of Women Quarterly*, 1981, Spr., Vol. 5 (3), S. 456–472

CDA: Die sanfte Macht der Familie, Bonn, 1981

Chasseguet-Smirgel, Janine (Hrsg.): Psychoanalyse der weiblichen Sexualität, Frankfurt, 1974

Dieselbe: Das Ich-Ideal. Psychoanalytischer Essay über die »Krankheit der Idealität«, Frankfurt, 1981

Chodorow, Nancy: Das Erbe der Mütter, München, 1985

Cixous, Hélène: Die unendliche Zirkulation des Begehrens, Berlin, 1977

O'Connell, Agnes: Karen Horney: Psychoanalytikerin und Begründerin einer weiblichen Psychologie, in: *Psychologie und Gesellschaftskritik*, Nr. 26/27, 1983, S. 60 ff.

Cramon-Daiber, Birgit, et al.: Schwesternstreit, Reinbek, 1983

Dally, A.: Die Macht unserer Mütter, Stuttgart, 1979

Davidson, Sherwin, und Ted Packard: The therapeutic value of friendship between women, in: *Psychology of Women Quarterly*, 1981, Spr., Vol. 5 (3), S. 495–510

Denker, Rolf: Aufklärung über Aggression, Stuttgart, 1966

Der alltägliche Faschismus. Frauen im Dritten Reich, Berlin, 1981

Dinnerstein, Dorothy: Das Arrangement der Geschlechter, Stuttgart, 1979

Dischner, Gisela (Hrsg.): Eine stumme Generation berichtet, Frankfurt, 1982

Dodson, Fitzhugh: Väter sind die besten Mütter, Düsseldorf, 1985

Dröge, Annette: In dieser Gesellschaft überleben. Zur Alltagssituation lesbischer Frauen, Berlin, 1982

Duden, Barbara: Das schöne Eigentum. Zur Herausbildung des bürgerlichen Frauenbildes an der Wende vom 18. zum 19. Jahrhundert, in: *Kursbuch*, Nr. 47/1977.

Ebbinghaus, Angelika (Hrsg.): Opfer und Täterinnen, Nördlingen, 1987

Eckert, Christel, et al.: Frauenarbeit in Familie und Fabrik, Frankfurt, 1979

Edding, Cornelia: Einbruch in den Herrenclub. Von den Erfahrungen, die Frauen auf Männerposten machen, Reinbek, 1983

Eder, Donna: The cycle of popularity: interpersonal relations among female adolescents, in: *Sociology of Education*, 1985, Jul., Vol. 58 (3), S. 154–165

Eichenbaum, Luise, und Susie Orbach: Was wollen die Frauen, Reinbek, 1986

Dieselben: Bitter und süß. Frauenfreundschaft – Frauenfeindschaft, Düsseldorf, 1987

Fatke, Reinhard, und Renate Valentin: Wozu man Freunde braucht, in: *Psychologie heute*, Nr. 4/1988

Feministische Studien, Mai 1983: Entwirrungen. Liebe aus der Sicht von Frauen

Firestone, Shulamith: Frauenbefreiung und sexuelle Revolution, Frankfurt, 1987

Franck, B.: Ich schau' in den Spiegel und seh' meine Mutter, Hamburg, 1979

French, Marilyn: My Mother's Daughter, London, 1987

Freud, Anna: Das Ich und die Abwehrmechanismen, München, 1936

Freud, Sigmund: Neue Folge der Vorlesungen zur Einführung in die Psychoanalyse, Gesamtwerke Bd. XV, 1933

Frevert, Ute: Frauen-Geschichte. Zwischen Bürgerlicher Verbesserung und Neuer Weiblichkeit, Frankfurt, 1986

Friday, Nancy: Wie meine Mutter, Frankfurt, 1982

Friedrich, Volker, und Heinz Ferstl (Hrsg.): Bruchstellen in der Psychoanalyse, Eschborn, 1987

Gambaroff, Martina: Utopie der Treue, Reinbek, 1984

Gallese, Liz Roman: Von den Folgen des Erfolgs. Gespräche mit Spitzen-Managerinnen, Reinbek, 1986

Geiger, Ruth-Esther: Eine, die mich wirklich kennt, Reinbek, 1984

Dieselbe: Wenn die Liebe losgeht, Reinbek, 1986

Gilligan, Carol, Titelgeschichte und Interview in: *Psychologie heute*, Nr. 10/82

Grossmann, Klaus und Karin: Mutter und Kind. Auf das Zusammenspiel kommt es an. In: *Psychologie heute* (Hrsg.): Familien-Bande, Weinheim, 1986

Grunert, Johannes (Hrsg.): Leiden am Selbst, München, 1981

Günderode, Karoline von: Der Schatten eines Traumes, herausgegeben von Christa Wolf, Darmstadt, 1981

Gugel, Elisabeth: Sexualität und Individualität der Frau. Zur Kritik der psychoanalytischen Auffassung von der weiblichen Sexualentwicklung, Gießen, 1975

Hacker, Hanna: Frauen und Freundinnen. Studien zur »weiblichen Homosexualität« am Beispiel Österreich 1870–1938, Weinheim, 1987

Hänsch, Ulrike: Zum Schweigen der Lesben. Die Lesbe als Gegentäterin und Mit-täterin, in: *Beiträge zur feministischen Theorie und Praxis*, Nr. 20/1987, S. 95–101

Haffner, Sarah (Hrsg.): Frauenhäuser. Gewalt gegen Frauen und was Frauen dagegen tun. Berlin, 1976

Hagemann-White, Carol: Sozialisation männlich – weiblich? Opladen, 1984

Haug, Frigga: Opfer oder Täter? Über das Verhalten von Frauen, in: *Das Argument*, 1980, S. 643–649

Hausen, Karin: Frauen suchen ihre Geschichte, München, 1983

Heidenreich, Elke: Wenn Freundschaft einfach einschläft, in: *Brigitte*, Nr. 24/87

Highlen, Pamela, und Sheila Gillis: Effects of situational factors, sex, and attitude on affective self-disclosure and anxiety, in: *Journal of Counseling Psychology*, 1978, Jul., Vol. 25 (4), S. 270–276

Hite, Shere: Frauen und Liebe, München, 1988

Honig, Sebastian-Michael (Hrsg.): Kindesmißhandlung, München, 1982

Horney, Karen: Zur Genese des weiblichen Kastrationskomplexes, in: *Internationale Zeitschrift für Psychologie*, 1928

Dieselbe: Die Angst vor der Frau, in: *Internationale Zeitschrift für Psychoanalyse*, 1932

Dieselbe: Die Verleugnung der Vagina, in: *Internationale Zeitschrift für Psychoanalyse*, 1933

Dieselbe: Die Psychologie der Frau, Frankfurt, 1977

Hunter, Mary, Dennis Saleebey und Coleen Ahannon: Female friendships: Joint defense against situational power inequity, in: *Psychology: A Quarterly Journal of Human Behavior*, 1983, Vol. 20 (1), S. 14–20

Irigaray, Luce: Das Geschlecht, das nicht eins ist, Berlin, 1979

Jacobson, Edith: Das Selbst und die Welt der Objekte, Frankfurt, 1973

Janssen-Jurreit, Marielouise: Sexismus. Über die Abtreibung der Frauenfrage. München, 1976

Dieselbe (Hrsg.): Frauen und Sexualmoral, Frankfurt, 1986

Dieselbe (Hrsg.): Frauenprogramm gegen Diskriminierung. Gesetzgebung, Aktionspläne, Selbsthilfe, Reinbek, 1979

Johnson, Fern, und Elizabeth Aries: The talk of women friends, in: *Women's Studies International Forum*, 1983, Vol. 6 (4), S. 353–361

Klein, Melanie: Die Psychoanalyse des Kindes, Wien, 1932

Kokula, Ilse: Weibliche Homosexualität um 1900 in zeitgenössischen Dokumenten, München, 1981

Dieselbe: Homosexuelle Frauen – fehlende Sexualerziehung, Schikanen im Beruf und Diskriminierung ihrer Lebensgemeinschaften, in: Janssen-Jurreit, 1979, S. 220–230

Dieselbe: Formen lesbischer Subkultur, Berlin, 1983

Konopka, Gisela: Young girls: A portrait of adolescence, IV: Friends – loneliness, in: *Child & Youth Services*, 1983, Fal-Win, Vol. 6 (3–4), S. 84–100

Kuckuc, Ina: Der Kampf gegen Unterdrückung, München, 1975

Kuhn, Annette, und Valentine Rothe: Frauen im deutschen Faschismus, 2 Bd., Düsseldorf, 1982

Laing, Ronald D.: Das Selbst und die Anderen, Köln, 1973

Lavine, Linda, und John Lombardo: Self-disclosure: Intimate and nonintimate disclosure to parents and best friends as function of Bem Sex-Role Category, in: Sex Roles, 1984, Oct., Vol. 11 (7–8), S. 735–744

Lehr, Ursula: Die Rolle der Mutter in der Sozialisation des Kindes, Darmstadt, 1978

Lentz, Mischa: Was Mädchen nicht zu fragen wagen, München, 1978

Leonard, Linda: Töchter und Väter, Heilung und Chancen einer verletzten Beziehung, München, 1985

Lerner, Harriet Goldhor: Wohin mit meiner Wut, Stuttgart, 1987

Lewis, Penelope, und Cynthia Gallois: Disagreements refusals or negative feelings: Perception of negatively assertive messages from friends and strangers, in: Behavior Therapy, 1984, Sep., Vol. 15 (4), S. 353–368

Leyrer, Katja: Rabenmütter, na und?, Frankfurt, 1987

Linnhoff, Ursula: Weibliche Homosexualität zwischen Anpassung und Emanzipation, Köln, 1976

Macchiocchi, Maria-Antoinette: Jungfrauen, Mütter und ein Führer, Berlin, 1976

Mahler, Margaret S.: Symbiose und Individuation, Stuttgart, 1972

Dieselbe: Pine, Fred, und Anni Bergman: Die psychische Geburt des Menschen, Frankfurt, 1978

Maindok, Herlinde: Frauenalltag in Männerberufen, Frankfurt, 1987

Mayreder, Rosa: Zur Kritik der Weiblichkeit, München 1981

McDougall, Joyce: Über die weibliche Homosexualität, in: Chasseguet-Smirgel, 1974, S. 233–291

Mead, Margaret: Mann und Weib, Reinbek, 1985

Meillassoux, Claude: Die wilden Früchte der Frau. Über häusliche Produktion und kapitalistische Wirtschaft, Frankfurt, 1976

Metz-Göckel, Sigrid, und Ursula Müller: Der Mann. Die BRIGITTE-Studie, Weinheim, 1986

Meyer, J., und B. Sobieszeck: The effects of a child's sex on adult interpretation of its behavior, in: Developmental Psychology, 1972, 6, S. 42–48

Meyrowitz, Joshua: Die Fernsehgesellschaft. Wirklichkeit und Identität im Medienzeitalter, Weinheim, 1987

Mitchell, Juliet: Psychoanalyse und Feminismus, Frankfurt, 1976

Mitscherlich, Alexander: Krankheit als Konflikt, Frankfurt, 1966

Derselbe: Auf dem Weg zur vaterlosen Gesellschaft. Ideen zur Sozialpsychologie, München, 1963

Mitscherlich, Alexander und Margarete: Die Unfähigkeit zu trauern, München, 1967

Mitscherlich, Margarete: Die friedfertige Frau, Frankfurt, 1985

Dieselbe: Frauen und Aggression, in: Friedrich und Ferstl, 1987, S. 128–148

Morgenthaler, Fritz: Homosexualität, Heterosexualität, Perversion, Frankfurt, 1984

Müller-Münch, Ingrid: Die Frauen von Majdanek, Reinbek, 1982

Oakley, Ann: Becoming a Mother, Oxford, 1979

Dieselbe: Women Confined: Towards a Sociology of Childbirth, Oxford, 1980

Dieselbe: Eine Frau wie ich, Weinheim, 1986

Olivier, Christiane: Jokastes Kinder. Die Psyche der Frau im Schatten der Mutter, Düsseldorf, 1987

Overbeck, Gerd: Familien mit psychosomatisch kranken Kindern. Familiendynamische Untersuchungen zum Asthma bronchiale und Colitis ulcerosa, Göttingen, 1985

Paczensky, Susanne von: Verschwiegene Liebe. Lesbische Frauen in unserer Gesellschaft, München, 1981

Pagenstecher, Lising: Der geheime Auftrag der Mütter. Wenn Frauen lesbisch werden, in: *Psychologie heute* (Hrsg.): Die Harten und die Zarten, Weinheim, 1983

Platen, Heide: Kindsmord. Der Fall Weimar, Berlin, 1988

Poppe, Peter: Männerfreundschaften, in: *Psychologie heute*, Nr. 5 / 1988, S. 58–63

Prokop, Ulrike: Weiblicher Lebenszusammenhang. Von der Beschränktheit der Strategien und der Unangemessenheit der Wünsche, Frankfurt, 1976

Raymond, Janice: Frauenfreundschaft. Philosophie der Zuneigung, München, 1987

Reinberg, Brigitte, und Edith Roßbach: Stichprobe: Lesben, Pfaffenweiler, 1985

Rheinsberg, Anna, und Barbara Seifert (Hrsg.): Unbeschreiblich weiblich, Reinbek, 1981

Rose, Suzanna, und Laurie Roades: Women friends, in: *Psychology of Women Quarterly*, 1987, 11

Rubin, Zick, und Stephen Sheker: Friendship, proximity and self-disclosure, in: *Journal of Personality*, 1978, Mar., Vol. 46 (1), S. 1–22

Samasow, Magliane: Gedanken zur Lage der Nation, in: Rheinsberg/Seifert 1981, S. 124

Saß, Hans-Werner (Hrsg.): Antiautoritäre Erziehung oder die Erziehung der Erzieher, Stuttgart, 1972

Schäfer, Sigrid: Weibliche Homosexualität, Hamburg, 1975

Schaeffer-Hegel, Barbara (Hrsg.): Frauen und Macht, Berlin, 1984

Schaps, Regina: Hysterie und Weiblichkeit. Wissenschaftsmythen über die Frau, Frankfurt, 1983

Schlehe, Judith: Das Blut der fremden Frauen. Menstruation in der anderen und in der eigenen Kultur, Frankfurt, 1987

Schmerl, Christiane: Sozialisation und Persönlichkeit, Stuttgart, 1978

Dieselbe (Hrsg.): Frauenfeindliche Werbung. Sexismus als geheimer Lehrplan, Reinbek, 1983

Schmidt, Hans Dieter, et al.: Frauenfeindlichkeit, München, 1973

Schmidt-Mummendey, Amélie, und Hans Dieter Schmidt: Aggressives Verhalten, München, 1975

Selvini-Palazzoli, Mara: Self-starvation, London, 1974

Sexuelle Gewalt, herausgegeben vom Arbeitskreis »Sexuelle Gewalt« beim Komitee für Grundrechte und Demokratie, Sensbachtal, 1985

Shuttle, Penelope, und Peter Redgrove: Die weise Wunde Menstruation, Frankfurt, 1980

Spitz, René: Vom Säugling zum Kleinkind, Stuttgart, 1969

Derselbe: Nein und Ja. Die Ursprünge der menschlichen Kommunikation, Stuttgart, 1972

Steinbart, Hiltrud: Im Anfang war die Frau, Frankfurt, 1983

Sullérot, Evelyne: Die emanzipierte Sklavin. Geschichte und Soziologie der Frauenarbeit, Wien, 1972

Szepansky, Gerda: Frauen leisten Widerstand: 33–45, Frankfurt, 1983

Theweleit, Klaus: Männerphantasien, 2 Bde., Frankfurt 1977 und 1978

Thürmer-Rohr, Christina: Vagabundinnen, Berlin, 1987

Torok, Maria: Die Bedeutung des Penisneides bei der Frau, in: Chasseguet-Smirgel (Hrsg.), a. a. O., S. 192–232

Trömel-Plötz, Senta: Frauensprache: Sprache der Veränderung, Frankfurt, 1982

Utrio, Kaari: Evas Töchter. Die weibliche Seite der Geschichte, Hamburg, 1984

Willkop, Lydia (Hrsg.): Die Hüter der Ordnung. Aus den Einrichtungen des Patriarchats, München, 1987
Winnicott, D. W.: Vom Spiel zur Kreativität, Stuttgart, 1973
Wisselinck, Erika: Frauen denken anders, Frankfurt, 1984
Wodak, Ruth: Hilflose Nähe? Mütter und Töchter erzählen. Wien, 1984

Bitte umblättern:

Die Frau in der Gesellschaft

Band 3761

Band 3758

Band 3739

**Ann Cornelisen
Frauen im Schatten**
Leben in einem
süditalienischen Dorf
Band 3401

**Gaby Franger
Wir haben es uns
anders vorgestellt**
Türkische Frauen
in der Bundesrepublik
Band 3753

**Marliese Fuhrmann
Zeit der Brennessel**
Geschichte einer
Kindheit. Band 3777
Hexenringe
Dialog mit dem Vater
Band 3790

**Imme de Haen
»Aber die Jüngste war
die Allerschönste«**
Schwesternerfahrungen
und weibliche Rolle
Band 3744

**Helga Häsing
Mutter hat
einen Freund**
Alleinerziehende
Frauen berichten
Band 3742

**Helena Klostermann
Alter als
Herausforderung**
Frauen über
sechzig erzählen
Band 3751

**Marianne Meinhold/
Andrea Kunsemüller
Von der Lust
am Älterwerden**
Frauen nach der
midlife crisis
Band 3702

**Jutta Menschik
Ein Stück von mir**
Mütter erzählen
Band 3756

**Erika Schilling
Manchmal hasse
ich meine Mutter**
Gespräche mit Frauen
Band 3749

**Marianne Schmitt (Hg.)
Fliegende Hitze**
Band 3703

**Inge Stolten (Hg.)
Der Hunger
nach Erfahrung**
Frauen nach 1945
Band 3740

**Irmgard Weyrather
»Ich bin noch aus der
vorigen Jahrhundert«**
Frauenleben zwischen
Kaiserreich und
Wirtschaftswunder
Band 3763

Fischer Taschenbuch Verlag

fi 404 / 4

Die Frau in der Gesellschaft

Band 3754

Band 3726

Band 4702

Elisabeth Beck-Gernsheim

Das halbierte Leben
Männerwelt Beruf –
Frauenwelt Familie
Band 3713

Vom Geburtenrückgang zur Neuen
Mütterlichkeit?
Band 3754

Susan Brownmiller

Gegen unseren Willen
Vergewaltigung und
Männerherrschaft
Band 3712

Weiblichkeit
Band 4703

**Richard Fester /
Marie E. P. König /
Doris F. Jonas /
A. David Jonas**

Weib und Macht
Fünf Millionen Jahre
Urgeschichte der Frau
Band 3716

Shulamith Firestone
Frauenbefreiung und
sexuelle Revolution
Band 4701

Signe Hammer
Töchter und Mütter
Über die Schwierigkeiten einer Beziehung
Band 3705

**Marielouise
Janssen-Jurreit**
Sexismus
Über die Abtreibung
der Frauenfrage
Band 3704

Jean Baker Miller
Die Stärke
weiblicher Schwäche
Band 3709

Erin Pizzey
Schrei leise
Mißhandlung
in der Familie
Band 3404

**Penelope Shuttle /
Peter Redgrove**
Die weise Wunde
Menstruation
Band 3728

Uta van Steen
Macht war mir
nie wichtig
Gespräche mit
Journalistinnen
Band 4715

Gerda Szepansky
»Blitzmädel«,
»Heldenmutter«,
»Kriegerwitwe«
Frauenleben im
Zweiten Weltkrieg
Band 3700

Fischer Taschenbuch Verlag

fi 14 / 10

Die Frau in der Gesellschaft

Band 3769

Gerhard Amendt
**Die bevormundete Frau
oder Die Macht der
Frauenärzte**
Band 3769

Hansjürgen Blinn (Hg.)
**Emanzipation und
Literatur**
Texte zur Diskussion –
Ein Frauen-Lesebuch
Band 3747

Colette Dowling
Der Cinderella-Komplex
Die heimliche Angst
der Frauen vor der
Unabhängigkeit
Band 3068

Marianne Grabrucker
»Typisch Mädchen…«
Prägung in den ersten
drei Lebensjahren
Band 3770

Band 3770

Astrid Matthiae
**Vom pfiffigen Peter
und der faden Anna**
Zum kleinen Unterschied
im Bilderbuch
Band 3768

Ursula Scheu
**Wir werden nicht als
Mädchen geboren – wir
werden dazu gemacht**
Zur frühkindlichen
Erziehung in unserer
Gesellschaft
Band 1857

Alice Schwarzer
**Der »kleine« Unterschied und seine
großen Folgen**
Frauen über sich –
Beginn einer Befreiung
Band 1805

Dale Spender
**Frauen kommen
nicht vor**
Sexismus im
Bildungswesen
Band 3764

Band 3745

Karin Spielhofer
Sanfte Ausbeutung
Lieben zwischen
Mutter und Kind
Band 3759

Senta Trömel-Plötz
**Frauensprache –
Sprache der
Veränderung**
Band 3725

Senta Trömel-
Plötz (Hg.)
Gewalt durch Sprache
Die Vergewaltigung von
Frauen in Gesprächen
Band 3745

Hedi Wyss
**Das rosarote
Mädchenbuch**
Ermutigung zu einem
neuen Bewußtsein
Band 1763

Fischer Taschenbuch Verlag

Die Frau in der Gesellschaft
Texte und Lebensgeschichten
Herausgegeben von Gisela Brinker-Gabler

Band 2053

Band 3738

Band 3741

Lebensgeschichten

**Ruth Ellen Boetcher Joeres
Die Anfänge der deutschen Frauenbewegung:
Louise Otto-Peters**
Band 3729

Eine stumme Generation berichtet
Frauen der 30er und 40er Jahre
Herausgegeben von Gisela Dischner
Band 3727

**Germaine Goetzinger
Für die Selbstverwirklichung der Frau:
Louise Aston**
Band 3743

Texte

Frauenarbeit und Beruf
Herausgegeben von Gisela Brinker-Gabler
Band 2046

Frauen gegen den Krieg
Herausgegeben von Gisela Brinker-Gabler
Band 2048

Zur Psychologie der Frau
Herausgegeben von Gisela Brinker-Gabler
Band 2045

Frauen und Sexualmoral
Herausgegeben von Marielouise Janssen-Jurreit
Band 3766

Frau und Gewerkschaft
Herausgegeben von Gisela Losseff-Tillmanns
Band 2260

Frau und Musik
Mit vielen Bildern und Faksimiles
Herausgegeben von Eva Rieger
Band 2257

Fischer Taschenbuch Verlag

Die Frau in der Gesellschaft

Maya Angelou
Ich weiß, daß der
gefangene Vogel
singt
Band 5751

Ippolita Avalli
Warten auf Ketty
*Ein Roman
in Erzählungen
Band 3796*

Mariama Bâ
Der scharlach-
rote Gesang
Roman. Band 3746

Martine Carton
Etwas Besseres als
einen Ehemann
findest du allemal
Roman. Band 4718

Dagmar Chidolue
Annas Reise
Roman. Band 3755
Ruth hat lange auf
den Herbst gewartet
Erzählung. Band 3736

M. Rosine De Dijn
Die Unfähigkeit
Band 3797

Oriana Fallaci
Brief an ein nie
geborenes Kind
Band 3706

Maria Frisé
Montagsmänner und
andere Frauen-
geschichten
Band 3782

Franziska Greising
Kammerstille
*Erzählung
Band 3765*

Helga Häsing
Unsere Kinder,
unsere Träume
Band 3707

Helga Häsing/
Ingeborg Mues (Hg.)
Du gehst fort,
und ich bleib da
*Gedichte und Geschichten
von Abschied und
Trennung. Band 4722*

Elfi Hartenstein
Wenn auch
meine Paläste
zerfallen sind
*Else Lasker-
Schüler 1909/1910
Erzählung
Band 3788*

Jutta Heinrich
Das Geschlecht
der Gedanken
*Roman
Band 4711*
Mit meinem Mörder
Zeit bin ich allein
Band 3789

Eva Heller
Beim nächsten Mann
wird alles anders
*Roman
Band 3787*

Sibylle Knauss
Erlkönigs Töchter
*Roman
Band 4704*

Fischer Taschenbuch Verlag

fi 20/11a

Die Frau in der Gesellschaft

Angelika Kopečný
Abschied
vom Wolken-
kuckucksheim
Eine Liebesgeschichte
Band 3776

Christine Kraft
Schattenkind
Erzählung. Band 3750

Jeannette Lander
Ich, allein
Roman. Band 4724

Dorothée Letessier
Auf der Suche
nach Loïca
Roman. Band 3785
Eine kurze Reise
*Aufzeichnungen
einer Frau.* Band 3775

Monika Maron
Flugasche
Roman. Band 3784

Johanna Moosdorf
Die Freundinnen
Roman. Band 4712

Kristel Neidhart
Scherbenlachen
Eine Liebesgeschichte
Band 3791

Herrad Schenk
Die Unkündbarkeit
der Verheißung
Roman. Band 3798

Marlene Stenten
Puppe Else
Band 3752

Jutta Strippel
Kreide trocknet
die Haut aus
Roman. Band 3733

Monika
Tantzscher (Hg.)
Die süße Frau
*Erzählungen aus
der Sowjetunion*
Band 3779

Miriam Tlali
Geteilte Welt
*Ein Roman
aus Südafrika*
Band 4710

Sybil Wagener
Das kleinere
Unglück
Roman. Band 3748

Charlotte Wolff
Augenblicke
verändern uns mehr
als die Zeit
Eine Autobiographie
Band 3778

Flickwerk
Roman. Band 4705

Hedi Wyss
Flügel im Kopf
Roman. Band 3719
Keine Hand frei
Roman. Band 3732

Wása Solomú Xantháki
Die Hochzeit
Novelle. Band 3793

Yvette Z'Graggen
Zeit der Liebe,
Zeit des Zorns
Band 3757

Fischer Taschenbuch Verlag

Die Frau in der Gesellschaft

**Deutsche Dichterinnen
vom 16. Jahrhundert
bis zur Gegenwart**
Gedichte und Lebensläufe
*Herausgegeben und eingeleitet
von Gisela Brinker-Gabler*
Band 3701

Diese Anthologie ist der erste Versuch, eine Tradition deutschsprachiger Lyrik freizulegen, die in der Literaturgeschichte verschüttet ist. Eine Einleitung über die Bedingungen schreibender Frauen, Kurzbiographien, Fotos und bibliographische Angaben vervollständigen den Band.

**Eva Weissweiler
Komponistinnen aus 500 Jahren**
Eine Kultur- und Wirkungsgeschichte in Biographien und Werkbeispielen
Band 3714

Anhand von ausgewählten Biographien und zahlreichen Musikbeispielen möchte die Autorin hier die längst fällige Rehabilitation der komponierenden Frau einleiten. Vor dem Hintergrund der jeweiligen gesellschaftlichen Situation und der damit verbundenen Vorurteile der Musikwissenschaft wird hier zum erstenmal ein Überblick über die Entwicklung der weiblichen Kunstmusik im Verlauf der Jahrhunderte gegeben.

Fischer Taschenbuch Verlag

Die Frau in der Gesellschaft

»Und ich sehe nichts, nichts als die Malerei«
Autobiographische Texte von Künstlerinnen des 18.–20. Jahrhunderts
Herausgegeben von Renate Berger
Band 3722

Die Entwicklung eines weiblichen Selbstbewußtseins in der ästhetischen Tradition dokumentiert dieser Band anhand von Tagebuchaufzeichnungen, Briefen und Lebenserinnerungen von Malerinnen, Bildhauerinnen und Grafikerinnen des 18. bis 20. Jahrhunderts.

**Gisela Breitling
Die Spuren des Schiffs in den Wellen**
Eine autobiographische Suche nach den Frauen in der Kunstgeschichte
Band 3780

Mit diesem Buch unternimmt eine Malerin selbst zum ersten Mal den Versuch, eine Geschichtsschreibung zu korrigieren, die bisher Künstlerinnen in ein »Eckchen im Vaterhaus der Kultur« abschob oder sie ganz ignorierte. Der Bildteil dokumentiert eine versunkene Geschichte, die es wert ist, rehabilitiert zu werden.

Fischer Taschenbuch Verlag

Marielouise Janssen-Jurreit

Frauen und Sexualmoral
Herausgegeben von
Gisela Brinker-Gabler
Band 3766

Das Buch enthält Dokumente und Aufsätze, die den hartnäckigen Kampf von Frauen für eine Veränderung der herrschenden Sexualmoral widerspiegeln. Die Texte umfassen den Zeitraum zwischen der Jahrhundertwende und heute. Von der Frauenrechtlerin Hedwig Dohm bis hin zu Alice Schwarzer reicht die Auswahl der Autorinnen.

Sexismus
Über die Abtreibung
der Frauenfrage. Band 3704

»Als Grundlage für die weitere Diskussion über die vielfältigen Ursachen der Frauenunterdrükkung in unserer Kultur ist ›Sexismus‹ vorläufig unersetzbar. Weil es, im Unterschied zu vielen feministischen Büchern, den Männern kaum einen Vorwand liefert, sich um die Auseinandersetzung mit der Frauenfrage zu drücken, und den Frauen eine Sammlung von Materialien in die Hand gibt, die ihnen vielfach nicht zugänglich gewesen ist, kann dieses ausgezeichnet geschriebene Buch die notwendige Debatte über die immer wieder verdrängte Geschlechterfrage neu beleben.« *FAZ*

Fischer Taschenbuch Verlag